I0889237

CICÉRON

LES DEVOIRS

LIVRE I

COLLECTION DES UNIVERSITÉS DE FRANCE
publiée sous le patronage de l'ASSOCIATION GUILLAUME BUDÉ

CICÉRON

LES DEVOIRS

TOME I

LIVRE I

TEXTE ÉTABLI ET TRADUIT
PAR
MAURICE TESTARD
Professeur à la l'Université de Louvain

Quatrième tirage

PARIS
LES BELLES LETTRES
2009

Conformément aux statuts de l'Association Guillaume Budé, ce volume a été soumis à l'approbation de la commission technique, qui a chargé M. Alain Michel d'en faire la révision et d'en surveiller la correction en collaboration avec le R. P. Maurice Testard.

Tous droits de traduction, de reproduction et d'adaptation réservés pour tous les pays.

© 2009. Société d'édition Les Belles Lettres
95 boulevard Raspail, 75006 Paris
www.lesbelleslettres.com

Première édition 1965

ISBN : 978-2-251-01076-2
ISSN : 0184-7155

INTRODUCTION

I. — DATE ET CIRCONSTANCES DE COMPOSITION

Le *De officiis* n'est pas un ouvrage dont Cicéron ait, de longue date, projeté et préparé la rédaction. Le début du livre II du *De diuinatione* [1], rédigé dans la seconde quinzaine de mars 44 [2], est à cet égard très significatif. L'auteur ne s'y borne pas à énumérer ses œuvres philosophiques déjà rédigées, auxquelles il ajoute l'œuvre en cours et une œuvre en projet — le *De fato*, notons-le, et non pas le *De officiis* — mais Cicéron, dans cette page, rassemble le passé et anticipe sur l'avenir pour brosser le tableau d'ensemble de l'œuvre philosophique qu'il conçoit et qu'il se propose de réaliser ; ce préambule représente donc à la fois un bilan et le projet idéal d'une sorte de cycle philosophique [3] que l'auteur a conscience d'avoir presque entièrement rempli — ce qui confère à cette page l'allure d'une conclusion générale à l'œuvre philosophique de Cicéron. Or, en tout cela, il n'est pas question du *De officiis*. Cicéron, en mars 44, n'avait pas la moindre idée d'écrire un *De officiis*.

1. *De diu.*, II, 1-3.
2. R. Durand, *La date du « De Divinatione »*, dans *Mélanges Boissier*, Paris, 1903, p. 181-182.
3. *De diu.*, II, 4.

La chose est si vraie que nous voyons Cicéron, dans les semaines et les mois qui suivent, s'attacher à de tout autres besognes. Nous apprenons qu'il travaille encore, le 4 mai, à son liber ἀνέκδοτος, le *De suis consiliis* [1]. Le 24, il entretient Atticus de son projet d'un ouvrage à la manière d'Héraclide [2]. Le 28 juin, il se déclare en plein travail [3], mais il s'agit sans doute du *De gloria* dont, le 3 juillet, il annonce l'envoi tout proche à Atticus et il revient, dans la même lettre, à son projet d'Ἡρακλείδειον [4]. Une lettre du 9 juillet nous apprend que, dans les jours précédents, Cicéron travaillait à certains de ses ouvrages [5], peut-être encore au *De gloria* que, le 11 juillet, il déclare avoir envoyé à Atticus, en même temps qu'il lui annonce la prochaine mise en chantier de l'Ἡρακλείδειον [6]. Le 21 juillet, Cicéron entreprend la composition des *Topiques* qu'il adresse à Trebatius le 28 [7]. Il venait d'envoyer, le 25, à Atticus, un nouveau prooemium destiné au *De gloria* [8]. Le 2 septembre, c'était la *1re Philippique* [9]. Dans toute cette correspondance qui nous renseigne sur les travaux et les préoccupations de Cicéron, et même sur de simples

1. *Ad Att.*, XIV, 17, 6 ; cf. II, 6, 2 ; *Ad fam.*, XII, 16, 4.
2. *Ad Att.*, XV, 4, 3.
3. *Ad Att.*, XV, 14, 4.
4. *Ad Att.*, XV, 27, 2.
5. *Ad Att.*, XVI, 5, 2. Il semble impossible d'y reconnaître le *De officiis* puisqu'il s'agit d'ouvrages achevés ou très avancés que Quintus le fils a pu lire. L'hypothèse s'accorderait difficilement avec ce que nous apprenons du *De officiis*, à partir du 25 octobre, voir *infra*, p. 9 s. Les ouvrages en question pouvaient être des ouvrages déjà rédigés auxquels Cicéron revenait pour des raisons d'études ou en vue de corrections. Voir *Ad Att.*, XIV, 21, 3 ; XVI, 6, 4.
6. *Ad Att.*, XVI, 2, 6.
7. *Ad fam.*, VII, 19. Il s'était arrêté un seul jour à Vélie, *Ad Att.*, XVI, 6, 1, le 20 juillet, *Ad fam.*, VII, 20, 2.
8. *Ad Att.*, XVI, 6, 4.
9. *Phil.*, V, 18 ; cf. *Ad fam.*, XII, 2, 1.

projets qui ne verront jamais le jour, comme l'Ἡρακλείδειον, on ne trouve pas le moindre indice concernant le *De officiis.* Cicéron, de toute évidence, n'y songeait encore pas.

Le *De officiis* n'apparaît dans la correspondance de Cicéron — et nous n'avons pas d'autre source d'information, datant de cette époque — que dans les trois premières des quatre lettres qui nous renseignent sur la *2e Philippique*, mais celle-ci était déjà pratiquement achevée — mises à part les corrections proposées par Atticus — quand le *De officiis* n'était encore qu'en chantier ; ces trois lettres datent du 25 octobre, du 5 et de la mi-novembre 44 [1].

Il importe ici de rappeler brièvement certaines circonstances de la vie de Cicéron depuis les Ides de Mars. Après la publication du *De diuinatione*, il quitte Rome, le 7 avril [2], pour ses villas ; il va de l'une à l'autre, pour des raisons de sécurité [3], et y travaille intellectuellement comme nous venons de le voir, ce qui lui procure un grand réconfort [4]. Le 21 juillet, après des semaines de réflexion [5], Cicéron s'embarque pour la Grèce, avec l'intention de ne rentrer à Rome que le 1er janvier [6], mais les vents contraires et des nouvelles politiques rassurantes le font rebrousser chemin [7] et il rentre à Rome

1. *Ad Att.*, XV, 13 ; XVI, 11 ; 14. Voir *infra*, p. 10 s,, l'étude détaillée de cette correspondance. On se réfèrera aussi avec intérêt à M. Fiévez, *Opera peregrinationis huius ou les étapes de la composition du De Officiis*, dans *Latomus*, XII, 1953, p. 261-274.
2. *Ad Att.*, XIV, 1. Voir J. Carcopino, *Les secrets de la Correspondance de Cicéron*, Paris, 1947, t. I, p. 416-417.
3. *Ad Att.*, XV, 8, 2.
4. *Ad Att.*, XIV, 13, 3.
5. Depuis une lettre du 15 avril, *Ad Att.*, XIV, 7, 2, ce projet de voyage figure dans un très grand nombre de ses lettres.
6. *Ad Att.*, XVI, 6, 2 ; 7, 2 ; *Phil.*, I, 6.
7. *Ad Att.*, XVI, 7 ; *Phil.*, I, 7-9 ; *Ad fam.*, X, 1, 1 ; *Ad Brut.*, I, 15, 5 ; Dio Cass., XLVI, 3.

le 31 août [1]. Le 2 septembre, il prononce la *1re Philippique* [2]. Antoine lui répond le 19 septembre [3], puis le 2 octobre [4]. Cicéron, de nouveau, quitte Rome, après le 9 octobre [5], et il est à Pouzzoles quand il reçoit deux lettres d'Atticus le 25 octobre [6].

La réponse de Cicéron à ces deux lettres d'Atticus mérite qu'on s'y arrête. Répondant d'abord à la première lettre [7], la plus longue, Cicéron l'entretient des événements, le prévient qu'il lui a adressé le texte de la *2e Philippique*, lui réclame un Dialogue de Varron [8], une fois encore lui promet un Ἡρακλείδειον et fait allusion sans doute à la *1re Philippique* qui a reçu l'approbation de Sextus Peducaeus [9]. Puis Cicéron répond à la seconde lettre d'Atticus. Il l'entretient des événements et traite ensuite du règlement de la dette de Dolabella. C'est alors seulement qu'intervient la première indication relative au *De officiis*, brève du reste et suivie d'autres nouvelles diverses et d'un rappel final de la *2e Philippique* [10].

Cette première et brève mention du *De officiis* ne fait pas état, comme on l'attendrait et comme on le voit pour d'autres œuvres [11], d'un projet à venir. Cicéron est

1. *Ad fam.*, XII, 25, 3 ; Plut., *Cic.*, 43.
2. *Ad fam.*, XII, 2, 1 ; *Phil.*, V, 19.
3. *Ad fam.*, XII, 2, 1 ; *Phil.*, V, 19-20.
4. *Ad fam.*, XII, 3, 2 ; 23, 3.
5. *Ad fam.*, XII, 23, montre que Cicéron était encore à Rome, peu après cette date.
6. *Ad Att.*, XV, 13, 1.
7. *Ad Att.*, XV, 13, 1-3.
8. R. Y. Tyrrel et L. C. Purser, t. VI, p. 19, identifie ce dialogue avec l'Ἡρακλείδειον.
9. On peut penser qu'il s'agit de la *1re Philippique* parce que Cicéron attachera pour la *2e Philippique* la même et grande importance à l'avis de Sextus Peducaeus. Voir *Ad Att.*, XVI, 11, 1 ; 14, 4, et aussi sans doute 15, 4.
10. *Ad Att.*, XV, 13, 4-7.
11. Indiquons seulement, pour nous limiter à quelques exemples parmi les œuvres philosophiques, les projets du *De finibus* dans *De leg.*, I, 52 ; des *Tusculanes*, avec le souci préalable de rassem-

déjà au travail et l'expression *Nos hic* φιλοσοφοῦμεν, qui rattache cette activité philosophique au séjour à Pouzzoles, invite à penser que l'auteur s'est mis à l'œuvre — et cela faute d'avoir mieux à faire ! *quid enim aliud ?* — dès son arrivée de Rome, vers la mi-octobre. Ce sera, ajoute-t-il précisément, avec d'autres travaux, l'occupation de son voyage. La mention de ces autres travaux qui doivent suivre le *De officiis* commencé seulement depuis quelques jours, donnerait à entendre que Cicéron ne se représente pas cet ouvrage comme un gros travail, puisque déjà il en prévoit la fin et forme d'autres projets. Peut-être pense-t-il au *De uirtutibus* ? Pourtant le propos de Cicéron n'est pas de composer une brève synthèse sur le sujet. Tout au contraire, il entend le développer, *magnifice explicamus*, mais il n'a pas encore trouvé un titre latin pour cette œuvre qu'il désigne en grec par son contenu, τὰ περὶ τοῦ καθήκοντος. L'auteur indique aussi que l'ouvrage est dédié à son fils [1]. Ce texte, il faut l'avouer, est déconcertant. Tout se passe comme si Cicéron avait improvisé [2], à l'occasion de son voyage,

bler la documentation appropriée, dans *Ad Att.*, XIII, 32, 2 ; du *De natura deorum* et du *De diuinatione* (voir R. Durand, *La date du « De Diuinatione »*, dans *Mélanges Boissier*, p. 181), avec ce même souci de la documentation, dans *Ad Att.*, XIII, 8 (La première œuvre ne doit être alors qu'en projet, le 8 juin 45, puisque Cicéron, plusieurs semaines après, rédige seulement la fin du premier livre, *Ad Att.*, XIII, 38, 1, au mois d'août) ; du *De fato* dans *De diu.*, II, 3 ; et sans doute aussi I, 127 ; II, 19 ; du *De iure ciuili artem redigendo*, dans *De Or.*, I, 190. En ce moment même, on sait combien de fois Cicéron revient sur son projet d'un Ἡρακλείδειον. Sur ses projets historiques, voir *infra*, p. 17.

1. *Ad Att.*, XV, 13, 6 : « Nos hic φιλοσοφοῦμεν — quid enim aliud ? — et τὰ περὶ τοῦ καθήκοντος magnifice explicamus προσφωνοῦμενque Ciceroni. Qua de re enim potius pater filio. Deinde alia. Quid quaeris ? Exstabit opera peregrinationis huius ».

2. Cette impression d'improvisation semble confirmée par deux faits. Puisqu'il jouissait à Pouzzoles d'un certain loisir,

une œuvre dont il ne parle qu'en passant, et non sans quelque désinvolture : *quid enim aliud ?... Deinde alia... opera peregrinationis...* Il est important d'observer d'autre part que deux données de cette lettre sont confirmées par le début du *De officiis* [1]. Cicéron y présente la décision d'écrire son ouvrage comme le fait d'une résolution du moment, *hoc tempore.* Dès maintenant, il prévoit d'autres œuvres, nombreuses mêmes, toujours dédiées à son fils,

pourquoi Cicéron, au lieu de se lancer dans le *De officiis* qui ne le préoccupait pas jusque-là, ne s'est-il pas plutôt attaché à la composition de cet Ἡρακλείδειον (voir *supra*, p. 8, 10 et aussi *infra*, p. 13, 16) ou de cette histoire (voir *infra*, p. 17), qu'il projetait depuis longtemps déjà l'un et l'autre, et que lui réclamait Atticus. Pour l'Ἡρακλείδειον, une lettre du 24 mai à Atticus, *Ad Att.*, XV, 4, 3, répond sans doute à la question ; ce serait tout un travail et il faudrait du temps : « At, inquis, Ἡρακλείδειον aliquod. Non recuso id quidem ; sed et componendum argumentum est et scribendi exspectandum tempus maturius ». En ce qui concerne l'histoire, Cicéron se justifie de différer son œuvre, dès le *De legibus*, I, 8-9, et pour des raisons de même ordre ; il y voit une œuvre considérable : « res tanta », qui réclamerait beaucoup de soin, de loisir et de temps : « utrumque opus est, et cura uacare et negotio... Historia uero nec institui potest nisi praeparato otio nec exiguo tempore absolui... ». Or Cicéron, en ce mois d'octobre à Pouzzoles, ne se sentit pas davantage en mesure d'assumer l'un ou l'autre de ces deux projets qu'il jugeait onéreux. S'il entreprit alors un *De officiis*, c'est parce qu'il y voyait une œuvre plus facile à mener à bien, qui exigerait de lui moins de travail et nécessiterait moins de temps. Il comptait sans doute, et à juste titre, pour un tel sujet, sur l'acquis de ses réflexions et de son expérience, voir *infra*, p. 50. Cicéron entama donc la composition du *De officiis*, comme une tâche facile, à conduire rapidement.

1. *De off.*, I, 4. Il n'en reste pas moins vrai que cet ouvrage qui ne fut pas prévu de longue date et dont on verra qu'il fut à bien des égards improvisé, s'insère admirablement dans la logique de l'œuvre cicéronienne qu'il achève et couronne. Bien loin d'apparaître comme un ouvrage hétérogène ou supplémentaire, le *De officiis* fait suite à quelques œuvres où Cicéron, après avoir consacré ses travaux à des problèmes théoriques comme celui de la constitution idéale, de la connaissance, de la nature des dieux, du souverain bien, s'intéresse aux problèmes concrets de l'action et par exemple à ceux que posent la vieillesse ou l'amitié.

parmi lesquelles on reconnaîtrait volontiers le *De uirtutibus.*

Deux nouvelles lettres à Atticus [1], écrites de Pouzzoles, les 2 et 4 novembre, sont exclusivement consacrées aux événements et ne comportent pas la moindre allusion au *De officiis.* Toujours à Pouzzoles, Cicéron répond le 5 novembre à deux lettres d'Atticus. Répondant à la première lettre [2], il s'étend longuement sur la *2e Philippique* et sur les corrections proposées par Atticus, puis parle brièvement de la *Péplographie* de Varron, d'un Ἡρακλείδειον que Cicéron attend de Varron, tandis qu'Atticus le réclame de Cicéron, du *Cato maior* et d'un ouvrage terminé, mais à revoir, que Cicéron enverra à Atticus qui le lui demande ; on peut penser aux *Topiques* [3]. Atticus, dans sa seconde lettre, avait interrogé Cicéron sur le *De officiis* dont il avait appris, tout d'un coup et sans explication, la mise en chantier et il s'enquérait notamment du titre. Cicéron commence donc par l'informer sur son ouvrage, avant de passer, dans la dernière partie de sa lettre, aux événements politiques et enfin aux nouvelles familiales [4]. En ce qui concerne le *De officiis,* les deux premiers livres, annonce-t-il, sont déjà composés, mais Cicéron se trouve en difficulté pour le troisième, car sa source, Panétius, lui fait défaut [5].

1. *Ad Att.*, XVI, 8 ; 9.
2. *Ad Att.*, XVI, 11, 1-3.
3. Voir R. Y. Tyrrel et L. C. Purser, t. VI, p. 27.
4. *Ad Att.*, XVI, 11, 4-8.
5. *Ad Att.*, XVI, 11, 4 : « Τὰ περὶ τοῦ καθήκοντος, quatenus Panaetius, absolui duobus. Illius tres sunt ; sed cum initio diuisisset ita, tria genera exquirendi officii esse : unum, cum deliberemus, honestum an turpe sit ; alterum, utile an inutile ; tertium, cum haec inter se pugnare uideantur, quomodo iudicandum sit, qualis causa Reguli, redire honestum, manere utile : de duobus primis praeclare disseruit ; de tertio pollicetur se deinceps : sed nihil scripsit. Eum locum Posidonius persecutus. Ego autem et eius librum arcessiui et ad Athenodorum Caluum scripsi, ut ad me τὰ κεφάλαια mitteret ; quae exspecto : quem

Nous trouvons ici un nouvel indice du caractère improvisé de cet ouvrage. Cicéron ne s'est pas soucié au préalable, de rassembler et de contrôler une documentation. Avait-il même apporté de Rome les trois livres de Panétius à l'intention de son ouvrage ? [1] On peut en douter et penser que Cicéron, arrivé à Pouzzoles et devant se consacrer à la philosophie, *quid enim aliud ?* trouva sur place, dans sa bibliothèque, l'œuvre de Panétius et que ce fut la raison immédiate de la composition du *De officiis* [2]. Quoi qu'il en soit, Cicéron, semble-t-il, ne s'imposa pas le contrôle de sa source par une lecture intégrale. Il se fia sans doute aux propos liminaires du philosophe grec, qui lui promettaient un ouvrage complet en trois parties, et la répartition de l'œuvre en trois livres contribua peut-être à tromper Cicéron qui crut que chacune des trois parties faisait l'objet d'un livre, mais il n'en était rien : Panétius, malgré le plan annoncé, ne devait traiter que les deux premières parties, mais en trois livres.

Signalons aussi, dans le même ordre d'idées, toujours à propos du caractère improvisé de la documentation cicéronienne, que si l'on en juge par les premières pages du *De officiis*, il semble que Cicéron venait de se mettre au travail, lorsqu'il constata une première et double lacune de sa source. Réfléchissant sur la division tripartite proposée par Panétius au début de son ouvrage,

uelim cohortere et roges, ut quam primum. In eo est περὶ τοῦ κατὰ περίστασιν καθήκοντος. Quod de inscriptione quaeris, non dubito quin καθῆκον officium sit, nisi quid tu aliud ; sed inscriptio plenior, de officiis. Προσφωνῶ autem Ciceroni filio. Visum est non ἀνοίκειον. » Cf. *De off.*, III, 7.

1. M. Fiévez, *op. cit.*, p. 267.

2. C'est dans des conditions tout à fait analogues, à l'occasion de flâneries dans la bibliothèque de Tusculum, et de la découverte des *Topiques* d'Aristote par Trébatius, que Cicéron fut amené à composer ses propres *Topiques*, en juillet précédent. Voir *Top.*, 1-5.

il s'aperçut qu'elle était incomplète et qu'une division en cinq parties s'imposait : les deux premières parties devaient se développer en quatre parties ; en revanche, Cicéron restait toujours persuadé, à ce stade de sa rédaction, qu'une troisième partie de Panétius lui fournirait, dans son plan rénové, une cinquième partie [1]. Pour l'instant, Cicéron remédie à cette première et double lacune de Panétius, en improvisant [2].

A un moment de son travail, qu'il paraît bien difficile de préciser, sans doute de peu antérieur à la lettre à Atticus du 5 novembre, Cicéron s'aperçut que Panétius n'avait traité que les deux premières parties sur les trois que son plan annonçait. Cicéron s'ouvre donc de cette difficulté à Atticus et lui indique par quels moyens, improvisés là encore, il compte remédier à la défaillance de sa source [3]. Il tient pour assuré que Posidonius a complété l'ouvrage de son maître — il se fiait peut-être à des souvenirs de jeunesse, car il avait été l'élève de Posidonius, à Rhodes [4] — et il a déjà effectué des démarches pour obtenir ce travail, mais il ne l'a pas encore reçu, puisque ses espoirs n'ont pas encore été trompés [5]. D'autre part, il a écrit à Athénodore de Tarse [6]

1. *De off.*, I, 9-10. Voir *infra*, p. 108-109.

2. Cela ressort à la fois des affirmations et des silences de *Ad Att.*, XVI, 11, 4 : Cicéron déclare avoir achevé deux livres ; lorsqu'il parle de l'embarras que lui cause la défaillance de sa source, il ne fait état que de la troisième partie annoncée par Panétius ; la documentation qu'il réclame ne vise explicitement que cette troisième partie, voir *infra*, p. 43 s. On peut aussi tirer argument de la rédaction cicéronienne de cette première et double lacune, voir *infra*, p. 37, 41.

3. *Ad Att.*, XVI, 11, 4. Voir *supra*, p. 13, n. 5.

4. Plut., *Cic.*, 4 ; cf. *De fin.*, I, 6 ; *Tusc.*, II, 61. Cicéron était resté en relations avec lui, *Ad Att.*, II, 1, 2 (mi-juin 60). Il s'était déjà référé à lui dans *De off.*, I, 159.

5. *De off.*, III, 8.

6. Voir Arnim, puis Philippson, articles *Athenodoros*, dans *Real-Encyclopädie*, II Band, col. 2045 ; Supplementband V, col. 47-55.

pour lui réclamer un sommaire, τὰ κεφάλαια, qu'il compte recevoir plus rapidement [1], semble-t-il, et il prie Atticus de presser cet envoi. Cicéron pense sans doute que ce sommaire lui permettra déjà de travailler, en attendant l'arrivée de l'ouvrage de Posidonius. Il compte sur cette œuvre, écrit-il précisément, parce qu'elle traite du devoir et des circonstances, sujet qui sera abordé dès les premiers chapitres du troisième livre du *De officiis* [2]. En réalité, Cicéron improvisait une documentation de remplacement, sur laquelle il n'était pas renseigné de façon plus exacte que sur sa première source.

Toujours dans sa lettre du 5 novembre à Atticus, Cicéron, qui répond à une question de son correspondant, propose pour la première fois, un titre pour son ouvrage : καθῆκον doit se traduire par *officium*, mais le pluriel *De officiis* offre une acception plus riche. Enfin, Cicéron rappelle qu'il dédie l'œuvre à son fils.

Dans les jours suivants, la vie de Cicéron devient plus mouvementée. Une lettre sans indication d'origine, mais datée du 6 novembre et adressée à Atticus [3], fait prévoir son retour à Rome pour le 14. Cicéron y dit quelques mots, en réponse à Atticus, sur l'Ἡρακλείδειον de Varron, mais rien du *De officiis*. Une nouvelle lettre à Atticus, écrite le 8 au matin, de Sinuesse [4] où Cicéron est arrivé le 7, ne traite que des événements, des inquiétudes et des déplacements projetés par l'auteur des *Philippiques* pour éviter Antoine : il n'ira pas à Rome directement par la *via Appia*, mais compte se rendre, le lendemain soir, le 9, à Aquinum ou à Arcanum. Mais

1. Tel est du moins le sens que me paraît offrir la fin de la phrase à partir de *quae exspecto...*

2. *De off.*, III, 19 : « Saepe enim *tempore* fit ut... » à 32 : « ... in quibus ex *tempore* officium exquiritur ».

3. *Ad Att.*, XVI, 12.

4. *Ad Att.*, XVI, 10.

de là que faire ? Une lettre à Atticus, datée justement d'Aquinum et du 10 au matin [1], nous apprend que Cicéron y est arrivé la veille et qu'il en repart aussitôt. Le lendemain 11 novembre, Cicéron écrit encore à Atticus, d'Arpinum cette fois [2], où il demeurera jusqu'à son retour à Rome le 9 décembre. Il souhaiterait se rendre à Tusculum ou ailleurs, à proximité de Rome, à moins d'un avis contraire d'Atticus. Après quelques mots sur les événements et malgré l'inquiétude qu'ils lui causent, Cicéron revient avec son ami à ses préoccupations intellectuelles, mais il ne s'agit pas du tout du *De officiis*. Cicéron brûle d'envie — et du reste sur les exhortations d'Atticus — d'écrire un ouvrage historique [3]. Mais, cette fois, Cicéron a le sentiment de la difficulté de l'entreprise [4], il compte sur l'aide d'Atticus et, dès maintenant, lui demande d'assurer, sur un point précis, sa documentation. Pas un mot du *De officiis*. Vers la mi-novembre, toujours d'Arpinum, Cicéron écrit à Atticus [5] à propos des événements et de son projet de voyage à Tusculum ; puis, répondant manifestement à une lettre d'Atticus qui critiquait la traduction du καθῆκον par *officium*, Cicéron défend sa traduction et fait valoir quelques exemples [6], précisément dans l'ac-

1. *Ad Att.*, XVI, 13 A.
2. *Ad Att.*, XVI, 13 c, 2.
3. Comparer ce texte avec *De leg.*, I, 5-10 ; *Brut.*, 13-19 ; *Ad Att.*, XIV, 14, 5 ; Plut., *Cic.*, 41 ; Dio Cass., XLVI, 21 ; cf. aussi peut-être *Top.*, I. Ce désir de Cicéron et les encouragements d'Atticus n'étaient pas nouveaux. C'est un moment dans l'histoire d'une vocation qui, en fait, n'a pas abouti. Voir à ce sujet, M. Rambaud, *Cicéron et l'histoire romaine*, Paris, Les Belles Lettres, 1952, p. 9-13.
4. Cf. *De leg.*, I, 8-9 et *supra*, p. 11, n. 2.
5. *Ad Att.*, XVI, 14.
6. *Ad Att.*, XVI, 14, 3 : « ... mihi non est dubium quin, quod Graeci καθῆκον nos officium. Id autem quid dubitas quin in rem publicam praeclare caderet ? Nonne dicimus consulum

2

ception politique qui faisait le plus de difficulté à son ami [1]. Parmi d'autres nouvelles, Cicéron prévient, en passant, Atticus de ne pas se soucier de presser Athénodore, car il en a reçu un mémoire « assez joli », *satis bellum.* Ici encore et d'une manière étonnante, voire inexplicable, Cicéron se contente d'une première impression toute extérieure. Il ne contrôle pas, tout de suite, la documentation qu'il a fait venir, à des fins pourtant bien précises, et qui lui réserve de ce fait, pour l'avenir, une nouvelle déconvenue [2]. Enfin, à la suite de quelques nouvelles familiales, Cicéron rappelle qu'il attend l'avis de Sextus Peducaeus sur sa *2e Philippique.* Cette lettre de la mi-novembre, rappelons-le, comporte la dernière indication que l'on possède sur la composition du *De officiis.* La lettre suivante à Atticus, la dernière connue que Cicéron lui ait adressée, toujours d'Arpinum, avant le 9 décembre [3], ne fait aucune allusion au *De officiis,* mais en revanche, fait mention d'une lettre de Sextus Peducaeus, à propos sans doute de la *2e Philippique.* Cicéron quelques jours après, le 9 décembre [4], rentrait à Rome où les affaires, publiques et privées, devaient occuper tous ses loisirs. Tout ceci est embarrassant, voire déconcertant, il faut bien l'avouer. On a vraiment l'impression que le *De officiis* n'occupe pas grande place dans les préoccupations, fussent-elles intellectuelles, de Cicé-

officium, senatus officium, imperatoris officium ? Praeclare conuenit, aut da melius ».

1. Peut-être faudrait-il expliquer cette répugnance d'Atticus par son appartenance à l'épicurisme : il ne devait pas être porté à donner au καθῆκον une acception qui fît ainsi place à l'engagement politique. Voir G. Boissier, *Cicéron et ses amis,* Paris, 1910, p. 155-166 ; J. Carcopino, *Les secrets de la Correspondance de Cicéron,* p. 263-272. Noter aussi un jugement de Brutus dans *Ad Brut.,* I, 17, 3.

2. Voir *infra,* p. 19, n. 1.

3. *Ad Att.,* XVI, 15.

4. *Ad fam.,* XI, 5, 1.

ron, alors même qu'il doit travailler à son achèvement.

Il paraît possible cependant de décrire avec vraisemblance le processus d'achèvement de l'ouvrage. Les deux premiers livres, nous l'avons vu, étaient déjà achevés à la date du 5 novembre, de l'aveu même de Cicéron. A ce moment, il apparaît certain que Cicéron interrompit sa rédaction : la source sur laquelle il avait compté, Panétius, lui faisait défaut, mais il était assuré que Posidonius avait complété l'œuvre de son maître. Cicéron, de toute évidence, et on en tient la preuve [1], attendit donc pour poursuivre son ouvrage [2], de disposer d'une documentation posidonienne [3] qu'il s'était empressé de faire venir et en laquelle il mettait ses espoirs. Le sommaire demandé à Athénodore dut arriver à Arpinum entre les deux lettres que Cicéron y écrivit à Atticus le 11 puis à la mi-novembre [4]. L'ouvrage de Posidonius devait arriver plus tard, semble-t-il, d'après les prévi-

1. Il suffit de comparer *Ad Att.*, XVI, 11, 4, voir *supra*, p. 13, n. 5 et *De off.*, III, 8 ; 34, voir *infra*, tome II, pour conclure que Cicéron n'a écrit les seconds textes, le début du livre III du *De officiis*, que lorsqu'il fut en possession d'une documentation posidonienne, qui devait le décevoir.

2. Cette interruption coïncide du reste avec une période de déplacements continuels, difficilement compatibles avec la rédaction d'un ouvrage. C'est aussi à ce moment que Cicéron revient à son projet d'un travail historique. Sur ces deux points, voir *supra*, p. 16-17.

3. Il faut identifier les deux expressions employées par Cicéron : τὰ κεφάλαια, *Ad Att.*, XVI, 11, 4, et ὑπόμνημα, *Ibid.*, XVI, 14, 4, et y reconnaître un sommaire de l'œuvre de Posidonius. Voir *infra*, p. 45. Peut-être Cicéron se rappelait-il avoir eu en mains semblable aide-mémoire, lorsqu'il était lui-même l'élève de Posidonius. Voir Plut., *Cic.*, 4. Dans *Ad Att.*, II, 1, Cicéron appelle ὑπόμνημα, un mémoire sur son consulat qu'il avait rédigé pour servir de canevas à une composition plus brillante de Posidonius sur le sujet, mais ce sommaire, nous dit-on, était déjà si soigné que Posidonius se récusa. Dans *Ad fam.*, XVI, 21, 8, le jeune Cicéron appelle ὑπόμνημα ses notes d'étudiant.

4. *Ad Att.*, XVI, 13 B et C ; 14.

sions de Cicéron [1], mais on ne sait à quelle date il lui parvint. Quoi qu'il en soit, tant du côté d'Athénodore, malgré une première impression très superficielle et favorable, que du côté de Posidonius, la déception fut totale. On en trouve l'écho, dès les premières pages du livre III du *De officiis*, ce qui, semble-t-il, fournit la preuve de l'interruption du travail [2]. Cicéron, qui avait été déçu une première fois par sa documentation improvisée, l'était donc de nouveau par sa documentation de remplacement, elle aussi improvisée. Ne voyant pas à quelle nouvelle source il devait s'adresser [3], et aussi, sans doute, pressé par le temps, puisqu'il projetait son retour à Rome [4], Cicéron résolut, cette fois, d'improviser la rédaction elle-même et il se lança, *Marte suo*, dans la composition du livre III [5]. C'était à Arpinum, au début de la seconde quinzaine de novembre.

L'ouvrage dut être terminé pour le retour de Cicéron à Rome, le 9 décembre. L'auteur avait, dès l'origine, conçu cette œuvre dans le cadre de son absence, *opera peregrinationis huius* [6], et les préoccupations qui le ramenaient dans la capitale, il le savait, ne lui laisseraient pas le loisir de poursuivre ses réflexions philosophiques. On ne saurait d'autre part tirer aucune conclusion du fait qu'à la fin du livre III du *De officiis* [7], le jeune Cicéron est censé résider à Athènes et y poursuivre ses

1. Voir *supra*, p. 16, n. 1.
2. Voir *supra*, p. 19, n. 1.
3. *De off.*, III, 34.
4. Depuis le 6 novembre précisément, voir *supra*, p. 16.
5. *De off.*, III, 33-34, voir *infra*, tome II. C'est dans des conditions analogues que Cicéron, peu auparavant, avait entrepris la composition des Topiques, *Top.*, 5.
6. Voir *supra*, p. 10-12. Ce que confirme un texte sur les conditions dans lesquelles vit et travaille Cicéron tandis qu'il compose son ouvrage, *De off.*, III, 1 : « ... urbe relicta, rura peragrantes... ».
7. *De off.*, III, 121.

études. On ne sait absolument pas, tout d'abord, à quel moment le jeune Marcus quitta Cratippe pour reprendre les armes. En second lieu, il pouvait l'avoir fait et son père put, un certain temps encore, l'ignorer. Enfin et surtout, quand Marcus aurait déjà échangé le stylet pour l'épée et que son père le sût, l'auteur du *De officiis* pouvait, par convention littéraire, au nom de l'unité de ton, tenir à terminer son ouvrage comme il l'avait commencé et poursuivi [1] ; il pouvait aussi penser, au nom de la convenance si souvent recommandée dans ce livre, que la nature et le contenu de l'œuvre exigeaient que, père philosophe, il s'y adressât à un fils studieux et déjà philosophe en espérance. Après avoir proclamé la supériorité des entreprises civiles sur les entreprises militaires [2] et vitupéré les guerres civiles [3], Cicéron ne pouvait pas conclure son ouvrage et ses conseils à son fils, en annonçant que l'apprenti philosophe avait quitté la toge pour les armes et se préparait à la guerre civile ! [4]

II. — LE DESTINATAIRE

Afin d'alléger la présente introduction, j'ai publié à part une étude détaillée sur ce sujet [5]. Je serai donc ici très bref.

1. Comparer *De off.*, I, 1 ; II, 8 ; III, 5-6 ; 121.
2. *De off.*, I, 74 s.
3. *De off.*, I, 86 ; II, 29.
4. Ceci reste vrai malgré les allusions élogieuses que l'on trouve au cours de l'ouvrage, à la brillante conduite du jeune Marcus, lors de la guerre civile entre César et Pompée. Voir note suivante.
5. Maurice Testard, *Le fils de Cicéron, destinataire du De officiis*, dans *Bulletin de l'Association Guillaume Budé*, 1962 , 2 , p. 198-213. On voudra bien se reporter à cette étude dont je ne reprends ici que quelques éléments, à l'exclusion des notes et références que l'on ne saurait résumer ou reprendre partiellement.

Le destinataire du *De officiis* n'est autre que le fils et homonyme de l'auteur, Marcus Tullius Cicero, né en 65, treize ou quatorze ans après sa sœur Tullia. Contrairement à ce qu'on a dit parfois, Cicéron s'occupa beaucoup de son fils, de ses besoins matériels certes, mais aussi de sa conduite, de son avenir et par-dessus tout de ses études. C'est à lui qu'il dédia ses *Partitiones oratoriae*.

Quand Cicéron compose le *De officiis*, son fils est en Grèce où son père voulait lui procurer le bienfait d'un séjour auprès des meilleurs maîtres. Ce séjour pourtant ne fut pas toujours studieux. Le jeune Marcus s'était découvert une vocation militaire, au temps de la guerre civile, dans les armées de Pompée. Les études que lui imposait son père ne l'intéressaient point et il se souciait peu de la brillante carrière dont l'ancien consul rêvait pour lui. Marcus se dévergonda, mais le père tint bon.

Un malaise était né entre les deux hommes depuis quelque temps déjà. Il ne fit que grandir. Cicéron avait conscience de vouloir le bien de son fils, en lui imposant ses propres vues sur lui, sans tenir compte des goûts et des aptitudes du jeune homme ; et ce père incontestablement dévoué était déçu devant un fils qui répondait si mal à ses vœux. Marcus, de son côté, se sentait écrasé par la volonté paternelle.

On retrouve la trace de cette situation dans le *De officiis*. La médiocrité intellectuelle de Marcus peut être la raison — ou l'une des raisons, car on peut en avancer d'autres [1] — pour laquelle cet ouvrage n'est pas un dialogue. Cicéron qui jugeait éminemment convenable, étant donné le sujet, d'adresser cette œuvre à son fils, se rendait compte aussi qu'il ne pouvait lui faire tenir avec vraisemblance un rôle d'interlocuteur. Il souhaitera précisément à la fin de l'ouvrage, qu'un tel dialogue puisse

1. Voir *infra*, p. 53.

s'établir entre lui et Marcus. Faut-il rappeler à l'appui de cette hypothèse, que l'année précédente, l'auteur des *Academica* avait récrit toute l'œuvre parce que, dans la première édition, il y faisait parler en philosophes, des gens qui ne l'étaient pas ? Et il se félicitera de prêter à Varron, dans la seconde édition, le langage le plus approprié. Peut-être aussi, quelques mois plus tôt, Cicéron avait-il renoncé à la forme du dialogue pour son *De fato*, en raison de la personnalité d'Hirtius qui se prêtait mal à y tenir le rôle [1] d'interlocuteur. Sans doute le jeune Marcus, dans les *Partitiones oratoriae*, dont il était déjà le dédicataire, y posait-il des questions à son père, mais le rôle d'enfant docile qu'il y assume, eût été tout à fait insuffisant pour soutenir l'intérêt d'un long et difficile débat philosophique. Or, dans le *De officiis* moins que dans tout autre ouvrage, Cicéron ne pouvait prêter artificiellement à son fils des propos trop supérieurs à ses capacités : il y recommande instamment le respect du convenable et prend justement pour exemple la création littéraire des poètes qui font tenir à leurs personnages un langage approprié à chacun.

La situation de Cicéron et de son fils, l'un par rapport à l'autre, explique encore que Marcus reste très étranger à la trame même de l'œuvre cicéronienne : il ne peut y tenir aucune place ! Mais, en même temps et pour les mêmes raisons, Marcus apparaît assez souvent dans différents passages extrinsèques à l'œuvre. Ce sont les pages dédicatoires qui fournissent au père l'occasion d'encourager le jeune homme, ou encore certaines digressions auxquelles l'auteur se complaît pour la leçon qu'elles comportent. Cicéron se veut très adroit dans ces passages

1. Voir M. Ruch, *Le prooemium philosophique chez Cicéron, Signification et portée pour la genèse et l'esthétique du dialogue*, Publications de la Faculté des Lettres de Strasbourg, fasc. 136, 1958, p. 300.

où il s'adresse à son fils. Il s'applique visiblement à ménager la susceptibilité du jeune homme : il invite, il propose, il sollicite plutôt qu'il n'impose. Il s'agit pour ce père qui exerce la contrainte de parler le langage de la liberté afin de gagner son fils à ses vues.

Pourtant l'auteur du *De officiis* ne se fait guère d'illusions sur l'audience que son livre trouvera près de Marcus, comme en témoignent les dernières lignes de l'œuvre. Cicéron ne se trompait point. Il venait de terminer l'ouvrage lorsque, saisissant l'occasion fournie par les événements politiques, le jeune homme quitta ses études et rentra dans l'armée, sous les ordres de Brutus. Après la victoire d'Octave, Marcus eut la faiblesse de servir la politique de celui qui avait lâchement abandonné son père. Rien ne permet de penser que le *De officiis* ait exercé sur le fils du grand Cicéron une influence véritable.

Mais on peut aussi penser [1] qu'au delà de son propre fils, Cicéron avait en vue un autre jeune homme [2], qui avait deux ans de moins que Marcus, mais dont Cicéron voyait déjà monter l'étoile dans le ciel de Rome [3], l'héritier du nom de César, Octave. Le recours à Athénodore, lors de la composition de l'ouvrage, peut n'être pas étranger à ce dessein [4]. On s'expliquerait alors tant de mises en garde contre la tyrannie, tous les conseils relatifs à l'exercice du pouvoir, tout ce qui dans le *De officiis* prolonge le *De republica* et peut contribuer à tracer le

1. Cette hypothèse m'a été suggérée par M. A. Michel qui l'esquissait déjà dans C. Nicolet et A. Michel, *Cicéron*, coll. *Écrivains de toujours*, Paris, Seuil, 1960, p. 59.
2. Le mot est de Cicéron dans *Phil.*, III, 3 : « ... adulescens, paene potius puer... »
3. Dio Cass., XLV, 15.
4. Voir P. Grimal, *Auguste et Athénodore de Tarse*, dans *Revue des études anciennes*, 47, 1945, p. 261-273 ; 48, 1946, p. 62-79.

portrait idéal du *Princeps*[1]. Dans ce cas et malgré la lâcheté d'Octave à l'égard de Cicéron, on ne saurait nier que l'ouvrage ait exercé, au delà même de son destinataire non nommé, une influence profonde sur un régime politique qui devait couvrir deux siècles de l'histoire de Rome, le Principat.

III. — LES SOURCES

La question des sources du *De officiis* est une question complexe, qui a été déjà beaucoup étudiée et qui nécessiterait, pour la traiter dans le détail, un long exposé. Dans le cadre de cette introduction, nous nous bornerons à indiquer comment se pose le problème, à énoncer quelques observations de méthode et à suggérer, en fonction de l'état actuel de la science, des principes de solution.

Le problème. Les renseignements les plus sûrs que nous possédions sur le sujet, sont les aveux mêmes de Cicéron[2], qui se lisent dans le *De officiis* ou dans sa *Correspondance*. Rien ne permet de douter de la sincérité de l'auteur, en telle sorte qu'il convient d'attacher autant de prix à ses déclarations positives, qui déclarent ses sources, qu'à ses déclarations négatives, qui nient le recours à des sources. Sur ce second point,

1. Notamment l'idée de la supériorité des entreprises civiles sur les entreprises militaires, *De off.*, I, 74 s., que l'on mettra en rapport avec la distinction exprimée *Ibid.*, II, 16 : « ... neque *ducem* bello nec *principem* domi... ». Voir E. Lepore, *Il princeps ciceroniano, e gli ideali politici della tarda repubblica*, Naples, 1954, p. 21-107 ; P. Grenade, *Essai sur les origines du Principat, Investiture et renouvellement des pouvoirs impériaux*, Paris, de Boccard, 1961, p. 100-143 ; J. Hellegouarc'h, *Le vocabulaire latin des relations et des partis politiques sous la république*, Paris, Les Belles Lettres, 1963, p. 327-361.

2. Auxquels on peut ajouter Pline, *Naturalis historia*, I, *Praef.*, 22 ; Aulu-Gelle, *Noctes atticae*, XIII, 28.

il semble que la critique n'ait pas toujours tenu un compte suffisant des données fournies par Cicéron lui-même.

Cicéron déclare donc, dès le début du livre I du *De officiis*, qu'il suivra les stoïciens et, au cours du livre III, il reconnaît que ses livres suivent la doctrine stoïcienne [1]. Ces renseignements, il faut le noter, sont extrêmement vagues. Ils définissent une inspiration stoïcienne de l'ouvrage, mais non pas des sources. Ces indications, qui constituent les seules déclarations positives dont nous disposions pour diverses parties de l'œuvre, notamment pour le livre III, sont d'autant plus difficiles à interpréter que, d'une part, les modèles stoïciens auxquels Cicéron pouvait se référer sont plus nombreux [2], et que, d'autre part, Cicéron, dès le début de son ouvrage et là même où il se rattache aux stoïciens [3], tient à proclamer la liberté de son imitation qui, pour lui non plus, « n'est point un esclavage ».

Toutefois, certaines indications plus précises qui, cette fois, déterminent une source très explicitement, mais qui ne concernent que certaines parties du *De officiis*, se lisent tant dans l'œuvre elle-même que dans la *Correspondance*. Aux livres II et III Cicéron déclare que Panétius fut la source principale de son ouvrage [4], mais

1. *De off.*, I, 6 ; III, 20.

2. Le sujet fut traité ou abordé par Zénon de Cittium, Cléanthe, Chrysippe, les deux Antipater, de Tarse et, plus tard, de Tyr, Diogène de Babylone, Panétius, Hécaton de Rhodes, Posidonius.

3. *De off.*, I, 6. Il est à noter que Cicéron adopte la même attitude lorsqu'il suit une source bien définie, voir *infra*, p. 33, n. 1.

4. *De off.*, II, 60 ; III, 7. Voir encore I, 9 ; 90 ; II, 16 ; 35 ; 51 ; 76 ; III, 7 ; 9 ; 18 ; même 33 (voir *infra*, p. 43, n. 5) ; 34. Sur Panétius, source du *De officiis* de Cicéron, voir F. G. van Lynden, *Disputatio historico-critica de Panaetio Rhodio philosopho stoico*, Leyde, 1802, spécialement p. 79-112 ; R. Hirzel, *Untersuchungen zu Cicero's philosophischen Schriften*, II, Leipzig, 1882, p. 721-736 ; H. N. Fowler, *Panaetii et Hecatonis fragmenta*, Bonn, 1885, p. 2-8 ; C. Thiaucourt, *Essai sur les traités philosophiques de Cicéron et*

le même *De officiis* signale cinq lacunes de la source panétienne, deux pour le livre I : la définition du devoir [1] et la comparaison des *honesta* [2] ; deux pour le livre II : les deux *utilia* que sont la santé et la fortune [3], puis la comparaison des *utilia* [4] ; enfin et surtout la totalité de la matière du livre III [5] : le conflit de l'*honestum* et de l'*utile*. De son côté, une lettre adressée à Atticus, présente Panétius comme la source des deux premiers

leurs sources grecques, Paris, Hachette, 1885, p. 302-324 ; P. Klohe, *De Ciceronis librorum de officiis fontibus*, Greifswald, 1889 ; A. Schmekel, *Die Philosophie der mittleren Stoa in ihrem geschichtlichen Zusammenhange*, Berlin, 1892, spécialement p. 18-46 ; H. Jungblut, *Die Arbeitsweise Ciceros im ersten Buch über die Pflichten*, Frankfurt am Main, 1907 ; du même, *Cicero und Panaetius im zweiten Buche über die Pflichten*, *ibidem*, 1910 ; voir le compte rendu de ces deux travaux par A. Lörscher, dans *Bursian*, 162, 1913, p. 144-164 ; B. N. Tatakis, *Panétius de Rhodes*, Paris, Vrin, 1931, spécialement p. 43-51 ; M. Pohlenz, τὸ πρέπον. *Ein Beitrag zur Geschichte des griechischen Geiste*, dans *Nachrichten von der Gesellschaft der Wissenschaften zu Göttingen*, Philol.-hist. Klasse, 1933, brièvement p. 72-76 ; mais surtout du même, *Antikes Führertum : Cicero de officiis* (I et II) *und das Lebensideal des Panaitios*, Leipzig et Berlin, Teubner, 1934 ; voir le compte rendu de ces deux travaux par R. Philippson, dans *Philologische Wochenschrift*, 56, 1936, col. 737-752 ; L. Labowsky, *Die Ethic des Panaitios, Untersuchungen zur Geschichte des decorum bei Cicero und Horaz*, Leipzig, 1934, p. 1-73, qui se limite à *De off.*, I, 93-149 ; G. Ibscher, *Der Begriff des sittlichen in der Pflichtenlehre des Panaitios. Ein Beitrag zur Erkenntnis der mittleren Stoa*, München, 1934, qui se limite à *De off.*, I, 7-143 ; voir le compte rendu de ces deux ouvrages par R. Philippson, dans *Philologische Wochenschrift*, 56, 1936, col. 772-782 ; M. van Straaten, *Panétius, sa vie, ses écrits et sa doctrine avec une édition des fragments*, Amsterdam, 1946, spécialement p. 263-266 ; 276-285 ; encore de M. Pohlenz, *Panaitios*, dans *Real-Encyclopädie*, XVIII, 3, 1949, col. 418-440 ; M. Valente, *L'éthique stoïcienne chez Cicéron*, Paris, 1956, très succinctement p. 23-30 ; voir en dernier lieu, les pages denses de K. Büchner, *Cicero, Bestand und Wandel seiner geistigen Welt*, Heidelberg, 1964, spécialement p. 431-443.

1. *De off.*, I, 7.
2. *De off.*, I, 10 ; 152 ; 161.
3. *De off.*, II, 86-87.
4. *De off.*, I, 10 ; II, 89-90.
5. *De off.*, III, 7-12 ; 34.

livres du *De officiis* et reconnaît la défaillance de la source en ce qui concerne le troisième livre [1].

Sur l'origine de ce troisième livre, bien des hypothèses ont été émises sur lesquelles nous reviendrons. Elles se fondent toutes sur des indices qui méritent considération, et elles comportent sans doute une part de vérité, mais il semble qu'elles peuvent difficilement échapper au reproche d'avoir attaché beaucoup d'importance à de simples indices ou à des vraisemblances, alors qu'elles portaient trop peu d'attention au seul texte parfaitement explicite que nous possédions sur le sujet. Cicéron déclare qu'il n'a trouvé, après Panétius défaillant sur ce point, aucun ouvrage qui le satisfît et qu'il a donc entrepris sans aucune aide, *nullis adminiculis*, par lui-même, *Marte nostro*, de terminer son ouvrage [2]. Du reste, les pages qui précèdent cette affirmation, au début du livre III, donnent bien le sentiment que Cicéron, privé de son guide qu'il n'a pu remplacer, s'essaie à prolonger par lui-même, de façon cohérente, l'enseignement de Panétius auquel il se réfère toujours [3]. Il demeure là encore, comme nous l'avons dit, dans la ligne d'une inspiration stoïcienne.

Tout ce qui précède a permis de faire valoir les données certaines dont nous disposons et d'en tirer les conséquences. Cette base mise en place, de nouvelles questions se posent, infiniment plus difficiles et pour lesquelles, bien souvent, les arguments démonstratifs font défaut. Il faut se contenter de vraisemblances et d'hypothèses. Ces questions sont au nombre de sept :

1) Dans toute la partie panétienne du *De officiis*, quelle est la part qui revient à Cicéron qui déclare suivre librement son modèle ?

1. *Ad Att.*, XVI, 11, 4.
2. *De off.*, III, 34.
3. *De off.*, III, 7-12 ; 18 ; 33-34.

2) Dans cette même partie panétienne, quelle part faut-il faire à d'autres sources ? [1]

3) Peut-on reconnaître une source de suppléance à la première lacune panétienne, dans *De officiis*, I, 7.

4) Même question pour la seconde lacune, dans *De officiis*, I, 152-161.

5) Même question pour la troisième lacune dans *De officiis*, II, 86-87.

6) Même question pour la quatrième lacune dans *De officiis*, II, 88-90.

7) Dans la partie plus proprement cicéronienne du *De officiis*, au livre III où Panétius est totalement défaillant, quelle part revient dans la rédaction cicéronienne d'inspiration stoïcienne, à des sources identifiables ?

Observations de méthode.

Les six dernières questions posent un problème de méthode qu'il convient d'aborder dès maintenant. En l'absence de données explicites pour résoudre ces questions, la recherche ne peut progresser bien souvent qu'en usant de la méthode comparative. L'analogie observée entre un texte de Cicéron et un texte d'un auteur susceptible d'être une source de Cicéron pourra inviter à conclure que cette source possible est la source probable, voire certaine, du texte étudié de Cicéron. Ici plusieurs remarques s'imposent.

Tout d'abord, il faut éviter de confondre ces deux disciplines que sont l'histoire des idées et la recherche des sources : des analogies incontestables entre deux textes, très éclairantes pour l'histoire des idées, peuvent ne rien apporter à la recherche des sources. Analogie

1. Cicéron en effet, là où il reconnaît sa dette à l'égard de Panétius, n'exclut pas d'autres sources. On remarquera *De off.*, II, 60 : « ... *multum*.. » et III, 7 : « ... *potissimum*... ».

ne signifie pas nécessairement dépendance. Ceci est d'autant plus vrai que l'on a à faire à un développement plus technique, comme l'est un exposé philosophique, où divers auteurs peuvent user, indépendamment, d'un même vocabulaire consacré, ou se référer à des principes d'école.

Il importe aussi de définir ce qu'on entend par source. On peut vraiment parler de source lorsqu'on peut prouver qu'un auteur compose en reprenant, même avec une certaine liberté, un ouvrage qu'il a sous les yeux, ou encore lorsqu'on peut démontrer qu'un auteur, s'il travaille de mémoire, suit, même avec liberté, mais de façon suffisamment caractéristique ou continue, l'œuvre d'un devancier. Il faut en revanche se garder d'employer le nom de source, et plus encore se garder de prétendre identifier une source, lorsqu'on se trouve devant une simple réminiscence passagère. Bien souvent en effet dans ce cas, l'auteur n'a pas conscience d'emprunter à autrui et en réalité il ne le fait pas ; il tire du trésor de sa culture personnelle des éléments qu'il a certes acquis quelque jour, mais qu'il a si profondément assimilés qu'ils sont devenus son bien propre. Parler de sources alors aboutirait à se représenter de façon tout à fait factice et fausse le travail de composition de l'écrivain. Il faut tenir compte aussi qu'à certaines époques, et c'est le cas de celle de Cicéron, les doctrines philosophiques se sont trouvées assez largement répandues dans les milieux cultivés gréco-romains. Il en est résulté dans ce public lettré qui écoutait successivement des maîtres de toutes appartenances, tout un travail d'assimilation et de syncrétisme, qui aboutit finalement à une sorte de vulgate philosophique, si l'on peut ainsi parler, qui constituait le bien commun anonyme de tout homme éclairé. Dans ces conditions, telle idée exprimée par un écrivain, que l'on pourrait idéalement rattacher à la doctrine de tel ou tel philosophe, tire son origine, plus modestement, de l'arsenal des idées courantes de l'*intelligentzia* du temps.

Il faut également se garder de manier la méthode comparative, sans tenir compte des conditions historiques concrètes dans lesquelles on sait qu'un ouvrage a été composé. Bien loin que le *De officiis* soit un travail de cabinet, longuement préparé, à l'aide d'une abondante documentation, attentivement rassemblée, je pense avoir montré que Cicéron a improvisé cet ouvrage à Pouzzoles, avec l'intention de le rédiger rapidement, *opera peregrinationis* ; que sa documentation de base, Panétius, ou de suppléance, Posidonius et Athénodore, furent aussi improvisées ; qu'au moment même où il devait rédiger le livre III, Cicéron dut entreprendre, pour éviter Antoine, toute une série de déplacements, avant de s'arrêter à Arpinum, pour près d'un mois il est vrai. Dans ces conditions, on ne saurait supposer à l'auteur du *De officiis* les ressources d'une grande bibliothèque, ce que contredisent à la fois les intentions de Cicéron et les faits.

Une quatrième remarque peut paraître évidente et pourtant elle doit être faite, comme le prouve l'histoire de la recherche des sources. La méthode comparative est appliquée parfois à un texte donné, en l'espèce au texte du *De officiis* d'une part, et d'autre part au texte inconnu d'un auteur dont on essaie de retrouver la pensée. On voit aussitôt le danger d'une pareille méthode où le texte connu sert à reconstituer le texte inconnu dont l'analogie subséquente entraîne à conclure que l'inconnu est la source du connu ! On ne saurait, bien entendu, exclure dans tous les cas le recours à une source perdue, mais il convient de ne s'engager sur cette voie que pour de bonnes raisons et avec la plus grande prudence.

Il importe enfin de se défaire du postulat, au moins

implicite, qui semble avoir longtemps régi l'étude des sources de Cicéron, postulat selon lequel Cicéron ne peut écrire qu'en suivant un modèle. Qu'il le fasse très souvent, c'est certain et il le dit, mais poser en principe qu'il le fait toujours, même lorsqu'il dit le contraire, paraît inacceptable [1]. Ce postulat a entraîné un grand nombre de savants à définir un critère pour la détection des éléments empruntés à des sources, dans une œuvre cicéronienne ; critère très formel et dont la valeur probante paraît tout à fait discutable. Tout défaut de composition dans l'œuvre de Cicéron signalerait l'introduction ou la fin d'un emprunt et donc son intervention personnelle. Tout se passerait comme si tout modèle offrait une composition irréprochable et comme si toute composition de Cicéron devait porter la griffe de sa maladresse [2] ! Ces deux présupposés ne tiennent pas. Ce qui est vrai, c'est que l'on peut observer chez Cicéron, comme chez bien d'autres auteurs, des raccords apparents [3] qui constituent des indices que la critique, dans chaque cas, doit s'efforcer d'interpréter en fonction de toutes les autres données qui intéressent un texte, avec la plus grande prudence.

Ces observations de méthode étaient indispensables. Il serait difficile en effet de soutenir que la recherche

1. Ainsi par exemple H. N. Fowler, *Panaetii et Hecatonis fragmenta*, p. 7, ou encore R. Hoyer, *Die Urschrift von Ciceros de officiis I-III*, Kreuznach, 1898, p. 10, l'ouvrage le plus déconcertant par son opposition à Cicéron.

2. Ceci se trouve même chez C. Thiaucourt, *Essai sur les traités philosophiques de Cicéron et leurs sources grecques*, par exemple p. 312-313, dans un livre qui pourtant se recommande par la sagesse de ses vues ; également chez P. Klohe, *De Ciceronis librorum officiis fontibus*, par exemple, p. 37 ; on pourrait en citer bien d'autres.

3. Imputables à sa source ou à lui-même et qui peuvent aussi bien rattacher des développements qui lui sont étrangers que des développements personnels.

des sources du *De officiis* ne se soit point égarée quelquefois, faute d'une suffisante circonspection.

Principes de solution. Dans toute la partie panétienne du *De officiis*, qui constitue la plus grande partie de l'ouvrage, il faut faire la part, de l'aveu même de Cicéron, à son intervention personnelle [1]. On la reconnaît sans doute possible dans tous les passages de caractère privé où il s'adresse à son fils [2] et en particulier dans les préfaces de ces deux premiers livres [3]. Elle apparaît également dans tous les textes si nombreux qui se réfèrent à l'histoire contemporaine, à César en particulier [4]. Bien que Panétius se soit profondément acclimaté au monde romain, au point de devenir un maître écouté dans le cercle de Scipion [5], il ne semble pas vraisemblable que son traité écrit en grec, περὶ τοῦ καθήκοντος ait comporté toute la couleur romaine et d'abord les exemples romains que l'on trouve dans le *De officiis* [6]. Tout ceci doit être mis au compte de Cicéron. On a proposé encore de reconnaître l'intervention posi-

1. *De off.*, I, 6 ; II, 60 ; III, 7. Cette part a été reconnue notamment par C. Thiaucourt, *Essai sur les traités philosophiques de Cicéron et leurs sources*, spécialement p. 305-307 ; P. Klohe, *De Ciceronis librorum de officiis fontibus*, p. 5-35, tend à limiter beaucoup l'influence de Panétius ; H. Jungblut, *Die Arbeitsweise Ciceros im ersten Buche über die Pflichten*, puis *Cicero und Panaetius im zweiten Buche über die Pflichten*, dans ses analyses très attentives, fait la part de l'intervention personnelle de Cicéron ; également B. N. Tatakis, *Panétius de Rhodes*, p. 48-51. Voir aussi *infra*, n. 4.
2. Voir *supra*, p. 21, n. 5 et p. 23-24.
3. *De off.*, I, 1-6 ; II, 1-8.
4. Voir en dernier lieu sur ce point le rapport de M. Pierre Boyancé, p. 228 et 242 et le sommaire de la communication de M. K. Büchner, p. 255 s. dans les *Actes du congrès de l'Association Guillaume Budé à Aix-en-Provence*, Paris, Les Belles Lettres, 1964.
5. Voir en particulier M. van Straaten, *Panétius*, p. 10-19.
6. Voir en ce sens déjà A. Schmekel, *Die philosophie der mittleren Stoa*, p. 29.

tive de Cicéron sur des points particuliers, dans la manière de traiter de la gloire [1], au livre II, et dans certaines citations platoniciennes du *De officiis* qui n'auraient pas figuré dans le modèle [2]. L'un des caractères marquants de l'adaptation cicéronienne du περὶ τοῦ καθήκοντος résiderait dans un effort d'abrègement de l'œuvre de Panétius [3]. On n'en tient pas la preuve, mais une présomption dans le fait que Cicéron reprend en moins de deux livres la matière des trois livres de Panétius [4]. Le caractère très pratique du livre II du *De officiis* a donné à penser [5] que Cicéron aurait omis toute la partie théorique des développements de Panétius sur l'*utile*.

1. P. Boyancé, *Études sur le Songe de Scipion*, Paris, de Boccard, 1936, p. 158-159.
2. P. Boyancé, *Rapport*, dans les *Actes du congrès de l'Association Guillaume Budé à Lyon*, Paris, Les Belles Lettres, 1960, p. 289 ; nouveau *Rapport*, dans les *Actes du congrès d'Aix-en-Provence*, p. 222, conteste l'origine toujours panétienne des citations de Platon dans le *De officiis*, à l'encontre du Père É. des Places, *Le Platonisme de Panétius*, dans *Mélanges d'archéologie et d'histoire*, LXVIII, 1956, p. 83-93.
3. La critique n'a pas toujours été d'accord sur ce point. R. Hirzel, *Untersuchungen zu Cicero's philosophischen Schriften*, II, p. 721-722, tient le *De officiis* de Cicéron pour une imitation très fidèle de son modèle. En revanche, P. Klohe, *De Ciceronis librorum de Officiis fontibus*, p. 5-36, prête à Cicéron un grand nombre d'additions ; A. Schmekel, *Die philosophie der mittleren Stoa*, p. 29-46, avec des restrictions, opine dans le même sens. La thèse de l'abrègement a été soutenue, déjà, par H. N. Fowler, *Panaetii et Hecatonis fragmenta*, p. 6, et plus récemment par G. Ibscher, *Der Begriff des Sittlichen in der Pflichtenlehre des Panaitios* ; L. Labowsky, *Die Ethik des Panaitios* ; M. Pohlenz, *Antikes Führertum*. En dernier lieu, M. van Straaten, *Panétius*, p. 283, se rallie à leurs conclusions. Cf. encore dans le même sens É. Des Places, *Le platonisme de Panétius*, p. 84.
4. *Ad Att.*, XVI, 11, 4. La conclusion ne s'impose pas, car nous ne savons pas quelle était l'étendue des trois livres de Panétius. Ils furent réduits par Cicéron à *moins* de deux livres, puisqu'il faut exclure les additions cicéroniennes destinées à combler les lacunes panétiennes.
5. M. Pohlenz, *Antikes Führertum*, p. 90-93 ; M. van Straaten, *Panétius*, p. 285.

Enfin nous connaissons un passage de Cicéron, *De officiis*, I, 81, dont le modèle panétien, nettement plus étendu, nous a été conservé par Aulu-Gelle dans ses *Noctes atticae*, XIII, 28 [1].

Dans cette même partie du *De officiis*, à côté de la source panétienne et de l'adaptation cicéronienne, doit-on reconnaître d'autres sources ? Cicéron n'en dit rien et M. van Straaten a fait observer justement que Cicéron affirme sa dépendance à l'égard de Panétius dans le *De officiis*, plus souvent et plus formellement qu'il ne l'a fait pour aucune autre source d'aucun de ses dialogues philosophiques [2]. Tout ceci incite à penser que Panétius n'est pas *une* source mais vraiment *la* source de toute cette partie du *De officiis*. Cependant, on a cru pouvoir y relever, ici et là, des traces d'autres influences. C'est ainsi qu'un bon nombre de rapprochements ont été établis entre le livre II du *De officiis* et le texte traditionnellement appelé l'*Anonyme de Jamblique*. Ce texte, conservé par le *Protreptique* de Jamblique, remonterait à un traité περὶ εὐθυμίας d'un auteur sur lequel on ne s'accorde pas ; mais il semble que ce soit à travers Panétius que Cicéron en aurait eu connaissance [3]. D'autres noms ont été avancés : Posido-

1. M. Schäfer, *Panaitios bei Cicero und Gellius*, dans *Gymnasium*, 62, 1955, p. 334-353, s'intéresse en particulier au *Laelius*, mais aussi au *De officiis*.
2. M. van Straaten, *Panétius*, p. 282.
3. On consultera notamment sur cette question F. Blass, *De Antephonte sophista Iamblichi auctore*. Kiel, 1889 ; K. Töpfer, *Die sogenannten Fragmente des Sophisten Antiphon bei Iamblichos*, Prog. Arnau, *Jahresbericht*, XXI, 1902, p. 1-48 (repris dans *Jahresbericht*, XV, p. 2-35 ; XVI, p. 3-16, Gmunden, 1911-1912) ; du même, *Zu der Frage über die Autorschaft des 20. Kapitels im Iamblicheischen Protreptikos*, dans *Jahresbericht*, XI, p. 3-14, Gmunden, 1907 ; R. Roller, *Untersuchungen zum Anonymus Iamblichi*, Diss. Tübingen, 1931 ; Q. Cataudella, *L'Anonymus Iamblichi e Democrito*, dans *Studi italiani di filologia classica*,

nius [1], Antiochus d'Ascalon [2]. Nous ne pouvons entreprendre, dans le cadre de cette introduction, l'étude attentive et détaillée que nécessiterait la question difficile de ces influences, qui restent secondaires. A vrai dire, il paraît vraisemblable que les indices que l'on pourrait déceler, d'influences étrangères à Panétius, ne dépasseraient pas, par leur consistance et leur fréquence, ce qu'on peut expliquer par le jeu des réminiscences d'une grande culture.

Au début du livre I du *De officiis*, Cicéron observe que Panétius a omis de définir l'*officium*. L'auteur latin le définit cependant, mais alors quelle est sa source ? La définition cicéronienne se retrouve chez des compi-

X, 1932, p. 5-22 ; du même, *Nuove ricerche sull'Anonimo di Giamblico e sulla composizione del Protreptico*, dans *Rendiconti della reale Accademia nazionale dei Lincei*, XIII, 1937, p. 182-210 ; du même, *Chi è l'Anonimo di Giamblico ?* dans *Revue des études grecques*, LXIII, 1950, p. 74-106, spécialement p. 96-100 à propos de Cicéron ; R. Cadiou, *A travers le Protreptique de Jamblique*, dans *Revue des études grecques*, LXIII, 1950, p. 58-73, en particulier p. 65-73 pour l'*Anonymus* ; A. T. Cole, *The Anonymus Iamblichi and his place in greek political theory*, dans *Harvard Studies in classical philology*, LXV, 1961, p. 127-163, spécialement, p. 128-144 en ce qui concerne Cicéron ; Q. Cataudella, *Sulle fonti del « De officiis » di Cicerone*, dans *Atti del I congresso internazionale di studi Ciceroniani*, Rome, 1961, vol. II, p. 479-491.

1. Ainsi A. Schmekel, *Die Philosophie der mittleren Stoa*, p. 28, à propos de *De off.*, II, chapitre III, mais son opinion n'a pas été suivie. On trouvera un bref exposé de cette discussion dans M. van Straaten, *Panétius*, p. 264-265, mais c'est par erreur, semble-t-il, qu'il prête déjà à Hirzel l'hypothèse posidonienne sur ce passage, que propose Schmekel.

2. H. Doege, *Quae ratio intercedat inter Panaetium et Antiochum Ascalonitam in morali philosophia*, Halle, 1896, montre que Cicéron, en suivant Panétius est souvent très proche d'Antiochus ; R. Hoyer, *Die Urschrift von Ciceros de officiis I-III*, fait d'Antiochus la source essentielle de Cicéron ; s'attachant au livre I, Ph. Finger, *Das stoische und das akademische Führerbild in Ciceros Schrift De officiis (I. Buch)*, dans *Neue Jahrbücher für Antike und deutsche Bildung*, 1942, p. 1-20, propose d'y reconnaître l'influence d'Antiochus d'Ascalon.

lateurs de l'antiquité comme Diogène Laërce et Stobée [1]. Le rapprochement est intéressant, mais n'éclaire en aucune façon la recherche des sources. On pourrait même y voir la preuve qu'une telle définition était passée dans le fonds commun de la culture philosophique gréco-latine.

Panétius, déclare Cicéron, avait omis dans son περὶ τοῦ καθήκοντος de traiter de la comparaison entre les *honesta* [2], néanmoins l'auteur du *De officiis* consacre à ce sujet la fin du livre I [3], mais il n'indique aucune source. Depuis Hirzel, on considère que tout ce passage serait inspiré de Posidonius dont on retrouverait, sous la plume de Cicéron, la doctrine [4]. La force de l'argument ne dépasse pas celle d'une vraisemblance, irrémédiablement grevée par le fait que l'œuvre de Posidonius ne nous est pas parvenue, et que l'on en est réduit à se référer à des reconstitutions de sa pensée, fort intéressantes mais toujours conjecturales, voire contradictoires [5]. Le Père M. Valente se rallie sans réserve à la

1. Comparer *De off.*, I, 8 et Diogène Laërce, VII, 107 : καθῆκόν φασιν εἶναι ὃ πραχθὲν εὔλογον τιν' ἴσχει ἀπολογισμόν » ; cf. Stobée, *Eclog.*, II, 85, 13.

2. *De off.*, I, 10 ; 152 ; 161.

3. *De off.*, I, 152-161.

4. R. Hirzel, *Untersuchungen zur Cicero's philosophischen Schriften*, II, p. 722-724 ; C. Thiaucourt, *Essai sur les traités philosophiques de Cicéron et leurs sources*, p. 308-309 ; A. Schmekel, *Die Philosophie der mittleren Stoa*, p. 28-29 ; M. Pohlenz, *Antikes Führertum*, p. 85-90 ; Schanz-Hosius, I Teil, p. 519-521. On fait observer en particulier que cette doctrine affleurerait dans *De off.*, I, 153, où la pensée embrasse les hommes et les dieux, texte auquel on oppose un passage antérieur, *De off.*, I, 20. P. Klohe, *De Ciceronis librorum de officiis fontibus*, p. 38-39 ; H. Jungblut, *Die Arbeitsweise Ciceros im ersten Buche über die Pflichten*, p. 74-80 ; K. Büchner, *M. Tullius Cicero*, dans *Real-Encyclopädie*, VII A, 1939, col. 1172, n'accordent à l'influence de Posidonius que le paragraphe 159. Le reste serait l'œuvre de Cicéron pour Jungblut, ou dû à Athénodore pour Büchner.

5. On pense ici en particulier aux travaux de A. Schmekel, *Die Philosophie der mittleren Stoa*, p. 238-290 d'une part, et de K. Reinhardt, *Poseidonios*, 2e éd., München, 1926 ; du même,

thèse d'une inspiration posidonienne [1], en se fondant sur la mention de Posidonius dans la lettre capitale sur la composition du *De officiis* qu'écrit Cicéron à Atticus le 5 novembre 44 [2]. Or cette lettre, semble-t-il, ne prouve rien, au contraire. Il y est question de Posidonius en effet, mais Cicéron, qui a déjà rédigé le passage qui nous occupe, et qui ne possède pas l'œuvre de Posidonius, cherche à l'obtenir, mais en vue d'une toute autre rédaction, celle de son troisième livre ; Cicéron pense en effet que son ancien maître a traité le sujet dans son ouvrage, en quoi sa mémoire le trompe, comme le prouvent deux textes du *De officiis* [3]. Bref, cette lettre nous apprend que Cicéron a comblé la lacune panétienne, sans disposer d'un texte de Posidonius et alors que ses souvenirs sur le contenu même de l'œuvre sont assurés, mais fallacieux.

En faveur de la thèse posidonienne, on serait plus fondé à faire valoir que dans le passage même dont il est ici question, Posidonius est nommé [4]. Cicéron a donc pensé à son maître de Rhodes au cours de sa rédaction. On peut même inférer du texte, que Posidonius a traité effectivement de la confrontation entre le lien social et la tempérance. Mais on peut objecter aussi que Cicéron ne nomme Posidonius que pour signaler le caractère répugnant des exemples qu'il fournit et que lui-même

Kosmos und Sympathie, München, 1926, d'autre part ; et plus récemment, du même, *Poseidonios*, dans *Real-Encyclopädie*, XXII 1, 1953, col. 558-826 ; on se reportera pour une brève étude, à l'article très dense de P. Boyancé, *Posidonius d'Apamée*, dans *L'Information littéraire*, 1, 1949, p. 65-68. Voir encore Schmid-Stählin, II Teil, 1959, p. 347-356 ; et en dernier lieu M. Laffranque, *Poseidonios d'Apamée (essai de mise au point)*, Paris, Presses universitaires de France, 1965.

1. M. Valente, *L'éthique stoïcienne chez Cicéron*, p. 26.
2. *Ad Att.*, XVI, 11, 4. Voir *supra*, p. 13, n. 5.
3. *De off.*, III, 8 ; 34. Voir *supra*, p. 19 s.
4. *De off.*, I, 159.

ne reprendra pas dans son propre exposé ! Il faut en outre s'aviser que dans cette fin du livre I du *De officiis*, plusieurs passages échappent sans doute à toute influence posidonienne : d'abord une observation de caractère personnel [1] ; puis une remarque sur l'éloquence et la sagesse [2], thème familier à Cicéron depuis le *De inuentione* ; sans doute aussi l'affirmation de la nature sociale de l'homme [3], déjà posée dans un texte du *De republica* conservé par Lactance, doctrine professée par Panétius que Cicéron reprenait ici selon toute vraisemblance. L'hypothèse de l'inspiration posidonienne de la fin du livre I du *De officiis* reste soutenable, à la condition d'en exclure ces divers passages et d'attribuer cette influence, non pas à une lecture, mais à des souvenirs de Cicéron. Encore est-il que Cicéron élimine délibérément certains souvenirs précis et que sa mémoire, sur un autre point de l'œuvre de Posidonius, se trouve en défaut.

Si l'on se place au plan des vraisemblances, car on ne dispose d'aucune preuve, on pourrait penser que Cicéron, pour le début de cette seconde partie de son ouvrage, à propos du conflit entre la science et la vie sociale [4], se souvient de la controverse sur la vie contemplative et la vie active qui opposa Théophraste et Dicéarque et dont lui-même entretient Atticus dans une de ses lettres [5].

1. *De off.*, I, 155.
2. *De off.*, I, 156 ; cf. *De inu.*, I, 1 ; *Part. orat.*, 79. On trouvera en dernier lieu sur ce sujet de très nombreuses observations pertinentes dans A. Michel, *Rhétorique et Philosophie chez Cicéron. Essai sur les fondements philosophiques de l'art de persuader*, Paris, Presses universitaires, 1960.
3. *De off.*, I, 157-158 ; cf. *De rep.*, I, 40, d'après A. Mai, à partir de Lactance, *Inst. diu.*, VI, 10, P.L., VI, 668-669. Voir à ce sujet M. van Straaten, *Panétius*, p. 142 ; 176-178, se fondant sur les fragments qu'il croit déceler dans *De off.*, I, 11-14 ; 15-17 ; 20.
4. *De off.*, I, 152-158.
5. *Ad Att.*, II, 16, 3. Voir *infra*, p. 64-65.

A la fin du livre II du *De officiis*, Cicéron a dû suppléer à deux lacunes de Panétius, et non pas à une seule, comme on le dit trop généralement[1]. Dans le premier cas, il s'agit toujours de l'*utile* et Cicéron, reprenant une observation d'Antipater de Tyr, constate que Panétius a omis de traiter de la santé et de la fortune[2]. Cicéron observe que ces sujets sont faciles, et leur consacre quelques lignes en exprimant des idées très simples et sans doute courantes. Il serait absolument vain, ici, de chercher des sources au texte de Cicéron[3]. Tout au plus peut-on penser que sa rédaction a bénéficié de quelques rémi-

1. R. Hirzel, *Untersuchungen zu Cicero's philosophischen Schriften*, II, p. 724, invoque comme source Antipater de Tyr, peut-être par la voie d'Athénodore ; mais P. Klohe, *De Ciceronis librorum de officiis fontibus*, p. 39, estime que l'influence d'Antipater n'est ni prouvée ni vraisemblable ; H. Jungblut, *Cicero und Panetius im zweiten Buche über die Pflichten*, p. 29-30, attribue à Cicéron lui-même les paragraphes 86-87 ; M. Pohlenz, *Antikes Führertum*, p. 124-125, pense que Cicéron ne s'en tient pas à une seule source ; M. Valente, *L'éthique stoïcienne chez Cicéron*, p. 26-27, propose comme source Antipater, mais il semble confondre les deux lacunes, leurs sujets et leurs sources. Sur Antipater de Tyr, voir von Arnim, *Antipatros*, dans *Real-Encyclopädie*, I, 1894, col. 2516 ; Schmid-Stählin, II Teil, 1959, p. 356.

2. *De off.*, II, 86-87.

3. Sans compter qu'échappe au problème des sources, dans ce bref passage, le souvenir personnel relatif à l'*Économique* de Xénophon. Et également, si l'on admet l'insertion proposée par Unger, l'évocation toute romaine des banquiers au portique de Janus. Voir *infra*, note de la traduction. L'on ne saurait donc reconnaître une ou plusieurs sources, à proprement parler, au *texte* de Cicéron, mais il faut ajouter que la *composition* cicéronienne de cette fin du livre II du *De officiis*, avec la mention de ces deux *utilia* que sont la santé et la fortune, représente une ouverture du stoïcisme de Cicéron vers l'académie et le péripatétisme, dans ce grand débat des écoles sur les biens, si souvent mentionné dans les œuvres de Cicéron, et encore dans le *De officiis*, I, 6 ; III, 11 ; 33. L'on pense ici évidemment à l'influence exercée sur Cicéron par son maître d'autrefois, Antiochus d'Ascalon. Voir encore en dernier lieu P. Boyancé, *Rapport sur le stoïcisme à Rome*, dans *Actes du Congrès de l'Association Guillaume Budé à Aix-en-Provence*, p. 235 et 240.

niscences d'Antipater de Tyr qu'il cite, et aussi, à propos de la fortune, de Xénophon dont il loue l'*Economique* qu'il a traduit dans sa jeunesse.

La seconde addition de Cicéron concerne la comparaison entre les *utilia* [1]. Aucune question de source ne saurait se poser ici. Cicéron évoque le problème en termes stoïciens tout à fait banals, établit, à titre d'exemples, quelques comparaisons qui vont de soi, poursuit par une anecdote romaine sur Caton le Censeur, et conclut.

Une lecture attentive du livre III du *De officiis* ne peut que confirmer dans le sentiment que Cicéron dit la vérité : il est l'auteur de cette partie de l'ouvrage [2]. Sans doute

1. *De off.*, II, 88-90. Cette addition correspond à celle de la fin du livre I, sur la comparaison des *honesta*, mais la brièveté extrême de ce passage prouve que Cicéron a voulu remplir son plan aux moindres frais, sans faire appel à quelque source que ce soit.

2. Néanmoins bien des hypothèses, souvent fort complexes, ont été proposées sur cette question des sources du livre III du *De officiis*, R. Hirzel, *Untersuchungen zu Cicero's philosophischen Schriften*, II, p. 722 et 725-736, admet en la limitant l'influence de Posidonius, met en avant le nom d'Hécaton connu à travers le τὰ κεφάλαια d'Athénodore et fait aussi la part de l'œuvre personnelle de Cicéron ; H. N. Fowler, *Panaetii et Hecatonis fragmenta*, parle aussi de Posidonius, d'Hécaton et d'Athénodore ; C. Thiaucourt, *Essai sur les traités philosophiques de Cicéron et leurs sources*, p. 310-315, reconnaît l'œuvre personnelle de Cicéron, mais aussi une influence de Posidonius, surtout celle d'Athénodore et, à travers lui, celle d'Hécaton ; P. Klohe, *De Ciceronis librorum de officiis fontibus*, p. 36-38, cite Hécaton et une source académicienne ; R. Hoyer, *Die Urschrift von Ciceros de officiis I-III*, p. 19, avance le nom d'Antiochus d'Ascalon ; M. Pohlenz, *Cicero de officiis III*, dans *Nachrichten von der Gesellschaft der Wissenschaften zu Göttingen*, Philol.-hist. Klasse, 1934, p. 1-39, attribue la plus grande influence à Athénodore, mentionne Hécaton connu à travers le τὰ κεφάλαια, mais aussi Posidonius. Il fait la part d'éléments panétiens et de l'intervention personnelle de Cicéron (en particulier dans la section des paragraphes 58-88). Voir aussi le compte rendu approbateur de R. Philippson, dans *Philologische Wochenschrift*, 56, 1936, col. 753 ; K. Büchner, *M. Tullius Cicero*, dans *Real-Encyclopädie* VII A, 1939, col. 1172, pense que le τὰ κεφάλαια d'Athénodore fut la source de Cicéron qui estimait,

se réfère-t-il souvent à autrui au cours de ces pages, mais d'une manière qui exclut absolument l'idée d'un modèle qu'il suivrait [1]. La première observation qui s'impose est de relever l'importance des interventions personnelles de Cicéron, qu'il s'agisse de mener l'exposé, ce qui ne va pas sans quelque hésitation, car l'auteur précisément cherche sa voie [2] ; qu'il s'agisse de s'adresser à son fils Marcus [3] ; qu'il s'agisse de rappeler des souvenirs ou d'exprimer ses propres sentiments [4], par exemple à propos de la tyrannie [5]. Une part beaucoup plus importante encore — et sans doute la plus importante du livre — est consacrée, à côté de sujets grecs, à des sujets proprement romains : à des faits historiques ou à des anecdotes [6], au droit

en le suivant, composer « *Marte nostro* », parce que cette œuvre n'était pas publiée, mais tout récemment K. Büchner, *Cicero, Bestand und Wandel seiner geistigen Welt*, Heidelberg, 1964, p. 439, semble accorder plus de part à la composition personnelle de Cicéron ; K. Reinhardt, *Poseidonios*, dans *Real-Encyclopädie*, XXII, 1, 1953, col. 824-825, affirme l'influence de Posidonius ; M. Valente, *L'éthique stoïcienne chez Cicéron*, p. 27-29, propose comme source Athénodore et, à travers lui, Hécaton, se ralliant à Pohlenz ; E. Zorzi, *Note sulla struttura del III libro del De officiis*, dans *Aevum*, XXXV, 1961, p. 136-149, admet une section posidonienne, par. 18-23, dans ce livre III.

1. Contrairement au principe posé par M. Valente, *L'éthique stoïcienne chez Cicéron*, p. 27.

2. Ceci paraît particulièrement sensible dans *De off.*, III, 7-34, où une analyse littéraire attentive, à laquelle nous ne pouvons nous attarder ici, pourrait le démontrer. Signalons seulement l'usage très significatif de plusieurs *opinor, credo, existimo, redeo* qui jalonnent le développement. Voir encore *De off.*, III, 95-96 ; 99 ; 119 ; 120. En revanche, une liaison comme 114-115, ne paraît pas présenter de caractère personnel perceptible.

3. Voir *supra*, p. 21 s.

4. Ainsi *De off.*, III, 1-6 ; 67 ; 73 ; 77 ; 80 ; 88 ; 92 ; 93 ; 119.

5. Ainsi notamment dans *De off.*, III, 19 ; 32 ; 36 ; 83-85.

6. Ainsi *De off.*, III, 1-4 ; 16 ; 40-41 ; 47 ; 58-59 ; 62 ; 66-67 ; 73-74 ; 77 ; 79-81 ; 82 ; 86-88 ; 99-115. Sur l'histoire romaine dans *De officiis*, III et les sources de Cicéron, tout spécialement Claudius Quadrigarius, voir W. Soltau, *Eine annalistische Quelle in Cicero*

romain[1], à la littérature. Tout cela n'est imputable qu'à Cicéron.

Mais en même temps, tout au long de ce livre, Cicéron, bien loin de chercher à taire ou dissimuler des sources par souci de paraître original, ne cesse pas de se référer à d'autres, voire de les citer. Or, précisément, la portée limitée et la multiplicité de tels recours contredisent l'hypothèse d'une source, ou même de plusieurs sources au sens propre du terme, car il ne s'agit en tout cela que des ressources et des agréments d'une vaste culture.

Mise à part la dépendance générale de Cicéron à l'égard de la doctrine stoïcienne[2], dépendance qu'il reconnaît encore dans le livre III, et qui est très apparente mais parfaitement anonyme parce que générale, l'auteur auquel Cicéron doit le plus dans ce même livre III, est toujours Panétius ! Sans doute celui-ci dans son περὶ τοῦ καθήκοντος n'a-t-il pas traité le sujet[3], mais l'entreprise de Cicéron consiste précisément à poursuivre et achever son ouvrage dans l'esprit de Panétius[4]. A cette fin, du reste, Cicéron remploie dans ce livre des éléments panétiens[5]. Il semble lui devoir en particulier l'idée capitale, dans ce troisième livre, d'utilité apparente[6].

En ce qui concerne Posidonius[7] dont Cicéron atten-

De officiis III, dans *Wochenschrift für klassische Philologie*, 1890, col. 1239-1245.

1. Ainsi *De off.*, III, 44 ; 47 ; 60-61 ; 65-67 ; 70-71 ; 92 ; 108 ; 111.

2. *De off.*, III, 13-15 ; 20 ; 106. Quelques références plus précises à des auteurs déterminés confirment l'inspiration stoïcienne, sans que ces auteurs doivent être considérés comme des sources à proprement parler. Voir *infra*, p. 48-49.

3. Voir *infra*, p. 27-28.

4. *De off.*, III, 9 ; 11 ; 12 ; 33-34.

5. *De off.*, III, 18 ; 33 : « ... ex superioribus libris... » que l'on sait inspirés de Panétius ; 34 : « ... saepe testatur negatque... ». Voir encore *infra*, p. 39, n. 3.

6. *De off.*, III, 34 ; et déjà 18.

7. Sur Posidonius, voir *supra*, p. 41, n. 2.

dait grand secours et dont il avait fait venir l'œuvre [1], l'auteur du livre III du *De officiis* n'en parle que deux fois [2] : l'une pour exprimer sa déception sur le sujet qui l'occupe, l'autre pour citer un passage d'une de ses lettres. Aux termes de cette lettre, qui rapporte le témoignage de P. Rutilius Rufus, personne n'aurait entrepris d'achever l'œuvre de Panétius ! Cette déclaration, incontestablement, ne milite pas en faveur de l'hypothèse qui veut découvrir un modèle au livre III du *De officiis* ! En tous cas, une source posidonienne doit être exclue.

On a beaucoup parlé aussi d'Athénodore de Tarse [3]. Le fait que Cicéron n'en parle jamais dans le *De officiis* où il nomme tant d'autres auteurs, rend déjà l'hypothèse bien suspecte. Celle-ci se fonde sur une mention d'Athénodore par Cicéron dans la même lettre à Atticus [4] où il parle de Posidonius. Cicéron, qui est persuadé de trouver dans Posidonius le modèle complémentaire de Panétius, a commandé son œuvre [5] et en même temps — les deux choses sont étroitement liées — il a écrit à Athénodore de lui envoyer τὰ κεφάλαια, ce qu'il attend

1. *Ad Att.*, XVI, 11, 4. Voir *infra*, p. 45, l'exégèse que je propose de ce texte.

2. *De off.*, III, 8 ; 10. On ne saurait arguer en faveur d'une source posidonienne, du « breuiter esse tactum » que comporte le premier de ces textes, si l'on tient compte du second, que confirme encore *De off.*, III, 34.

3. Voir *supra*, p. 41, n. 2. Sur Athénodore, voir von Arnim puis R. Philippson, *Athenodoros*, dans *Real-Encyclopädie*, II, 1896, col. 2045, puis Suppl. V, 1931, col. 47-55, et spécialement 53 ; Schmid-Stählin, II Teil, 1959, p. 259 ; surtout P. Grimal, *Auguste et Athénodore de Tarse*, dans *Revue des études anciennes*, 47, 1945, p. 261-273 ; 48, 1946, p. 62-79.

4. *Ad Att.*, XVI, 11, 4, cité *supra*, p. 13, n. 5.

5. Je ne pense pas, contrairement à M. Pohlenz, *Antikes Führertum*, p. 7, n. 1, comme déjà H. N. Fowler, *Panaetii et Hecatonis fragmenta*, p. 8, que le parfait *arcessiui* signifie que l'œuvre soit déjà arrivée. Voir *supra*, p. 15, 19-20.

dans l'immédiat, et il prie néanmoins Atticus de presser Athénodore. A mon sens, τὰ κεφάλαια dont il n'est nulle part question en dehors de cette lettre, ne désigne ni un ouvrage, ni un plan à suivre [1] pour la composition du livre III du *De officiis*, mais un sommaire de l'œuvre de Posidonius, ce qui explique le lien établi entre les deux commandes : ... *et* ... *et* ... Il s'agit d'une double commande d'une même œuvre, mais sous deux formes — dont l'une n'est qu'un sommaire — et par deux voies différentes. *In eo est*... qui suit, se réfère au livre de Posidonius tel que Cicéron se le représente et tel qu'il l'attend sous ses deux formes. Cette double commande d'autre part se justifie très bien, car Cicéron, on le sait, est pressé : en même temps qu'il fait venir l'ouvrage de Posidonius, il en réclame un sommaire, parce qu'il espère le recevoir beaucoup plus vite d'Athénodore qui est à Rome et qu'Atticus peut presser. Il pense qu'en possession de ce sommaire, il pourra déjà se mettre au travail. Vers la mi-novembre, dans une nouvelle lettre à Atticus [2], postérieure d'une dizaine de jours à la précédente, Cicéron informe son ami qu'il a reçu ce sommaire. Il vient sans doute de le recevoir et n'a jeté encore qu'un regard superficiel sur ce qu'il appelle *satis bellum* ὑπόμνημα, un aide-mémoire « assez joli ». A l'examen, Cicéron s'aperçut que ce qu'il attendait de Posidonius à travers Athénodore ne figurait pas dans ce sommaire, et pour cause : il découvrit peu après, que l'œuvre de Posidonius ne comportait pas ce qu'il croyait. Cicéron, dans le *De officiis*, a tenu à exprimer sa déception quant à l'œuvre de Posidonius [3]. Il ne pouvait que taire celle qu'il avait

1. Ce que pensent R. Philippson, *Athenodoros*, dans *Real-Encyclopädie*, Suppl. V, col. 53 ; M. Pohlenz, *Cicero de officiis III*, p. 2 ; M. Valente, *L'éthique stoïcienne chez Cicéron*, p. 29.
2. *Ad Att.*, XVI, 14, 4.
3. *De off.*, III, 8 ; 34. Voir *supra*, p. 19-20.

éprouvée d'abord, inévitablement, devant le sommaire d'Athénodore. Ce silence s'explique dans le cadre de notre exégèse de la lettre à Atticus et la confirme. Il ne permet pas de faire d'Athénodore et des κεφάλαια, inconnus par ailleurs, la source de Cicéron dans le livre III du *De officiis*.

Un autre nom a été mis en avant, avec plus de vraisemblance, celui d'Hécaton de Rhodes [1]. Cicéron, de fait, le cite à deux reprises dans le *De officiis*, au livre III, mais ces mentions paraissent suffisamment explicites pour que l'on puisse à la fois établir la dette de Cicéron à l'égard d'Hécaton et en marquer les limites qui sont étroites. Tout d'abord, il semble résulter du premier de ces textes [2] que Cicéron avait sous les yeux l'ouvrage d'Hécaton : « ... *uideo in his libris...* », ce qui est important, mais l'auteur latin qui rapporte la pensée du grec ne le fait qu'en passant, brièvement et surtout ne l'approuve pas. La pensée d'Hécaton lui sert à commenter le geste de Quintus Scaeuola qu'il vient de raconter, au même titre que la citation d'Ennius, *obiter dicta* elle aussi, qui précède et qu'il n'approuve pas non plus. Le second texte se réfère très explicitement au sixième livre du *De officiis* d'Hécaton pour citer, et souvent sans doute à peu près textuellement, un certain nombre des exemples que fournit ce philosophe, de conflits entre l'*honestum* et l'*utile* [3]. Ici, la dette de Cicéron à l'égard d'Hécaton est certaine, mais trois observations s'imposent. D'abord Cicéron marque son désaccord avec Hécaton pour la solution du premier exemple. En second

1. Voir *supra*, p. 41, n. 2. Sur Hécaton de Rhodes, voir H. N. Fowler, *Panaetii et Hecatonis fragmenta* ; von Arnim, *Hekaton*, dans *Real-Encyclopädie*, VII, 1912, col. 2797 ; Schmid-Stählin, II Teil, 1959, p. 347. Sur sa doctrine, A. Schmekel, *Die Philosophie der mittleren Stoa*, p. 290-296.

2. *De off.*, III, 63.

3. *De off.*, III, 89 s.

lieu, la dépendance de Cicéron à l'égard d'Hécaton n'est pas aussi claire dans toutes les parties de ce texte [1] : au paragraphe 89, c'est très net ; au paragraphe 90, on peut se demander si Cicéron ne glose pas, car les références à Hécaton disparaissent et le développement aboutit à la tyrannie, thème fréquent et dû aux circonstances ; le paragraphe 91 commence par une nouvelle référence à Hécaton, mais se poursuit par des références à Diogène de Babylone et à Antipater de Tarse. Enfin et surtout, la zone de l'emprunt à Hécaton est étroitement et explicitement circonscrite par Cicéron lui-même [2] : il a voulu donner un échantillonnage assez divers de la « littérature des questions ». [3] Cicéron fait donc deux emprunts fort limités à Hécaton qu'on ne saurait regarder pour autant comme la source du livre III du *De officiis*.

Les noms de Diogène de Babylone et d'Antipater de Tarse que l'on vient de citer, ont été également proposés [4] et Cicéron en effet s'y réfère deux fois dans le *De officiis*, au livre III. Le second de ces textes vient d'être étudié à propos d'Hécaton et ce qui a été dit d'Hécaton vaut *a fortiori* de Diogène et d'Antipater qui n'y sont cités qu'en passant [5]. Mais ce second texte éclaire le premier. Celui-ci en effet introduit déjà à propos du conflit entre l'*honestum* et l'*utile*, en matière de vente, un exemple

1. *De off.*, III, 89 : « ... talium quaestionum... disputat... ut putat... dirigit... Quaerit... Negat... » ; 91 : « Quaerit... ».
2. Ces limites sont marquées par la première phrase du paragraphe 89 et ensuite à deux reprises aux paragraphes 91 : « Haec sunt quasi... » et 92 : « ... quae sit inter eos... ».
3. Sur ce sujet, voir É. Bréhier, *Chrysippe et l'ancien stoïcisme*, Paris, Presses universitaires, 1951, p. 230-233.
4. Voir *supra*, p. 41, n. 2. Sur Antipater de Tarse, et Diogène de Babylone, voir von Arnim, *Antipatros*, puis *Diogenes*, dans *Real-Encyclopädie*, I, 1894, col. 2515, puis V, 1905, col. 773-776 ; Schmid-Stählin, II Teil, 1959, respectivement p. 258 et 106.
5. *De off.*, III, 91.

de question [1]. Mais il apparaît tout à fait improbable que Cicéron, ici, emprunte l'exemple aux deux philosophes. Il leur emprunte seulement leur doctrine qu'il applique à un exemple de son invention. Cicéron compose une controverse « à la manière de » Diogène et Antipater [2]. Si l'on ajoute qu'en faisant parler Antipater, Cicéron semble se souvenir d'Ennius [3], et qu'il désapprouve la thèse de Diogène [4], on aura du mal à conclure que ces auteurs aient constitué la source du livre III du *De officiis*.

A côté de ces philosophes en qui la critique a cru reconnaître la source ou l'une des sources du *De officiis*, il faut faire place à bien d'autres philosophes auxquels Cicéron se réfère explicitement dans ce troisième livre du *De officiis*. Il cite les stoïciens [5], nous l'avons dit ; mais avec eux, les péripatéticiens [6] ; Socrate [7] ; il rappelle les opinions de Zénon et d'Aristote sur la question du souverain bien [8] ; il reprend de Platon l'histoire de Gygès et glisse une allusion aux épicuriens [9] ; il cite un texte de Chrysippe sur la loyauté qui s'impose dans les compétitions [10] ; il revient aux stoïciens et péripatéticiens sur la question du souverain mal [11] ; à propos du conflit

1. *De off.*, III, 50 : « Eius generis hae sunt quaestiones... », développement qui se poursuit jusqu'au paragraphe 57 inclus.
2. La mention des deux auteurs n'introduit pas, mais suit l'exemple qui n'est pas donné comme venant d'eux. Le caractère factice de la controverse est marqué notamment par des expressions comme, 51 : « ... aliud... uideri *solet*... » ; 52 : « Respondebit... *fortasse* sic... » ; 53 : « ... *inquiet* ille... ».
3. Comparer *De off.*, III, 54 : « ... erranti uiam non monstrare... » et I, 51.
4. *De off.*, III, 57.
5. Voir *supra*, p. 43, n. 3.
6. *De off.*, III, 11.
7. *De off.*, III, 11.
8. *De off.*, III, 35.
9. *De off.*, III, 38-39.
10. *De off.*, III, 42.
11. *De off.*, III, 106.

entre l'*utile* et le *decorum*, Cicéron se réfère à Aristippe et à ses cyrénaïques, aux annicériens, à Épicure deux fois, à Métrodore, à Calliphon et Dinomaque [1]. Il convient d'ajouter, car le fait est important, que Cicéron cite encore bien d'autres œuvres d'auteurs grecs ou latins [2] : Ennius deux fois expressément et une fois au moins tacitement, Euripide deux fois, Accius deux fois expressément et une troisième sans doute, tacitement ; Caton, Polybe, Acilius, une fois.

La conclusion s'impose. Les passages de caractère personnel, l'importance des éléments romains, le souci de poursuivre l'œuvre inachevée de Panétius dans l'esprit de Panétius, avec tout ce que cela comporte d'invention personnelle, la portée limitée des influences avouées, leur multiplicité, l'absence de fondement véritable aux diverses hypothèses proposées, obligent à conclure que Cicéron a dit vrai. Il n'a trouvé, pour composer le troisième livre du *De officiis*, aucune œuvre d'aucun auteur, qui pût lui servir de modèle et remplacer à ce titre Panétius défaillant dans son περὶ τοῦ καθήκοντος. Cicéron s'est donc mis au travail sans aucune aide, *nullis adminiculis*, autre que ses propres ressources, *Marte nostro*. Mais il importe d'ajouter aussitôt que les ressources de Cicéron étaient celles d'une immense culture qui s'était assimilée les grandes œuvres des lettres grecques et latines. D'où, dans ce livre le plus personnel, une telle présence, et aussi variée, de la pensée antique.

1. *De off.*, III, 116-119.
2. Ennius : *De off.*, III, 62 ; 104 ; 54. Euripide : 82 ; 108. Accius : 84 ; 102 ; 98. Caton : 104. Polybe : 113-114. Acilius : 115.

IV. — APERÇU DOCTRINAL [1]

Le *De officiis* est l'œuvre d'un grand honnête homme [2], en possession d'une riche expérience de la vie qu'il a observée longuement, par intelligence et par goût, dans la prospérité et dans l'infortune. Cicéron adresse à son

1. Le sujet est immense. On se limitera, dans le cadre de cette introduction, à quelques remarques, en réduisant l'appareil des notes au minimum et les références à quelques repères. On trouvera des indications sur la doctrine de Cicéron dans le *De officiis*, en consultant A. Desjardins, *Les Devoirs. Essai sur la morale de Cicéron*, Paris, 1865 ; R. Hirzel, *Untersuchungen zu Cicero's philosophischen Schriften, II*, surtout 1, *Die Entwicklung der stoïschen Philosophie*, Leipzig, 1882, p. 1-566, qui intéresse, en ce qui concerne Cicéron, le *De finibus* et le *De officiis* ; A. Schmekel, *Die Philosophie der mittleren Stoa in ihrem geschichtlichen Zuzammenhange*, Berlin, Weidmann, 1892, p. 185-238, dans la mesure où l'étude de la doctrine de Panétius éclaire la doctrine de Cicéron. M. O. Liscu, *Étude sur la langue de la philosophie morale chez Cicéron*, Paris, Les Belles Lettres, 1930, spécialement p. 211-271 ; E. Bernert, *De vi atque usu vocabuli officii*, Diss. de Breslau, 1930, 5, qui trace brièvement l'histoire du mot jusqu'à l'époque impériale ; M. Pohlenz, τὸ πρέπον. *Ein Beitrag zur Geschichte des griechischen Geistes*, dans *Nachrichten von der Gesellschaft der Wissenschaften zu Göttingen*, Philol.-hist. Klasse, 1933, p. 53-92, ne traite pas immédiatement du *De officiis*, mais étudie le contexte doctrinal grec du πρέπον qui intéresse toute l'œuvre de Cicéron et notamment le *De officiis* ; du même, *Antikes Führertum. Cicero de officiis* (suivi de *Das Lebensideal des Panaitios*), Leipzig, Teubner, 1934, ouvrage qui traite seulement des deux premiers livres et spécialement de la doctrine politique, en se ressentant du contexte historique de sa composition ; toujours du même, *Cicero de officiis III*, dans *Nachrichten von der Gesellschaft der Wissenschaften zu Göttingen*, Philol-hist. Klasse, 1934, p. 1-39, complète l'ouvrage précédent ; L. Labowsky, *Die Ethik des Panaitios, Untersuchungen zur Geschichte des decorum bei Cicero und Horaz*, Leipzig, Meiner, 1934, p. 1-73, s'intéresse à *De officiis*, I, 93-149 ; G. Ibscher, *Der Begriff des Sittlichen in der Pflichtenlehre des Panaitios. Ein Beitrag zur Erkenntnis der mittleren Stoa*, Diss. München, 1934, s'attache à l'étude des principales notions morales mises en œuvre dans le livre I du *De officiis* ; G. Kilb, *Ethische*

fils le fruit de cette expérience et de ses réflexions, et ce livre de maturité, qui devait être le dernier du grand écrivain, prend la signification d'un testament. Testament d'une portée exceptionnelle, puisque ce legs d'un père à son fils représente, en même temps, l'héritage moral du monde antique, consigné par le plus illustre

Grundbegriffe der alten Stoa und ihre Übertragung durch Cicero in dritten Buche de finibus bonorum et malorum, Diss. Freiburg im Breisgau, 1939, intéresse aussi le *De officiis*, en particulier dans son chapitre καθῆκον-officium, p. 42-63 ; P. Finger, *Das stoische und das akademische Führerbild in Ciceros Schrift De officiis (I Buch)*, dans *Neue Jahrbücher für Antike und deutsche Bildung*, 1942, p. 1-20, concerne surtout la question des sources ; M. van Straaten, *Panétius, sa vie, ses écrits et sa doctrine avec une édition des fragments*, Amsterdam, 1946, dont les études sur la doctrine panétienne peuvent servir à éclairer la pensée de Cicéron, p. 38-211, et plus spécialement ce qui concerne l'éthique et la politique, p. 138-211 ; É. Bréhier, *Histoire de la philosophie, I L'antiquité et le moyen âge*, fasc. 2 *Période hellénistique et romaine*, Paris, Presses universitaires, 1948, p. 396-401 ; du même, *Sur une des origines de l'humanisme moderne. Le « De officiis » de Cicéron*, dans *Études de philosophie antique*, Paris, Presses universitaires, 1955, p. 131-141, repris des *Actes du Xe Congrès international de philosophie à Amsterdam en* 1948 ; du même, *Introduction à l'étude du stoïcisme*, dans *Les Stoïciens*, Paris, La Pléiade, 1962, p. LVII-LXVI, étude rapide, mais suggestive ; L. Mahieu, *Cicéron moraliste*, dans *Mélanges de Sciences Religieuses*, V, 1948, p. 88-108, plus spécialement p. 100-108, pour le *De officiis*, article surtout critique à l'égard de Cicéron, mais discutable sur bien des points, l'auteur ne se plaçant pas suffisamment dans les perspectives mêmes de Cicéron ; J. Chevalier, *Histoire de la pensée*, 1. *La pensée antique*. Paris, Flammarion, 1955, p. 501-505 ; P. M. Valente, *L'éthique stoïcienne chez Cicéron*, Paris, 1956, constitue l'étude d'ensemble la plus importante jusqu'à ce jour, de la doctrine cicéronienne ; P. M. Schuhl, *Préface*, dans *Les stoïciens*, Paris, La Pléiade, 1962, pp. XI-LV, revue très dense de l'histoire du stoïcisme, de ses représentants et de leurs doctrines ; P. BOYANCÉ, *Rapport sur le stoïcisme à Rome*, dans les *Actes du Congrès de l'Association Guillaume Budé à Aix-en-Provence*, Paris, les Belles Lettres, 1964, p. 218-242, exposé très riche de doctrine et d'une information bibliographique tout à fait à jour.

2. L'expression appellerait évidemment quelques nuances et un plaidoyer — car le dossier est plaidable — que je ne puis entreprendre ici.

des auteurs latins, le père de l'humanisme, à l'adresse et au bénéfice des générations futures.

Les perspectives du De officiis.

Toutefois, cet ouvrage ne se présente pas comme une somme qui prétendrait tout dire de la morale, et l'auteur lui-même précise parfois certaines limites de son étude. La détermination de ces limites permettra de mieux définir l'objet du *De officiis.* Cicéron ne s'intéresse pas, ici, aux fondements métaphysiques de la morale : ni par une étude de la Divinité ou de la nature de l'homme — encore qu'il recoure souvent à cette notion, mais sans l'avoir préalablement élaborée avec précision — ni non plus en replaçant sa morale dans les perspectives cosmiques de la physique stoïcienne [1].

Cicéron déclare lui-même, d'autre part, qu'il n'étudie pas dans son ouvrage les grands principes de la morale théorique. Ce n'est plus la question du souverain bien ou le portrait idéal du sage stoïcien qui le préoccupent comme dans le *De finibus.* Il s'applique à l'étude de la morale pratique du *uir bonus* [2]. Il quitte le plan des *decreta* et s'attache à celui des *praecepta,* pour emprunter le langage de Sénèque [3]. Sont-ce les besoins d'une actualité troublée ou le souci d'un fils dissipé qui lui inspirèrent

1. Certains en ont conclu qu'il rompait en cela avec la tradition de l'ancien stoïcisme, que reprendra le stoïcisme impérial avec un Marc-Aurèle, et que tel serait le moyen stoïcisme de son maître Panétius. Récemment, V. Goldschmidt, *Les stoïciens,* Paris, La Pléiade, 1962, p. 493, semble insister sur ce point, mais P. M. Schuhl, *ibidem,* p. XL, parle de renouvellement dans la conception de la nature chez Panétius, plutôt que de rupture avec la cosmologie stoïcienne traditionnelle, et P. Boyancé, *Rapport sur le stoïcisme à Rome,* dans les *Actes du Congrès de l'Association Guillaume Budé à Aix-en-Provence,* p. 222, 226-227, 241 (où l'on trouvera des indications bibliographiques) défend la thèse de la continuité entre les stoïciens antérieurs et Panétius.

2. *De off.,* I, 7-8 ; III, 13-18.

3. Sénèque, *Ep.,* 94.

ce changement de perspective ? Quoi qu'il en soit, le fait est d'importance et il peut expliquer — j'ai proposé aussi une autre explication [1] — que le *De officiis* ne soit plus un dialogue. Cicéron, disciple de la nouvelle académie, s'en tient au doute, sur le plan des principes, et y voit la matière de conflits idéologiques qu'il traduit en dialogues, dans la plupart de ses œuvres philosophiques ; mais sur le plan pratique, sensible, comme pouvait l'être un romain, au problème et à l'objection de la nécessité de l'action — qui déjà avaient retenu l'attention d'Arcésilas et de Carnéade — Cicéron, fidèle en cela à l'évolution de la nouvelle académie, se rapproche du stoïcisme et devient dogmatiste : il ne discute plus, il expose.

Cicéron, en outre, dans le *De officiis*, ne porte pas du tout le même intérêt à ce qu'on pourrait appeler les différentes fins de la morale. On a dit déjà qu'il ne se préoccupe pas de la question du souverain bien, le *finis ultimus*. Il ne se soucie pas davantage des conséquences de la vie morale sur la destinée humaine *post mortem*. Les perspectives ouvertes par l'auteur du *Songe de Scipion* ou de la première *Tusculane* sur l'immortalité de l'âme, sont étrangères à l'auteur du *De officiis*, qui se ressent en cela, sans doute, des négations de Panétius [2]. Au niveau de la morale pratique où il se place, ce n'est pas non plus la valeur pragmatique, les fins tangibles de la morale, qui l'intéressent d'abord, comme le salut de la Patrie, le bien de l'État, la prospérité des entreprises humaines, encore que ce souci apparaisse dans son œuvre. Enfin ce moraliste, il faut le reconnaître, ne considère pas et n'apprécie pas les actions des hommes pour leur valeur proprement éthique, pour leur conformité ou leur non-conformité par rapport à un idéal abstrait de vertu.

1. Voir *supra*, p. 22.
2. Voir Cicéron, *Tusc.*, I, 79 ; M. van Straaten, *Panétius*, p. 118-119.

Ce qui préoccupe Cicéron dans le *De officiis*, c'est l'homme. Ce qui l'intéresse dans les applications de la morale pratique qu'il préconise, c'est la réussite humaine, mais non pas une réussite humaine générale et par là même abstraite, mais la réussite humaine concrète des individus. Ce mot est insuffisant, car Cicéron a trop le sens du caractère essentiellement social de l'homme, et il n'envisage de réussite humaine, concrète et individuelle, que dans le cadre de la société. Tout homme lui apparaît comme au centre d'un réseau originel de droits et de devoirs. Mieux, tout homme est ce centre même et c'est ainsi que Cicéron dans le *De officiis*, définit l'homme, finalement, comme une personne, et qu'il s'intéresse à lui en tant que tel. Cicéron dans cet ouvrage est moins un moraliste qu'un humaniste, mais son humanisme est un humanisme de la personne.

Le titre et le contenu du De officiis.

Le substantif devoir en français est un terme équivoque. Il sert souvent — et surtout au singulier — à désigner une obligation supérieure et impérieuse qui intervient dans la trame de la vie comme une réalité hétérogène, qui impose ruptures et déchirements. L'homme de devoir n'évoque-t-il pas aussi bien l'abrupt de la falaise et le tranchant du glaive ? Ce n'est pas du tout en ce sens que Cicéron parle de l'*officium*. Tout au contraire. Parce qu'*officium*, de l'aveu même de Cicéron, traduit τὸ καθῆκον, ce qui convient, ce n'est pas en termes de rupture, mais à l'inverse, en termes d'accord qu'il faut entendre la notion cicéronienne. Le français connaît aussi ce sens pour le substantif devoir et tout spécialement au pluriel [1]. Les devoirs sont alors l'en-

1. On a proposé d'autres traductions : offices ou fonctions, F. Ravaisson, *Essai sur la métaphysique d'Aristote*, Paris, 1846, t. II, p. 184 ; du même, *Mémoire sur le stoïcisme* dans *Mémoires*

semble des obligations inhérentes à une personne donnée dans des conditions données. Tels sont les devoirs de la vie mondaine par exemple, ou les devoirs d'une fonction ou les devoirs d'un âge [1]. Tel est aussi le sens de l'*officium* cicéronien, avec ces deux caractères qui lui sont essentiels : un caractère relatif et un caractère pratique.

Mais il importe, pour mieux cerner la notion cicéronienne d'*officium*, de la replacer dans le cadre général de la pensée morale de Cicéron dans le *De officiis*, et d'abord de la situer par rapport au principe premier de cette morale — qui en est aussi la fin — l'*honestum*, la beauté morale. L'*honestum* qui est la référence dernière, la norme suprême de la morale du *De officiis*, n'y apparaît pas comme une entité existant à part soi, ayant consistance par elle-même ou en elle-même. Ce n'est ni une entité concrète, ni une entité abstraite, ni même un objet de raison ou d'imagination que l'on puisse distinguer et isoler en tant qu'objet des autres êtres. L'*honestum* semble évoqué dans le *De officiis* comme la notion de rapport idéal entre les réalités les plus diverses — mais qui ici intéressent la morale — et l'homme ; quelque

de l'Institut Impérial de France, Académie des Inscriptions et Belles-Lettres, t. 21, 1857, p. 41. Les démonstrations de l'auteur qui se fonde sur des textes étrangers au *De officiis*, est peu convaincante. On trouve également le terme fonctions dans É. Bréhier, *Chrysippe et l'ancien stoïcisme*, Paris, Presses universitaires, 1951, p. 230 ; R. A. Gauthier, *Magnanimité. L'idéal de la grandeur dans la philosophie païenne et dans la théologie chrétienne*, Paris, Vrin, 1951, p. 133, 135. Cette traduction me paraît avoir l'inconvénient d'éliminer complètement l'aspect subjectif de la notion. On notera que Cicéron lui-même préféra l'emploi du mot latin au pluriel, *Ad Att.*, XVI, 11, 4. Sur le terme *officium*, en général mais spécialement à l'époque de Cicéron, voir en dernier lieu, J. Hellegouarc'h, *Le vocabulaire latin des relations et des partis politiques sous la République*, Paris, Les Belles Lettres, 1963, p. 152-163.

1. N'est-ce pas précisément le sens de la réponse de Cicéron, *Ad Att.*, XVI, 14, 3, mais limitée au domaine de la *res publica* ?

chose que l'on pourrait comparer sans doute, dans un autre ordre, au nombre d'or qui, lui aussi, en tant que canon de la beauté, se réduit à un rapport ; mais l'*honestum* ne saurait s'exprimer et se laisser fixer par un rapport mathématique. Ce serait un rapport d'ordre moral [1]. On voit ici, disons-le en passant, combien l'idée de la Beauté suprême s'est appauvrie de Platon à Cicéron [2]. La Beauté souveraine du *Banquet* et du *Phèdre*, comme aussi plus tard celle des *Ennéades* de Plotin, offre une autre consistance. Mais, ainsi qu'on l'a observé ailleurs [3], Cicéron philosophe est peu porté vers la métaphysique ou s'y trouve court très rapidement ; en morale en revanche,

1. Cicéron, sans doute, ne s'exprime pas en ces termes sur l'*honestum* qu'il ne s'applique pas du reste à définir très explicitement dans le *De officiis*. Suivant la logique du point de vue du *De officiis*, Cicéron va de l'*honestum* à l'*officium* qu'il définit bien comme un rapport concret de convenance. Comme d'autre part il déclare reconnaître l'*honestum* ou du moins des *similitudines honesti*, *De off.*, III, 13-14, dans ces rapports concrets que sont les *officia*, ceux-ci apparaissent comme une transposition ou une projection sur le plan pratique de ce qu'est l'*honestum* au plan théorique. Par une démarche inverse de celle de Cicéron, l'on est donc amené à se *représenter* l'*honestum* à partir de l'*officium*, à la manière d'un rapport, mais cette fois, d'un rapport théorique, voire idéal, de convenance. Du reste divers passages du *De officiis* lient étroitement l'*honestum* à l'idée de convenance, ainsi I, 14 ; III, 13. Voir encore *infra*, p. 59, n. 1. Peut-être devrait-on préférer au terme de rapport, celui d'harmonie ?

2. Et l'on pourrait ajouter : appauvrie aussi, en raison même du sujet des ouvrages, du *De finibus* au *De officiis*. Bien que Cicéron traite de l'*honestum* stoïcien dans le *De officiis*, le rapprochement avec Platon n'est pas indu, on le trouve sous sa plume, dès le début de l'ouvrage, *De off.*, I, 15. C'était aussi à la beauté platonicienne que se référait implicitement Cicéron dans *De fin.*, V, 69, au cours de l'exposé péripatéticien de Pison. Cette présence et cette évolution du platonisme a été observée par É. des Places, *Le platonisme de Panétius*, dans *Mélanges d'archéologie et d'histoire*, LXVIII, 1956, p. 83-93, et spécialement à propos de *De off.*, I, 15, p. 85.

3. M. Testard, *Saint Augustin et Cicéron*, I. *Cicéron dans la formation et dans l'œuvre de saint Augustin*, Paris, Études augustiniennes, 1958, p. 62, 65, 111-113.

il excelle et c'est sur ce plan qu'il s'intéresse à la Beauté.

L'*honestum* cicéronien, la beauté morale apparaît donc comme un rapport idéal. Les deux termes importent, car ils définissent deux caractères essentiels de l'*honestum* : un caractère relatif et un caractère théorique. Ce second caractère est très important, car c'est par lui que l'*honestum* se distingue de l'*officium*. En tant que rapport idéal, l'*honestum* — comme tant d'autres notions chez Cicéron, celle de sagesse par exemple ou de connaissance — n'est jamais réalisé concrètement, c'est une norme abstraite, à la fois universelle et pratiquement inaccessible [1]. L'*officium*, le devoir, avec ses deux caractères relatif et pratique qui ont été précédemment définis [2], intervient dans la doctrine de Cicéron, comme

1. Il apparaît remarquable qu'en différents domaines, Cicéron maintienne la notion d'un idéal inaccessible, sans pour autant aboutir à l'inaction par découragement. Il offre à l'homme concret qui n'est point le sage, une voie intermédiaire que l'on peut appeler « moyenne », qui reste praticable et accorde une valeur à ce qui n'est pas la perfection mais le progrès. Si l'on ne peut atteindre la perfection du *sapiens*, il reste possible, en morale, de tendre au progrès que représente le *uir bonus*, *De off.*, III, 16-17, et, dans l'ordre de la connaissance, de tenir à cet état de progrès que constitue la recherche de la vérité, ce que poursuit à travers le vraisemblable l'*opinator*, *Acad.*, II, 65-66. (Voir aussi sur cette doctrine mon *Saint Augustin et Cicéron*, I, p. 34-35, 97, 153). On pourrait dire que l'*officium* est à l'*honestum* ce que le *uerisimile* est au *uerum*. Cicéron établit lui-même un rapprochement entre l'*officium* dit *medium* et la *ratio probabilis*, *De off.*, I, 8 ; cf. II, 7-8. On dirait avec plus d'exactitude encore que le *uir bonus* est au *sapiens*, en morale, ce que l'*opinator* est au *sapiens*, pour la connaissance. Mais j'envisage ici la pensée cicéronienne dans l'ensemble de son œuvre philosophique et pas seulement dans le *De officiis*, et je n'en tire pas de conclusions en ce qui concerne la doctrine de Panétius. Cicéron, qui n'est pas sans devanciers, assouplit ainsi les rigueurs à la fois du stoïcisme et de la nouvelle académie dont il rend les doctrines plus humaines. Sur ces assouplissements, voir encore *De off.*, II, 7-8 ; 35 ; 86, notes ; III, 13-17.

2. Je ne m'arrête pas à la distinction de l'*officium perfectum* ou *medium*, indiquée en passant par Cicéron, *De off.*, I, 8. Je m'en

l'application, aussi fidèle que possible, du rapport idéal que représente l'*honestum*, aux cas concrets que pose la vie quotidienne ; et il laisse place ainsi, dans la morale stoïcienne, à la notion de progrès moral. L'*officium* doit aboutir à un comportement : acte ou abstention, parole ou silence, clémence ou sévérité, que l'on qualifiera de l'un des dérivés du verbe *decet* : *decens*, *decus*, *decorus*. Ces termes constatent, dans un comportement pratique, un tel rapport entre les données concrètes d'une situation, que l'on y reconnaît le rapport idéal, l'*honestum*, dont il se rapproche.

Mais il n'est point aisé d'aboutir à un comportement que l'on dira *decens* et la difficulté n'est pas seulement, n'est pas surtout de l'ordre du vouloir, mais d'abord de l'ordre de l'intelligence. Il s'agit en effet à propos d'un problème moral donné, de faire un inventaire complet de tous les éléments qui doivent entrer en ligne de compte et de les apprécier chacun à leur juste valeur et les uns par rapport aux autres. Ces éléments sont des questions de personnes, de lieu, de temps, etc. Et ces appréciations obligent à décider entre un parent et un voisin, entre soi-même et autrui, entre la parole donnée et la prudence. Cet inventaire et cette appréciation ne sont en réalité qu'une application à la réflexion morale de l'*inuentio* et de la *dispositio* de la rhétorique. Cette recherche d'un comportement qui apparaîtra convenable par rapport à toutes les données concrètes d'une situation, explique la part considérable dans la morale cicéronienne, tout spécialement dans le *De officiis*, de la casuistique [1].

tiens à l'emploi du mot qui est le sien tout au long de l'ouvrage, tel qu'il le définit dans *De off.*, I, 7 ou 15 ; III, 13 s. et qui rejoint ou, mieux, recouvre l'*officium medium*, τὸ καθῆκον. Cf. aussi *Ad Att.*, XV, 13, 6 ; XVI, 11, 4 ; 14, 3.

1. Voir R. Thamin, *Un problème moral dans l'antiquité. Étude sur la casuistique stoïcienne*, Paris, Hachette, 1884. V. Goldschmidt, *Les stoïciens*, Paris, La Pléiade, 1962, p. 494, semble

L'auteur distingue avec subtilité toutes les questions en cause, pèse chacune avec soin, les compare attentivement et finalement dose avec doigté la solution. C'est une telle recherche, soucieuse d'examiner une question dans tout son ensemble et de l'examiner à fond, qui permettra à Cicéron, à la fin de son ouvrage, d'aboutir ; et d'aboutir dans la partie la plus personnelle de son œuvre, lorsqu'au livre III du *De officiis*, il réduit le conflit — qui pour lui n'est qu'apparent — entre l'*honestum* et l'*utile*.

Ce qui constitue essentiellement la morale de Cicéron, c'est donc l'idée d'un rapport convenable que doit établir le comportement entre les données concrètes d'une situation [1]. Il ne serait pas juste de dire que sa morale n'a pas de contenu, car Cicéron parle haut parfois en faveur des grandes valeurs, par exemple dans ses développements sur la *magnitudo animi*, mais il faut reconnaître qu'au plan de son étude de la morale, Cicéron ne se fonde pas sur ce contenu, il ne part pas de lui et n'aboutit pas à lui. Son point de vue est surtout formel et il s'in-

rattacher cette casuistique à Panétius, mais P. M. Schuhl, *ibidem*, p. XL, pense que Panétius portait peu d'intérêt à la casuistique. J'entends par ce terme, la recherche, à des fins pratiques, de l'action morale concrète, dans des situations relativement difficiles, parce qu'interviennent un bon nombre de facteurs qu'il est nécessaire de recenser, d'apprécier et d'accorder.

1. Ce point est capital. Bien que le convenable apparaisse dans le livre I du *De officiis*, comme l'une des divisions — la quatrième et dernière — de la beauté morale, Cicéron explique que l'*honestum* et le *decorum* sont inséparables et coextensibles l'un à l'autre (*De off.*, I, 94), que la distinction qu'on établit entre l'un et l'autre est une distinction de raison plutôt qu'une distinction réelle (*De off.*, I, 94-95), et c'est ainsi que la notion de convenance s'étend à toute la morale du *De officiis*. Il faut même dire qu'elle règne sur toute cette morale. A la fin de ce même livre I, à propos des conflits qui peuvent surgir entre les devoirs qui procèdent des diverses divisions de la beauté morale, Cicéron explique que la communauté humaine doit l'emporter sur la connaissance de la vérité et sur la grandeur d'âme, mais non pas sur la convenance qui s'impose toujours (*De off.*, I, 159).

téresse avant tout à la manière de définir le comportement moral, à la recherche des convenables, c'est-à-dire à la supputation de tous les rapports en cause. Ce qu'il y a de formel et ce qu'il y a de plus profond dans la recherche de Cicéron apparaît assez bien et respectivement dans les livres I et III du *De officiis*.

Dans le livre I, il est à remarquer que l'intérêt le plus vif de l'auteur ne se situe pas dans l'encouragement au bien et la flétrissure du mal. Cicéron y consacre quelques belles pages évidemment, mais il s'adresse à d'honnêtes gens dont le choix est déjà fait. Ce qui intéresse Cicéron pour le genre de lecteurs qu'il a en vue, c'est l'étude des modalités de la poursuite du bien. Il y a là effectivement un problème, difficile, aux aspects multiples, et qui appelle pour chaque situation concrète une application particulière des principes, en vue d'aboutir à une solution, à *la* solution appropriée. L'auteur met en garde son lecteur contre toutes les erreurs d'application : on peut s'abuser soi-même, on peut être abusé. Cicéron, avec infiniment d'intelligence et de sagesse, contraint la générosité de l'âme à raisonner et à se discipliner : il ne s'agit pas de faire du bien à n'importe qui, n'importe quand et n'importe comment. Cicéron explique avec discernement qu'il existe un ordre des personnes et des besoins et des temps, qu'il convient de respecter dans l'accomplissement du bien.

En revanche, dans son troisième livre, Cicéron affirme avec force et persévérance qu'il n'y a pas de conflit possible entre l'*honestum* et l'*utile* ; les conflits ne sont qu'apparents, l'*honestum* et l'*utile* coïncident. On a parfois l'impression que Cicéron affirme plus qu'il ne démontre. En réalité, il explicite peu sa démonstration [1],

1. Et d'autant moins, rappelons-le, que Cicéron dans cet ouvrage ne s'intéresse pas à la morale théorique, à ses fondements ou à ses fins, mais à la morale pratique.

mais on sent chez lui une certitude absolue qu'il doit à une hauteur de vues peu commune. Cicéron dans chaque cas envisagé et, s'il le faut, contre toute apparence, fait une sorte d'acte de foi en la valeur suprême de l'*honestum* [1] ; et parce qu'il pense que le comportement qui exprime le mieux ce rapport idéal, disons la vertu, est l'apanage de l'homme et fait sa grandeur, il en conclut qu'à considérer les choses de toute la hauteur qu'elles méritent, il n'est pas possible que ce qui est essentiel à la dignité de l'homme, ne soit pas aussi ce qui lui est utile [2]. Il admettra que le conflit apparaisse à un regard borné, mais il est sûr que pour celui qui, à la fois, voit haut, regarde loin et examine à fond, seul l'*honestum* est finalement l'*utile* pour l'homme. Et ce n'est pas l'utilité d'une chose qui en fait la beauté morale, mais sa beauté morale qui en fait l'utilité [3]. Cette remarque paraît capitale. Partant d'exigences morales qu'il sent en lui irréfragables, Cicéron est ainsi amené à postuler pour les fonder, toute une conception très haute de l'homme, qui constitue finalement tout le contenu de sa morale. [4]

1. En revanche, au livre III du *De republica*, la discussion qui oppose Philus, l'avocat de l'injustice et Laelius, l'avocat de la justice, devait représenter un effort pour démontrer la valeur suprême de la justice qui, là aussi, s'identifiait avec l'intérêt. Ce rapprochement entre les deux livres III des deux ouvrages semble s'imposer du fait de leurs analogies. Par exemple, dans le domaine de la morale pratique, un long texte de Lactance, *Inst. diu.*, V, 16, permet de constater que le *De republica* comportait déjà un exposé des « questions », très proche pour le fond et pour la forme, de ceux du *De officiis*, III, 50 s. ; 89 s. (voir *supra*, p. 46 s.). Il faut ajouter que l'on trouverait, bien entendu, dans le *De finibus*, en particulier au livre III, un essai de démonstration de la valeur suprême de l'*honestum*, mais Cicéron, comme nous l'avons dit, excluait précisément de son *De officiis*, l'étude des fins dernières de la morale.
2. *De off.*, III, 35 ; moins explicitement 64.
3. *De off.*, III, 110.
4. Par exemple *De off.*, III, 101.

La morale du *De officiis* apparaît donc essentiellement relative et définit le comportement dans chaque cas, en fonction de toutes les données de fait, et ceci à l'exclusion de toute valeur transcendante considérée comme absolue, au principe de cette morale pour la fonder, ou au terme de cette morale pour l'orienter. J'ai dit à l'exclusion de toute valeur *transcendante*, car parmi les multiples données de fait qui constituent dans les différents cas, autant de références pour la réflexion morale, il en est une cependant qui apparaît privilégiée à divers titres — et d'abord parce qu'elle s'impose dans tous les cas — c'est le terme de référence constant parmi tous les autres : la nature. On ne saurait exagérer l'importance de ce point fixe, si l'on peut ainsi parler, dans une réflexion morale qui ne connaît par ailleurs que des données de fait entre lesquelles elle recherche un rapport convenable, disons un point d'équilibre. Cette référence à la nature donne à la morale de Cicéron d'échapper au caractère éphémère et discontinu des situations de fait qu'elle tranche. La nature confère à la morale de Cicéron une certaine profondeur, une cohérence, une permanence, une universalité, tout ce qui en fait sa valeur humaine.

Mais Cicéron, sous le nom de nature, n'entend pas indistinctement tout ce qu'il trouve dans l'homme [1].

1. Cette notion de nature humaine que Cicéron ne s'attarde pas à définir très explicitement, doit être rattachée à celle que l'on trouve plus élaborée chez Panétius. La nature est faite de ces tendances fondamentales, ἀφορμαί, et rationnelles (d'où le couple *natura ratioque* que l'on rencontre par exemple deux fois dans *De off.*, I, 14) qui s'enracinent au plus profond de l'être humain et qui sont destinées à s'épanouir en vertus. Il faut distinguer ces tendances, des appétits irrationnels, ὁρμαί, que l'on doit soumettre à la raison. Voir M. van Straaten, *Panétius*, p. 95-129 ; 139-144 ; A. Grilli, *Studi paneziani*, dans *Studi italiani di filologia classica*, XXIX, 1, 1957, p. 31-67 et 72-81 ; P. M. Schuhl, *Études panétiennes : tendances et impulsions*, dans *Revue philosophique de la France et de l'étranger*, CL, 1960, p. 233-235 ;

Il précise que la morale doit se référer seulement à ce qu'il appelle la *natura non uitiosa* [1], et ceci élève considérablement sa conception de l'homme et par là même ses exigences morales. D'autre part, l'un des caractères essentiels que Cicéron reconnaît à cette nature humaine, c'est son caractère social. Il y insiste beaucoup. L'homme est fait pour vivre en société. Ce n'est pas un besoin empirique, mais une nécessité de nature qui est à l'origine historique de la vie en société [2]. D'où cette universalité, ai-je dit, d'une morale qui s'impose à tout homme vis-à-vis de tout homme, par cela même qu'ils sont hommes [3], et Cicéron devient ainsi le défenseur éloquent de l'éminente dignité de la personne humaine [4]. Mais

P. Boyancé, *Rapport*, dans *Actes du Congrès de l'Association Guillaume Budé à Aix-en-Provence*, p. 226-227.

1. *De off.*, I, 120 ; cf. 110. Voir aussi *Tusc.*, III, 2, où Cicéron pense déjà la formule célèbre attribuée à Rousseau : l'homme naît bon, c'est la société qui le déprave (cf. sur ce point, *Part. orat.*, 91). On pourrait encore rapprocher de ces textes, *De leg.*, II, 13 : « ... ad illam antiquissimam... naturam... » ; *De fin.*, V, notamment 44 : « ... quam perfectissima natura... ». Ce souci de discerner la nature dans son authenticité, pour y reconnaître la norme de la morale, constitue l'une des vues à la fois profonde et réaliste de la morale antique. Les moralistes chrétiens poursuivront, pour une part, dans cette voie, trouvant dans les doctrines de la création et du péché originel, à la fois la raison de se référer à la nature et la nécessité d'un discernement pour atteindre la nature dans son intégrité.

2. *De off.*, I, 157-158 ; voir encore III, 21. Cf. Aristote, *Politique*, I, 1.

3. *De off.*, III, 27-28. Peut-être n'a-t-on pas suffisamment remarqué l'importance de ce que dit Cicéron, dès son premier livre (I, 41), à propos des esclaves : ce sont des « petits », mais la « justice » est due aussi aux « petits » ; et Cicéron invite à les regarder comme des « salariés », ce qui représente une promotion considérable. Cicéron surtout reconnaît aux esclaves, et sans réticence, la qualité d'hommes. Cf. livre II, sur les *tenuiores*.

4. Il est intéressant de faire observer que les développements sur l'homme les plus profonds du *De officiis*, et dont la valeur est la plus universelle : la dignité de la personne humaine, l'unité du genre humain, la loi naturelle inscrite au cœur de l'homme, son universalité, les droits et devoirs qui en découlent, sont des

comme cette personne humaine ne saurait être dissociée, par sa nature même, de la communauté du genre humain, on s'explique l'importance, dans le *De officiis*, de tout ce qui a trait à la vie de l'homme en société, qu'il s'agisse de définir les différentes communautés humaines auxquelles l'homme appartient, les divers devoirs qui en résultent pour lui, la hiérarchie de ces devoirs, et jusqu'aux exigences du savoir-vivre et de la courtoisie. Il convient de rappeler ici la place accordée dans l'ouvrage, à la justice, *domina et regina uirtutum* [1], vertu qui s'impose même en politique où Cicéron fait intervenir la morale [2] ; la prédominance reconnue aux devoirs politiques [3], comme dans le *De republica* ; l'introduction, dans le développement cicéronien, d'une philosophie de l'action humaine — thème très moderne — qui par la maîtrise et l'exploitation de l'univers, accomplit le progrès, au bénéfice de la société [4]. Cicéron accorde ainsi, observons-le, une primauté de principe à la vie active sur la vie contemplative [5], l'idéal cicéronien étant celui

thèmes qui se retrouvent, et parfois presque mot pour mot, dans ces grands documents d'humanité que constituent, sur les problèmes essentiels de la vie humaine, les enseignements des Papes contemporains. Il y aurait sur ce point, je pense, une étude comparative intéressante à faire.

1. *De off.*, III, 28.

2. Par exemple *De off.*, I, 34 s. Voir *infra*, p. 121, n. 3.

3. Notamment *De off.*, I, 69-73 ; cf. le début du *De republica.* Il importe de relever, à propos des développements de caractère politique que l'on trouve dans l'ouvrage, la continuité qui apparaît entre le *De republica* et le *De officiis.* Cette continuité peut engager la question des sources du *De republica*, comme le fait remarquer P. Boyancé, *Rapport sur le stoïcisme à Rome*, dans *Actes du Congrès de l'Association Guillaume Budé à Aix-en-Provence*, p. 228, qui invite cependant à ne pas majorer cette continuité. Ajoutons que la place faite dans l'un et l'autre ouvrage à Scipion Emilien, pourrait elle aussi, dans une certaine mesure, suggérer une influence panétienne dans les deux cas.

4. *De off.*, II, 11-15.

5. *De off.*, I, 152-159. Sur ce sujet on consultera A. Grilli, *Il problema della vita contemplativa nel mundo greco-romano*,

d'une vie contemplative subordonnée ou plutôt ordonnée à la vie active [1]. Le texte de la fin du livre I du *De officiis* apparaît d'autant plus remarquable que Cicéron, comme on l'a vu, se trouve à ce moment abandonné par sa source, Panétius [2]. Il tient donc personnellement à introduire ce développement sur un sujet qui l'intéresse et dont il rapportait précédemment qu'il fit l'objet d'une controverse entre Dicéarque et Théophraste [3].

Entraîné dans cette voie de la réflexion sur la nature humaine, il arrive à Cicéron, en de très brèves intuitions, de la dépasser et d'atteindre, au-delà, une raison dernière de cette nature humaine. La norme ultime à laquelle l'homme se réfère dans ses jugements, le point où culmine sa *natura non uitiosa*, n'est autre que la Divinité dont sa conscience est un don en même temps que l'expression [4]. Quant aux obligations que commande la nature sociale de l'homme, elles sont, de soi, universelles et s'imposent, nous l'avons dit, à tout homme pour tout homme. Cicéron précise que toute restriction à ce principe d'universalité est une impiété, car il reconnaît dans cette société universelle des hommes, une institution des dieux immortels [5].

La morale du *De officiis*, morale des devoirs, c'est-à-dire des comportements convenables, dans tous les cas

Milano-Roma, 1953, p. 192-200 à propos de Cicéron ; R. Joly, *Le thème philosophique des genres de vie dans l'antiquité classique*, Bruxelles, 1956, p. 158-165, à propos de Cicéron. Antérieurement, E. de Saint-Denis, *La théorie cicéronienne de la participation aux affaires publiques*, dans *Revue de philologie*, XII, 1938, p. 193-215, décrivait l'évolution de la théorie cicéronienne, en fonction des événements, du *De republica* au *De officiis*.

1. *De off.*, I, 69-73, mais surtout III, 1-5 ; cf. les premiers chapitres du *De republica*, I, 1-13 ; 27-37.
2. Voir *supra*, p. 37.
3. *Ad Att.*, II, 16, 3. Voir A. Grilli, *Il problema*, p. 129-132 ; R. Joly, *Le thème philosophique*, p. 133-137.
4. *De off.*, III, 44.
5. *De off.*, III, 28.

particuliers, en fonction des données que présentent les situations concrètes, données qu'il s'agit de découvrir toutes, d'apprécier, d'accorder dans un rapport judicieux, cette morale échappe donc à un relativisme radical, en raison de sa référence constante à la nature qui lui confère une valeur humaine permanente. Toutefois, cette morale apparaît très marquée par les situations de fait dans lesquelles son auteur l'a élaborée et utilisée [1] ; cette morale est très romaine, et celle d'un romain cultivé et d'un romain jouissant d'une large aisance. C'est une morale humaine, mais celle d'une certaine humanité, peut-être faudrait-il aller jusqu'à dire la morale sociologique d'une certaine classe ? Ce serait trop sévère, car Cicéron qui s'adresse, il est vrai, à une certaine classe, lui propose en réalité un idéal universel. Parlons, si l'on veut, de morale humaniste qui offre de vivre intelligemment et honnêtement, à l'homme plus enclin aux accommodements qu'aux ruptures, morale de Philinte ; morale d'un homme qui ne pose pas les questions fondamentales et dernières [2] et qui s'arrange d'un monde dont l'horizon, avec et malgré ses bornes, lui suffit. Morale rationnelle aussi qui présente toutes les sécurités et toutes les limites d'une casuistique intelligente que n'anime aucune mystique ou ne soulève aucune foi. Et pourtant, Cicéron a parfois l'intuition qu'en fin de compte, la loi morale réclamée par la nature humaine, n'est autre que l'amour [3].

1. Il y aurait une étude à faire sur le *De officiis* considéré comme un témoignage sur l'actualité, non seulement politique, mais sociale et économique des dernières années de la république. C'est sans doute l'une des richesses de l'œuvre, mais on a pensé qu'une telle étude, de caractère historique, ne rentrait pas dans le cadre très limité qui est assigné à l'introduction d'une édition critique.

2. Ou qui, du moins, ne les pose pas explicitement et ne les aborde pas de front.

3. Voir notamment *De off.*, I, 12 ; 153 s. ; II, 23-24 ; III, 23-28.

V. — LA SURVIE

Une étude approfondie de la survie du *De officiis* révèlerait sans doute que cet ouvrage est l'une des sources principales de l'humanisme occidental. Nous nous bornerons ici à marquer quelques repères de cette longue histoire [1].

Le titre *De officiis* connut une grande fortune. Cicéron le jugeait excellent pour acclimater à Rome la tradition grecque déjà ancienne des ouvrages περὶ τοῦ καθήκοντος. Cicéron, semble-t-il, avait dû défendre son titre contre des objections d'Atticus, mais il y tenait [2] et la postérité lui a donné raison. Peu après l'ouvrage de Cicéron, son ami Brutus, le meurtrier de César, composa, mais en grec semble-t-il, au témoignage de Sénèque qui donne de l'œuvre un rapide aperçu, un περὶ καθήκοντος [3]. Au siècle suivant, Sénèque lui-même écrivit pour son propre compte un *De officiis*. Ces deux ouvrages qui représentent la postérité immédiate du *De officiis* de Cicéron dans la Rome classique ou du moins encore païenne, ont disparu et c'est là certainement pour l'histoire littéraire une très grande perte. Quatre siècles plus tard, l'évêque Ambroise de Milan compose un *De officiis*

1. Je réduirai de même les notes au strict minimum, dans le cadre d'un bref exposé où elles resteraient, de toute manière, très lacunaires. On pourra consulter sur le sujet Th. Zielinski, *Cicero im Wandel der Jahrhunderte*, Leipzig, Teubner, 3e éd., 1912 ; N. E. Nelson, *Cicero's De officiis in christian thought 300-1300*, dans *Univ. of Michigan Publ. lang. et lit.*, X, 1933, p. 59-160 ; également W. Ruegg, *Cicero und der Humanismus. Formale Untersuchungen über Petrarca und Erasmus*, Zürich, Rhein-Verlag, 1946.

2. Voir *supra*, p. 16-18.

3. Sénèque, *Ep.*, 95, 45.

ministrorum [1] dans lequel l'auteur se rattache très explicitement au *De officiis* de Cicéron. Mais cet ouvrage est à la fois plus et moins qu'un simple rejeton de l'œuvre cicéronienne, car il voit le jour dans un monde nouveau. De même que Cicéron avait acclimaté la tradition grecque dans la latinité classique, saint Ambroise acclimate la tradition latine classique du *De officiis*, dans la latinité chrétienne. La tradition du *De officiis* y puisera un regain de vitalité. Dans l'esprit d'Ambroise, Isidore de Séville, au VIIe siècle, compose lui aussi un *De ecclesiasticis officiis*, mais il s'écarte de son devancier en ceci qu'il infléchit la tradition du *De officiis*, du moins pour toute une part de son ouvrage, vers l'étude des devoirs du culte chrétien. En réalité saint Isidore, à la veille du moyen âge, implantait la tradition du *De officiis* sur un terrain où, pendant plusieurs siècles, elle devait fleurir avec une étonnante exubérance. A Isidore lui-même on a attribué un second *De officiis VII graduum*, relatif aux Ordres sacrés et l'on attribuera à Bède le vénérable, au VIIIe siècle, un *De officiis libellus* qui traite du temps liturgique. Qu'il suffise de citer pour les siècles suivants : au IXe, le *De ecclesiasticis officiis* d'Amalaire de Metz ; au Xe, le *De diuinis officiis* attribué à Alcuin ; au XIe, le *De officiis ecclesiasticis* de Jean d'Avranches ; au XIIe, le *De diuinis officiis* de Rupert de Deutz et, au XIIIe, le même titre, sous la plume de Durand de Mende.

Ces ouvrages, assurément, ne se réfèrent plus, ni par les déclarations explicites de leurs auteurs, ni par leur contenu, au *De officiis* de Cicéron. Il n'en reste pas moins vrai qu'à travers Isidore et Ambroise, c'est au *De officiis* de Cicéron qu'ils se rattachent. Tout au long de cette

1. Il faut citer à ce sujet le classique R. Thamin, *Saint Ambroise et la morale chrétienne. Étude comparée des traités « Des devoirs » de Cicéron et de saint Ambroise*, Paris, Masson, 1895.

tradition, il faut l'observer, une même inspiration demeure : il s'agit de morale pratique et de définir les devoirs de la vie concrète, même si l'auteur limite son point de vue aux obligations de la vie pastorale ou liturgique. Qui oserait affirmer que les hommes du moyen âge qui lisaient et copiaient le *De officiis* de Cicéron, et à qui nous devons de le lire encore après eux, n'étaient pas sensibles au lien de cette tradition, qui risque aujourd'hui de nous échapper ?

Il faudrait en outre relever, dans la littérature postérieure, tous les jugements portés sur le *De officiis* de Cicéron, mais aussi les citations ou les remplois. Sur ce point, il convient de mentionner d'abord les *Philippiques*, qui reprennent si souvent le *De officiis*. On a fait état dans la latinité profane, de traces du *De officiis* chez Ovide, Valère-Maxime et Sénèque [1]. Il faut y ajouter les jugements élogieux de Pline l'ancien et d'Aulu-Gelle [2], et ne pas oublier tous les commentateurs de Cicéron, et d'abord Nonius. Le succès du *De officiis* semble avoir été plus grand encore peut-être dans la latinité chrétienne où beaucoup d'écrivains le citent [3] : Lactance, Ambroise évidemment, Jérôme, Augustin moins qu'on ne l'attendrait cependant, Julien d'Eclane aussi. Au moyen âge on se réfère beaucoup au *De officiis* : un auteur du XIIe siècle, vraisemblablement Guillaume de Conches, rédige, avec l'aide de Cicéron qui, dit-il, lui apparut en songe, un *Moralium dogma philosophorum* où il reprend très fidèlement tout ce qui, dans le *De officiis*, était

1. K. Atzert, dans la préface de son édition, chez Teubner, 1958, p. XXXIV-XXXVIII.
2. Voir *supra*, p. 25, n. 2.
3. On pourra se reporter à mon *Saint Augustin et Cicéron*, I. *Cicéron dans la formation et dans l'œuvre de saint Augustin*, Paris, Études augustiniennes, 1958, *passim* et notamment p. 219-229 ; également au tome II *Répertoire des textes*.

acceptable pour un chrétien [1]. Après lui, Vincent de Beauvais puis saint Thomas d'Aquin devront beaucoup à l'ouvrage de Cicéron. A la Renaissance, Pétrarque dont on possède un manuscrit du *De officiis* lui ayant appartenu et annoté de sa main [2], tient l'œuvre en très haute estime. Le roi Louis XII, le père du peuple, le prisait fort et Érasme en fait un bel éloge dans la préface de son édition. Au XVIIe siècle, saint Cyran y voit un des plus grands efforts de la raison humaine. Au XVIIIe siècle, Voltaire en parle avec admiration et Frédéric II l'appréciait beaucoup.

VI. — LE TEXTE

Introduction. Le texte du *De officiis* est abondamment représenté, tant par la tradition directe que par la tradition indirecte. La tradition directe est constituée par un nombre relativement considérable de manuscrits : un groupe peu nombreux de manuscrits anciens se situe entre les VIIIe-IXe et le XIe siècles, mais ensuite les manuscrits se multiplient aux XIIe-XIIIe, puis au XVe siècles. Il s'en faut de beaucoup, malgré les travaux de nombreux philologues, dont certains malheureusement n'ont pas fait l'objet de publications, que toute cette tradition ait été étudiée dans le détail. La découverte récente d'un nouveau manuscrit du XVe siècle en Dalmatie [3], peut même donner à penser que l'inven-

1. Ph. Delhaye, *Une adaptation du De officiis au XIIe siècle*, dans *Recherches de théologie ancienne et médiévale*, XVI, 1949, p. 227-258 ; XVII, 1950, p. 5-28. Ce *Moralium dogma philosophorum* est souvent cité sous d'autres titres, en particulier *Moralis Philosophia de honesto et utili* et attribué à Hildebert de Lavardin, notamment dans Migne, P.L., CLXXI, col. 1007-1056.

2. Voir *infra*, p. 77.

3. Voir la communication de M. Marcovitch, dans les *Actes*

taire des manuscrits existants n'est pas encore terminé. Tous ces manuscrits connus se répartissent, en gros, en deux familles Z et X.

La tradition indirecte du texte du *De officiis* est importante, représentée en particulier, dès une époque ancienne, par près de deux cents *testimonia* de Nonius et également par un bon nombre de citations des écrivains chrétiens. Le moyen âge s'est aussi beaucoup intéressé au *De officiis*, mais sur ce point l'inventaire des témoignages est bien loin d'être achevé. C'est donc dire que, tant en ce qui concerne la tradition directe que la tradition indirecte, l'histoire d'ensemble de la tradition du texte du *De officiis* reste à faire.

Tout ceci explique que l'éclectisme ait été jusqu'ici, par nécessité — et reste encore dans une certaine mesure — la loi de la philologie en ce domaine insuffisamment exploré.

Liste des principaux manuscrits.

Les manuscrits les plus connus et qui ont été étudiés, au moins sommairement, pour cette étude, sont les suivants [1] :

du Congrès de l'Association Guillaume Budé à Lyon, Paris, Les Belles Lettres, 1960, p. 306. Contrairement à ce qui y est annoncé, on trouvera des renseignements sur ce manuscrit, non pas dans la *Revue de philologie*, mais à l'Institut de Recherche et d'Histoire des Textes, à Paris.

1. Les indications bibliographiques seront ici très réduites et limitées aux seuls manuscrits sur lesquels on n'aura pas l'occasion de revenir, de façon plus approfondie, dans la suite de ce chapitre. Certains de ces manuscrits que nous n'avons pu consulter, ni directement ni sur photographie, nous sont cependant connus par les études et les collations qui en ont été publiées. Nous n'employons de sigles que pour certains manuscrits plus connus ou mentionnés dans le stemma. Il a fallu parfois choisir, pour un manuscrit, entre plusieurs sigles également utilisés par nos devanciers.

Avranches, Bibliothèque municipale 225, xııᵉ siècle, ff. 1-49 vᵒ. Écrit à pleine page, 33 lignes environ à la page.

B Bamberg, Bibliothèque nationale class. 26 (M.V. 1), ıxᵉ-xᵉ siècle, ff. 1-93 vᵒ. Écrit à pleine page, 21 à 26 lignes à la page. Ce manuscrit, d'origine indéterminée, appartenait à la bibliothèque de la cathédrale de Bamberg. Il comporte de nombreuses retouches, de diverses mains fort anciennes, sur un texte souvent fautif.

β Bamberg, Bibliothèque nationale class. 27 (M.V. 2), xıᵉ siècle, ff. 1 vᵒ-29. Écrit à pleine page, 36 à 42 lignes à la page. Incomplet, s'arrête à III, 87 : ... si gloriae ////.

E Berlin, Bibliothèque nationale fonds latin 252, xııᵉ siècle, ff. 2ʳᵃ-9ᵛᵇ. Écrit sur deux colonnes. Ne comporte que le livre I, jusqu'à 118 : ... naturae siue ////. Originaire de l'abbaye bénédictine de Corvey, se trouvait à Erfurt au xvᵉ et quitte la bibliothèque de l'Université de cette ville pour Berlin au xıxᵉ.

c Berne, Stadtbibliothek 104, xıııᵉ siècle, ff. 1-44 vᵒ ; deux ff. 9-9 vᵒ et 16-16 vᵒ, ont été remplacés au xıvᵉ. Écrit à pleine page, 38 lignes à la page. Ce manuscrit peut être d'origine française, comme la plupart de ceux qui ont appartenu à Pierre Daniel, avocat d'Orléans (1530-1603) qui a signé *Petri Danielis Aur.* dans le haut du fᵒ 1. Il passa ensuite à Jacques Bongars (1554-1612), puis à Jacques Gravisset qui en fit don à la ville de Berne en 1632.

b Berne, Stadtbibliothek 391, xᵉ siècle, ff. 1-40 vᵒ. Écrit sur deux colonnes, 28 lignes à la colonne. Originaire, selon toute vraisemblance, de saint-Benoît-sur-Loire ou peut-être d'Auxerre. A appartenu à

Aymar Ranconnet (1498-1559), président au parlement, dont le nom figure en haut du f° 1 *Aym. Ranconeti*, puis sans doute à Jacques Bongars (1554-1612), peut-être après P. Daniel (1530-1603). J. Gravisset, héritier de J. Bongars, l'aurait donné à la ville de Berne en 1632. Ce manuscrit comporte beaucoup de fautes et de corrections.

a Berne, Stadtbibliothek 514, XIe siècle, ff. 2-75 v°. Écrit à pleine page, 27 lignes à la page. Probablement d'origine française et peut-être de Saint-Benoît-sur-Loire. Il appartint en effet à Pierre Daniel qui l'a signé au bas du f° 1, puis sans doute à Jacques Bongars (1554-1612), et à Jacques Gravisset qui le donna à la ville de Berne en 1632.

Bruxelles, Bibliothèque Royale 10034-37, XIIe siècle, ff. 73-116 v°. Écrit à pleine page, 33 lignes à la page. Le texte du livre III comporte quelques lacunes : 66-75, 83-90, 107-114. En outre, une erreur de brochage a brouillé l'ordre de plusieurs passages. Le manuscrit devait appartenir au XVIIe, aux Bollandistes, alors à Anvers. Il vint à la Bibliothèque Nationale de Paris, à la suite de la conquête de la Belgique par le Directoire. En 1815, il fut rendu à la Belgique [1].

Crespanese [2].

V Leyde, Bibliothèque de l'Université fonds Vossius latin Q. 71, IXe siècle, ff. 1-71. Écrit à pleine page, 28 lignes à la page. Probablement d'origine française. Les notes marginales du XIVe pourraient être d'un

1. C. Atzert, *Handschrifliches zu Ciceros de officiis*, dans *Rheinisches Museum*, 68, 1913, p. 419-428.

2. A. Gnesotto, *Il Codice crespanese del De officiis di Cicerone*, dans *Atti e memorie della reale accademia di scienze lettere ed arti in Padova*, N.S., XXVIII, 1911-12, p. 119-131.

possesseur anglais. Ce manuscrit comporte peu de corrections, très anciennes, voire de première main.

I Londres, British Museum Harley 2682, xie siècle, ff. 164 v°-180. Incomplet. Toute la fin manque depuis II, 34 ... Quam ob rem intellegentiae ////. Écrit à pleine page, 36 lignes à la page. Il viendrait de la cathédrale de Cologne et aurait même ancêtre que Berlin 252 avec lequel il offre de grandes ressemblances. Il fut collationné dans la bibliothèque de la Cathédrale par F. Modius (1536-1587) puis par J. Gulielmus († 1584), peut-être par Lambin. Vers1688, J. Graevius en eut communication. Après sa mort, il fut vendu en 1703 et acheté par l'Électeur Johann Wilhelm, puis acheté par Jean-Jacques Zamboni qui le revendit à Edward Harley, comte d'Oxford († 1741), le 20 octobre 1725 [1].

L Londres, British Museum Harley 2716, xie siècle, ff. 34-74. Comporte plusieurs lacunes. On y lit seulement : I, 37 — II, 25 ; II, 51-81 ; III, 85-89 ; 99-109 ; 117 à la fin. Plusieurs mains. Écrit à pleine page, 24 lignes à la page. Peut-être d'origine allemande. Appartint à J. C. Graevius († 1703) qui l'a noté au f° 34. Acquis par l'Électeur Johann Wilhelm, fut vendu à Jean-Jacques Zamboni qui le revendit à Robert Harley, comte d'Oxford. Ce manuscrit comporte fautes et corrections, mais aussi un bon nombre d'hésitations entre diverses leçons, également des gloses de commentateurs ; il peut être malaisé parfois de distinguer les variantes et les gloses.

1. C. Clark, *Collations from the Harleian Ms. of Cicero 2682*, dans *Anecdota Oxoniensia*, classical series, VII, Oxford, Clarendon Press, 1891, lxv et 51 p., où l'auteur, malgré le titre, ne publie pas toutes ses collations. Il constate l'accord de ce manuscrit avec B ; voir H. Schwarz, *Ueber den Harleianus 2682 des Cicero*, dans *Philologus*, LIV, 1895, p. 177 pour le *De officiis*.

A Milan [1], Bibliothèque Ambrosienne C. 29 inf., XIe siècle, ff. 1-48 v°. Écrit à pleine page, 30 lignes à la page. Probablement d'origine française. Il fut acheté sur l'ordre du Cardinal Frédéric Borromée, dès la fondation de l'Ambrosienne.

F Milan, Bibliothèque Ambrosienne F. 42 sup., XIIIe siècle.

R Milan, Bibliothèque Trivulzienne 769, XIe-XIIe siècle, ff. 2-45 v°. Écrit à pleine page, 43 lignes environ à la page.

N Nice, Bibliothèque municipale 39, XVe siècle, ff. 3-139 v°. Écrit à pleine page, 20 lignes à la page [2].

P Paris, Bibliothèque Nationale fonds latin 6601, IXe-Xe siècle, ff. 1-68 v°. Écrit à pleine page, 26 lignes à la page, mais à partir du f° 63 jusqu'à la fin, 29 ou 30 lignes à la page. D'origine française, peut-être de l'abbaye de Saint-Claude dans le Jura. Au XIVe, il fut acheté à Lyon par Simon de Feuquerolles, voir f° 71 v°. Il appartint ensuite à Denis Lambin (1516-1572), voir f. 1-1 v°. Il entra à la bibliothèque royale entre 1645 et 1682. Ce manuscrit comporte d'innombrables retouches de mains très anciennes, mais aussi plus récentes. Une main du XVIe semble avoir collationné sur ce manuscrit les leçons de p ou d'un manuscrit apparenté. Des gloses de commentateurs, parfois, peuvent prêter à confusion avec des variantes.

Paris, Bibliothèque Nationale fonds latin 6602, XIe siècle, ff. 1-47. Comporte deux lacunes en II, 2 ... nomen sit inui /// à /// Nec rursum indignis et de II, 20 ... quamquam fortuita sunt /// à II, 43 /// narum

1. Voir *infra* les travaux de R. Sabbadini, p. 81, n. 1.

2. C. Beldame, *Observations critiques sur Cicéron, De officiis, d'après un manuscrit de Nice*, dans *Revue de philologie*, N. S., V, 1881, p. 85-101.

manebit at ... Plusieurs mains. Écrit à pleine page : ff. 1-8 v°, 27 lignes à la page ; ff. 9-47, 32-34 lignes à la page. D'origine française. A appartenu à Théodore Marcile (1548-1617), érudit hollandais qui enseigna à Paris et dont la signature apparaît au bas du f° 44, puis à Colbert. Il entra en 1732 à la bibliothèque royale.

Paris, Bibliothèque nationale fonds latin 6347, en deux parties : ff. 1-48 v°, XIIIe-XIVe siècle. Texte complet. Écrit sur deux colonnes, 27 lignes par colonne. Vraisemblablement d'origine italienne. A appartenu ou a été utilisé par Robert Estienne qui a signé deux fois au f° 48 v° *Robertus Stephanus Parisiensis.*

Q ff. 49-56 v°, VIIIe-IXe siècle. Fragment qui s'étend de II, 72 : //// necessaria ergo ... à III, 11 : ... dubitari non potest //////. Écrit à pleine page, 19 lignes à la page. Titre et initiale rubriqués et incipit en onciale f° 54. La foliation ancienne paraît être celle de l'abbaye de Saint-Victor.

L'ensemble a appartenu à Jacques Auguste de Thou (1553-1617) qui a signé *Jac. Aug. Thuani* au bas des ff. 1 et 57. Colbert l'acquit en 1680 et sa collection entra à la bibliothèque royale en 1732.

Paris, Bibliothèque nationale fonds latin 10.403, XIe siècle, ff. 51-52 v°. Fragments de I, 133-140 et II, 19-25. Écrit à pleine page, 32 lignes à la page [1].

Paris, Bibliothèque nationale fonds latin 13340, XIIe siècle.

Saint-Dié, Bibliothèque municipale 37, XVe siècle [2], ff. 20-102 v°. Écrit à pleine page. De 23 à 25 lignes

1. J. Klein, *Zu Cicero de officiis*, dans *Rheinisches Museum*, N. F., 22, 1867, p. 429-432.
2. R. Mollweide, *Textkritische Beiträge zu Ciceros Officien*, dans

à la page. D'origine italienne. Copieux commentaires du xve dans les trente premiers folios.

T Troyes, Bibliothèque municipale 552, xive siècle, ff. 122 v°-148 v°. Écrit sur deux colonnes, 45 lignes par colonne. Originaire du midi de la France ou de l'Italie du nord, a appartenu, au moins depuis 1343, à Pétrarque († 1374), qui l'a annoté de sa main. Possession de Pierre (1539-1596) et François Pithou (1543-1621), ils le léguèrent au collège de l'Oratoire de Troyes (ff. 1 et 117) [1].

p Vatican, Palatinus latinus 1531, xiie siècle, ff. 1-40 v°. Écrit à pleine page, 32-33 lignes à la page. Il porte la signature d'Allaci (Leone) qui fut chargé du transport de la bibliothèque d'Heidelberg à Rome.

K Vatican, fonds Regina 1762 [2].

Vienne, Bibliothèque nationale 265*, xiie siècle, ff. 1-44 v°. Écrit à pleine page, 32 lignes à la page. Peut-être d'origine allemande, il semble avoir appartenu à un allemand, d'après une note du xiiie-xive siècle.

H Würzburg, Bibliothèque universitaire Mp. misc., fin ixe siècle, ff. 1-68 v°. Écrit à pleine page, 28 lignes à la page. Le manuscrit, d'origine indéterminée, appartenait à la bibliothèque de la cathédrale saint Kilian de Würzburg.

Wiener Studien, 1905, p. 36, considère ce manuscrit comme proche de A.

1. C. Marchesi, *Un nuovo codice del de officiis di Cicerone, Codex di Troyes 552*, Milan, 1911 ; A. Gnesotto, *Il testo del De officiis di Cicerone nel codice di Troyes 552*, dans *Atti e memorie della reale accademia di scienze lettere ed arti in Padova*, N. S., XXVIII, 1911-1912, p. 167-170.

2. Voir *infra*, p. 82, n. 1.

Histoire de la recherche philologique. L'essentiel de l'effort philologique moderne sur le texte du *De officiis* se place entre 1850 et 1914, d'abord et surtout en Allemagne, puis en Italie. Deux noms dominent cette histoire, ceux de E. Popp et R. Sabbadini. A l'origine de cet essor philologique, la préférence des savants allait à deux manuscrits p et c de la famille dite X. L'édition de Gruter [1] en 1618, faisait grand cas de p, Halm en 1850 estimait c *maximi pretii* et écrivait de p *facile principem locum obtinet* [2]. J. C. Orelli, R. Stuerenburg, C. T. Zumpt, F. G. Lund, avant 1850, puis J. von Gruber, O. Heine, lors même qu'ils exprimeront quelques réserves, voire qu'ils évolueront vers la sévérité, attachaient une importance toute particulière à c [3]. La faveur accordée à cette famille X et spécialement à c s'explique aisément : elle offrait de loin le texte le plus satisfaisant, mais cette *lectio facilior* devait éveiller des soupçons. P. Stuerenburg, J. C. Orelli dans leurs secondes éditions, O. Heine dans des éditions successives, C.F.W. Müller, G. Fr. Unger avec une par-

1. *M. Tullii Ciceronis opera omnia quae exstant ex sola fere Codd. Mss. fide emendata studio atque industria* Jani Gulielmii et Jani Gruteri *additis notis et indd. accuratiss. confectis*, Hamburgi, 1618, tome IV.

2. Halm, *Zur Handschriftenkunde der Ciceronischen Schriften*, Prog. München, 1850, p. 9, 17-18.

3. R. Stuerenburg, Leipzig, 1834, dans une première édition qui est pratiquement celle de c ; J. C. Orelli (vol. IV pars II), Zurich, 1828, notamment p. 308, quelques années auparavant, dont le parti était déjà moins affirmé, ainsi que C. T. Zumpt (qui reprend le travail de I. M., J. C. et C. Heusinger), Brunsvick, Vieweg, 1838, en particulier p. IX-XIV ; F. G. Lund, *De emendandis Ciceronis libris de officiis observationes criticae*, Nykjöbing, 1848 ; J. von Gruber, Leipzig, Teubner, 1856. Sur ces ouvrages, voir les réserves de O. Heine, dans *Philologus*, XV, 1860, p. 689 et 691. O. Heine néanmoins, jusque dans sa seconde édition, Berlin, Weidmann, 1861, encourra le même reproche de H. Muther, dans *Neue Jahrbücher für Philologie und Paedagogie* (*Jahrbücher für classische Philologie*), 87, 1863, p. 121-136.

ticulière énergie, J. Forchhammer dans des pages judicieuses et méthodiques, ramenaient l'attention sur certains manuscrits plus anciens, essentiellement ABHb, d'une autre famille dite Z [1]. Celle-ci devait trouver d'autre part un regain d'autorité avec la découverte par E. Chatelain d'un témoin considérable de cette famille, le plus ancien fragment connu du *De officiis*, Q [2]. Deux études très attentives de E. Popp [3] sur la famille X, à laquelle il rattachait L collationné par A. Luchs mais malheureusement très fragmentaire, déterminaient, de façon définitive semble-t-il, les caractères et les rapports des divers manuscrits de cette famille ; Popp reconnaissait à ce groupe de manuscrits la qualité de famille que

1. R. Stuerenburg, Leipzig, 1843 ; J. C. Orelli, Zurich, 1861 ; O. Heine, 2e éd., 1861, 3e éd., 1866 ; 4e éd., 1871 ; 5e éd., 1878 ; en particulier dans sa 6e éd., Berlin, Weidmann, 1885, p. 24 ; C. F. W. Müller, Leipzig Teubner, 1879 ; G. F. Unger, *Zur Textkritik von Ciceros Schrift de officiis*, dans *Philologus*, Suppl. 3, 1867, p. 1-106 ; J. Forchhammer, *Annotationes criticae ad libros Ciceronis de officiis*, dans *Nordisk Tidsskrift for Filologi*, Ny raekke, IV, 1879-1880, p. 200-213. On constate, dans une certaine mesure, une évolution analogue en Angleterre, avec les diverses éditions de H. A. Holden, en particulier entre la 5e éd., Cambridge, 1884, assez favorable, malgré des réserves, à c, et à la 7e éd., Cambridge, 1891, qui tient compte des travaux de E. Popp (voir *infra*, n. 3), sans en accepter cependant toute la sévérité.

2. E. Chatelain, *Un fragment du plus ancien ms. de Cicéron de officiis*, dans *Revue de philologie*, N. S., V, 1881, p. 135-136 ; voir P. Schwenke, dans *Jahresbericht über die Fortschritte der klassischen Altertumswissenschaft*, 35, 1883, II, p. 109.

3. E. Popp, *De Ciceronis de officiis librorum codicibus Bernensi 104 eique cognatis*, Erlangae, 1883 (cf. *Acta Sem. phil. Erl.*, III, 1884) ; voir P. Schwenke, dans *Jahresbericht über die Fortschritte der klassischen Altertumswissenschaft*, 35, 1883, II, p. 110-111 ; E. Popp, *De Ciceronis de officiis librorum codice Palatino 1531*, Pr., Erlangae, 1886 ; voir T. Schiche, dans *Wochenschrift für klassische Philologie*, IV, 1887, p. 15-18 ; T. Schiche, dès sa 1re éd. du *De officiis*, Leipzig, Freytag, 1885, devait beaucoup aux recherches de Popp ; voir encore P. Schwenke, dans *Jahresbericht über die Fortschritte der klassischen Altertumswissenschaft*, 47. 1886, II, p. 304 sur Popp, p. 301 sur l'éd. de Schiche.

G. F. Unger avait été jusqu'à lui contester [1], mais son ancêtre X lui apparaissait comme un manuscrit déjà intentionnellement corrigé, reproduit assez fidèlement par L, très librement par p puis par c [2].

Une nouvelle fois l'autorité de la famille Z allait se trouver confirmée par la mise en valeur de deux manuscrits négligés jusque-là. Le premier mérite en revient à E. Chatelain qui venait de publier dans sa *Paléographie* deux fac-similés de V et de P qui attirèrent aussitôt l'attention du monde savant [3]. Mais il appartenait, cette fois encore, à E. Popp, poursuivant les recherches de E. Hedicke, de fournir sur ces deux manuscrits une étude très approfondie [4] : il prouvait l'étroite parenté de V avec H qui lui est postérieur, et la supériorité de V sur H, sans oser affirmer cependant, de façon certaine, la dépendance de H par rapport à V. Il montrait d'autre part la parenté qui unit P et b qui sont contemporains, la supériorité de P, mais ne pouvait affirmer de façon certaine la dépendance de b par rap-

1. G. F. Unger, *Zur Textkritik*, dans *Philologus*, Suppl. 3, 1867, p. 5, ne voit dans l'apport de cette famille que conjectures d'érudits du moyen âge. Cf. plus tard dans une certaine mesure R. Sabbadini, *I Codici milanesi del de officiis*, dans *Rendiconti del reale istituto Lombardo di scienze e lettere*, Milan, 1907, p. 521.

2. Le copiste de c aurait plus de talent que celui de p, mais p serait finalement le manuscrit le plus corrompu.

3. E. Chatelain, *Paléographie des classiques latins*, Paris, Hachette, 3e livraison, 1885, pl. 45; voir P. Schwenke, dans *Jahresbericht über die Fortschritte der klassischen Altertumswissenschaft*, 47, 1886, II, p. 269 ; dans *Philologischer Anzeiger*, 16, 1886, p. 306 ; et dans *Philologus*, Supplément 5, 1889, p. 560 ; pourtant G. F. V. Lund, *Om den nyeste tids Kritik af texten i Cicero de officiis*, dans *Tidskrift for Philologi og Paedogogik*, 1870, p. 260-261, signalait déjà l'intérêt de P d'après le témoignage de N. B. Krarup qui l'avait collationné en 1823.

4. E. Popp, *De Ciceronis de officiis librorum codicibus Vossiano Q 71 et Parisino 6601*, Pr., Hof, 1893 ; voir T. Schiche, dans *Wochenschrift für klassische Philologie*, XI, 1894, p. 15-17.

port à P. L'importance de V est sans doute l'acquisition majeure de ce travail.

Le gros effort philologique entamé vers le milieu du siècle dernier, a connu son achèvement au début du nôtre avec l'œuvre de R. Sabbadini [1]. L'on y trouve avec beaucoup de nouveau, plusieurs idées déjà exprimées par tel ou tel de ses devanciers, auxquelles il a donné leur forme définitive. Tout d'abord R. Sabbadini s'est attaché à l'étude des manuscrits de la famille Z pour y opérer un tri. Il y distingue les manuscrits *puri* et les *impuri*, où l'on trouve des interpolations et, en particulier, des traces de contacts avec la famille X [2]. Après E. Popp qui le suggérait, mais contre R. Mollweide [3], il établit l'infériorité de A qu'il fait dériver de b et même de b^2. Après C. F. W. Müller et J. Forchhammer [4], il se montre fort sévère pour le texte de a avec qui

1. Cette œuvre comporte notamment trois éditions du *De officiis*, Turin, Loescher, 1889, 1906, 1913. Je me réfère ici spécialement à R. Sabbadini, *I codici milanesi del de officiis*, dans *Rendiconti del reale istituto Lombardo di scienze e lettere*, Milan, 1907, p. 508-521 ; *Storia e critica di testi latini*, dans *Biblioteca di Filologia*, 10, Catania, 1914, p. 145-169 ; voir aussi *I codici Trivulziani del de officiis di Cicerone*, Milan, 1908.

2. R. Sabbadini, *I codici milanesi del de officiis*, p. 519-521. On notera, p. 519, la remarque de l'auteur selon laquelle les copistes des *impuri* de la famille Z ont pu, en certains cas, procéder eux aussi par conjecture, sans dépendre de la famille X. Toute cette étude a été reprise par le même savant dans *Storia e critica di testi latini*, p. 160-164. R. Mollweide, *Textkritische Beiträge zu Ciceros Officien*, dans *Wiener Studien*, 1906, p. 263-282 ; 1907, p. 116-129, à l'occasion de son étude sur F, qu'il fait dériver directement ou indirectement de A, avait déjà observé pour ce manuscrit de la famille Z, des contaminations avec le texte de la famille X.

3. E. Popp, *De Ciceronis de officiis librorum codicibus Vossiano Q 71 et Parisino 6601*, Pr., Hof, 1893, p. 24 ; également T. Schiche dans son édition de 1885, p. VIII ; voir en sens inverse, R. Mollweide, *Textkritische Beiträge zu Ciceros Officien*, dans *Wiener Studien*, 1905, p. 36.

4. C. F. W. Müller, Teubner, Leipzig, 1879, p. III ; J. Forchhammer, *Annotationes criticae*, p. 200, 205 ; R. Sabbadini, *I codici*

le copiste en a usé très librement. Il observe également des contaminations entre les deux familles Z et X à propos de K [1]. Il montre aussi l'infériorité de R qu'il estime le plus ancien représentant connu des manuscrits *impuri* de la famille Z [2]. D'autre part, R. Sabbadini s'est intéressé à l'histoire du texte, antérieure à tout manuscrit connu. Plusieurs savants avaient déjà, avant lui, étudié le problème que pose l'état défectueux du texte transmis par les plus anciens manuscrits de la

milanesi del de officiis, p. 515, 521 ; *Storia e critica di testi latini*, p. 155.

1. R. Sabbadini, dans les deux travaux cités, respectivement p. 518 et p. 160. A noter que le texte des *Hadoardi excerpta* n'est pas fourni, comme on l'indique parfois — ainsi C. Atzert dans ses diverses éditions parues chez Teubner — et R. Philippson, dans *Philologische Wochenschrift*, L, 1930, col. 436 — par le *Vindobonensis* 265 ou 265*, dont le second seul donne un texte, lacunaire du reste, du *De officiis*, mais par un manuscrit unique qui est le *Vaticanus Reginensis* 1762. Ce texte a suscité de nombreuses études et controverses. Citons seulement P. Schwenke, *Des Presbyter Hadoardus Cicero-Excerpte*, dans *Philologus*, Supplément 5, 1889, p. 397-588 (pour le *De officiis*, p. 497-511 et 559-571) ; M. Manitius dans *Handbuch der klassischen Altertums-Wissenschaft*, *Geschichte der lateinischen Literatur des Mittelalters*, I, München, 1911, p. 478-483 ; R. Mollweide, *Die Entstehung der Cicero-Excerpte des Hadoard und ihre Bedeutung für die Textkritik*, dans *Wiener Studien*, 33-37, 1911-1915 (pour le *De officiis*, voir spécialement 37, 1915, p. 177-178 ; 182-185), où l'auteur pense que l'on se trouve devant des extraits qui datent du milieu du VIIe siècle, empruntés à un Corpus Tullianum rassemblé pour l'essentiel au Ve, dans l'entourage de saint Jérôme. Mais lui aussi pense que le texte du *De officiis*, qui y dérive de Z, y fut corrigé, notamment par contamination avec la tradition de X ; plus récemment, voir Ch. Beeson, *The Collectaneum of Hadoard*, dans *Classical Philology*, XL, 1945, p. 201-222, qui s'oppose avec véhémence à la thèse de R. Mollweide et considère la compilation d'Hadoard comme un « corpus vile » dont l'origine serait une main savante mais fantaisiste, de Tours, au Xe siècle.

2. R. Sabbadini, déjà dans un article plus ancien, *Il de officiis*, dans *Rivista di Filologia*, XVII, 1899, p. 397-398 ; puis dans *Storia e critica di testi latini*, p. 164-169 ; voir aussi quelques années auparavant, *I Codici Trivulziani del de officiis di Cicerone*, Milan, 1908, pp. 1-14.

famille Z. J. Forchhammer en concluait que Z était déjà un manuscrit « deprauatus ». Remontant plus haut, E. Popp, R. Mollweide, C. Atzert affirmaient que ω, l'ancêtre commun de Z et X, était déjà corrompu. R. Mollweide croyait même pouvoir déterminer l'époque à laquelle les fautes s'étaient introduites dans le texte : les deux siècles qui avaient suivi la composition de l'ouvrage [1]. R. Sabbadini pense que les fautes communes à toute la tradition directe et indirecte obligent à remonter à un archétype commun qui devait être fixé au IIIe siècle [2]. L'essentiel de l'effort philologique moderne était acquis.

Ces acquisitions n'allaient pas sans contrepartie. La constatation de l'état défectueux de la tradition manuscrite la plus ancienne, dans la famille Z, avait amené les premiers philologues de l'époque moderne, on l'a vu, à lui préférer le texte transmis par la famille X. Quand le caractère artificiel de la tradition de cette famille eut été démontré, l'effort des philologues, déçus par toute la tradition manuscrite, dans l'une et l'autre famille, s'engagea sur une voie nouvelle et dangereuse. Puisqu'on avait affaire à un texte corrompu, la science devait s'appliquer à restituer le texte, parfois en usant de conjectures pour combler des lacunes évidentes, et

1. J. Forchhammer, *Annotationes criticae*, p. 200 ; E. Popp, *De Ciceronis de officiis librorum codicibus Bernensi* 104, p. 25, 53-54 ; R. Mollweide, *Textkritische Beiträge zu Ciceros Officien*, dans *Wiener Studien*, 1907, p. 129 ; C. Atzert, *Handschriftliches zu Ciceros de officiis*, dans *Rheinisches Museum*, 68, 1913, p. 427-428.

2. R. Sabbadini, *I codici milanesi del de officiis*, p. 514 ; *Storia e critica di testi latini*, p. 154. L'auteur se fonde tout spécialement sur l'identité de la leçon de la tradition directe du *De officiis*, III, 16, et de la tradition indirecte représentée par Lactance, *Diu. inst.*, VI, 6, 26. R. Sabbadini pense, après d'autres et d'abord J. M. Heusinger et son neveu J. F. Heusinger, dès leur première édition, Brunswick, 1783, p. 593, que la leçon *aut Aristides* est une interpolation, qui serait donc très ancienne, mais il reste à prouver qu'il s'agit d'une interpolation et je ne le pense pas.

surtout en décelant, pour les supprimer, toutes les interpolations dont certaines, de fait, sont très apparentes. Toute une recherche s'est donc instituée sur cette question des interpolations et de leur auteur, peut-être Cicéron lui-même[1]. Au plan de l'édition du texte, cet

1. L'hypothèse de notes marginales d'auteur, inégalement reproduites par la tradition manuscrite, est intéressante. Elle n'offre rien d'invraisemblable pour un ouvrage comme le *De officiis*, composé dans les conditions que nous avons dites, voir *supra*, p. 7 s. Quintilien dans son *Institution oratoire*, X, 3, 32-33, prévoit en effet l'utilisation de marges à des fins analogues. Encore est-il qu'il convient de ne recourir à l'hypothèse qu'avec prudence et dans les seuls cas où quelque indice y convie. J'en fournirai ici un exemple. Deux épisodes de la seconde guerre punique et de la guerre contre Pyrrhus sont rapportés, au livre I, paragraphe 40, par quelques manuscrits seulement. Le premier épisode manque dans un ms. Les deux font défaut dans la plupart des mss. On peut penser que ces *exempla* ont été ajoutés par Cicéron lui-même en marge de sa première rédaction. Les copistes auraient ensuite reproduit entièrement, partiellement ou pas du tout, ces notes marginales. Pour ce texte du *De off.*, I, 40, il serait tentant de penser que Cicéron ajouta ces deux notes pendant qu'il composait le livre III. Il y raconte en effet ces deux épisodes, respectivement aux paragraphes 113 et 86, et il put s'aviser alors, qu'ils convenaient également au développement du livre I. Voir aussi *De off.*, I, 37, note de la traduction. Sur la question des notes marginales d'auteur, citons seulement parmi de très nombreux travaux, A. Weidner, *Die Interpolation in Ciceronis de officiis*, Pr., Magdeburg, 1872 ; Reinhardt, *Interpolationen im ersten Buche von Ciceros Offizien*, Pr., Oels, 1885 ; voir P. Schwenke, dans *Jahresbericht über die Fortschritte der klassischen Altertumswissenschaft*, 47, 1886, 2, p. 305 ; de nouveau dans la seconde partie de son ouvrage, Reinhardt, *Untersuchungen über Ciceros Offizien (mit einer Einleitung über den Mangel an Idealismus bei den Römern)*, Oels, 1893, p. 8-18, qui admet pour une part que Cicéron soit l'auteur de certaines interpolations ; A. Goldbacher, *Zur Kritik von Ciceros Schrift De officiis, I Über den unvollendeten Zustand derselben* et *II Beiträge zur Textkritik und Erklärung*, dans *Sitzungsberichte der Akademie der Wissenschaften*, 196, 3 et 4, Wien, 1921 et 1922, attribue à Cicéron bien des passages difficiles et contestés qu'il explique ; S. Prete, *La teoria delle marginali d'autore e il testo critico del « De officiis » di Cicerone*, dans *Giornale italiano di filologia*, VI, 1953, p. 35-50, prend énergiquement parti contre la théorie des notes marginales d'auteur et s'oppose tout particulièrement à C. Atzert qui la fait sienne dans ses édi-

effort scientifique a abouti, en fait, à ce résultat plus que contestable qu'il n'est plus une page du *De officiis* où un philologue n'ait proposé d'ajouter ou de supprimer quelque chose. Cette voie était ruineuse.

Depuis la grande période de la recherche philologique, qui s'achevait au début du siècle, deux noms méritent de retenir spécialement l'attention. Celui d'abord de C. Atzert à qui l'on doit plusieurs éditions successives du *De officiis* dans la collection Teubner et qui s'inspire d'un éclectisme très documenté, qu'il s'agisse des leçons de manuscrits ou des conjectures de philologues [1]. Enfin une thèse radicale a été soutenue en 1948 par J. Brueser [2] : le texte du *De officiis* aurait été dès l'origine, en raison même du succès de l'ouvrage, très interpolé. Une édition scientifique antique aurait rassemblé toutes les leçons alors connues, en les affectant chacune d'un signe critique indiquant le caractère authentique, douteux ou interpolé de chacune de ces leçons. Ces signes critiques n'auraient pas été reproduits par les copistes des manus-

tions (il n'en parle pas cependant dans sa dernière édition de 1963) ; W. J. Brueser, *Der Textzustand von Ciceros Büchern de officiis*, Diss., Köln, 1951 (exemplaire dactylographié), qui lui aussi prend à parti C. Atzert, estime la théorie incriminée insuffisante pour rendre compte des diverses difficultés du texte et propose une doctrine tout à fait radicale, voir *infra*, p. 85-86.

1. C. Atzert, *Handschriftliches zu Ciceros de officiis*, dans *Rheinisches Museum*, 1913, p. 427-428, posait déjà, après bien d'autres, le principe de l'éclectisme pour l'édition du *De officiis* ; le même, dans *De Ciceronis librorum De officiis quibusdam codicibus, I : De codice Harleiano 2716*, Pr., Osnabrück, 1914, reprenait après A. Luchs et E. Popp, l'étude de ce manuscrit, mais peut-il avec certitude identifier six mains sur ce même texte ? C. Atzert a publié trois éditions souvent réimprimées chez Teubner, Leipzig, 1923, 1933, 1949 ; voir R. Philippson, dans *Philologische Wochenschrift*, L, 1930, col. 435-442 ; C. Atzert a publié tout récemment, à la veille de sa mort, une quatrième édition, en 1963.

2. W. J. Brueser, *Der Textzustand von Ciceros Büchern de officiis*, Diss., Köln, 1951 (exemplaire dactylographié). L'auteur s'inspire tout particulièrement des travaux de G. Jachmann, sur la tradition ancienne des textes classiques.

crits postérieurs, de telle sorte que nous nous trouverions aujourd'hui devant un texte composite où se mêlent indistinctement l'authentique, le douteux et l'interpolé. L'hypothèse de cette édition antique et de ses signes critiques ne repose sur rien, mais si elle devait trouver audience, elle ouvrirait la porte — qui l'est déjà suffisamment — à tous les abus de la critique.

Histoire du texte. Cette brève esquisse de la recherche philologique sur le texte du *De officiis*, depuis une centaine d'années, permet de se faire, semble-t-il, une idée assez juste de ce que fut l'histoire du texte du *De officiis*. On verra alors, en fonction des documents que nous possédons, quelles sont les possibilités et les limites d'une édition du *De officiis*. Ces possibilités et ces limites détermineront de façon précise l'objet de la présente édition.

Il semble très vraisemblable après ce qu'on a dit précédemment de la date et des circonstances de composition du *De officiis*, que cet ouvrage improvisé, rédigé rapidement et pour une part *Marte suo* par Cicéron, se soit trouvé, lorsque l'auteur rentra à Rome, dans un état de premier jet, assez imparfait [1]. Il apparaît peu probable que dans la tourmente politique des mois suivants, Cicéron ait eu le loisir, le souci et le goût de se livrer au travail attentif d'une révision d'ensemble de son ouvrage. Tout au plus peut-on admettre qu'ici ou là il aura apporté une correction, ajouté quelques mots ou phrases, glosé un passage. A sa mort, Cicéron aurait laissé son *De officiis* en cet état d'imperfection et peut-être de correction en cours.

Les premiers éditeurs du *De officiis* se trouvèrent ainsi

1. Voir dans le même sens, mais très brièvement, A. Goldbacher, *Zur Kritik von Ciceros Schrift De officiis, I Über den unvollendeten Zustand derselben*, dans *Sitzungsberichte der Akademie der Wissenschaften*, 196, 3, Wien, 1921, p. 3-6.

très probablement devant une tâche difficile. Il n'est pas nécessaire de penser qu'ils en ont agi très librement avec le texte de Cicéron. S'ils avaient entrepris sans scrupule une révision de l'œuvre, cette réfection érudite du *De officiis* aurait abouti, selon toute vraisemblance, à un texte beaucoup plus satisfaisant que celui devant lequel nous nous trouvons. Mais, en admettant même qu'ils travaillèrent avec le souci de respecter l'œuvre de Cicéron, ces éditeurs furent bien obligés de mettre au point un texte auquel l'auteur n'avait pas apporté la dernière main, tâche infiniment malaisée. La vraisemblance laisse à penser qu'ils rencontraient ici ou là un lapsus ou une incorrection, sans doute aussi quelques hésitations de rédaction, par exemple des doublets. Si l'on admet que Cicéron avait pu ajouter, en cours de travail ou une fois revenu à Rome, quelques notes à insérer dans le texte, il fallait effectuer de façon convenable ces insertions, peut-être même juger de l'endroit exact où elles devaient figurer. Le plus grave était peut-être que, dans bon nombre de cas, plusieurs solutions étaient également défendables et l'on peut penser que de fait plusieurs solutions furent adoptées, successivement et tout aussi légitimement, par les divers éditeurs qui entreprirent, dès l'antiquité, de diffuser le *De officiis*. Or tout nous porte à penser que très tôt, surtout après la disparition d'Octave, cet ouvrage fut très lu, très étudié et commenté, en particulier dans les milieux scolaires. Il s'en serait suivi un certain flottement dans la tradition du texte et nous en trouvons peut-être l'indice dans le fait troublant que Nonius, au ɪᴠᵉ siècle, dans un bon nombre de ses *testimonia*, offre un texte différent de celui de nos manuscrits. La tradition d'un texte difficile ou défectueux est toujours exposée, beaucoup plus qu'aucune autre, à se diversifier. Il est possible qu'un premier éclatement de la tradition se soit produit dès l'antiquité, à l'occasion du travail des premiers éditeurs.

En revanche, lorsque nous rejoignons, par delà la fin de l'antiquité et le haut moyen âge, la tradition manuscrite directe, celle-ci se présente, durant plus de deux siècles, en gros, de la fin du VIIIe à la fin du Xe, dans un état remarquable d'homogénéité et de stabilité [1]. Ces témoins précieux sont tous les manuscrits les plus anciens de la famille Z, la seule attestée du reste à cette époque. Tous ces manuscrits se présentent comme les témoins fidèles d'un texte défectueux, hérité de l'antiquité. Ces défauts plaident en faveur de leur autorité, en faveur aussi peut-être du travail de ceux des éditeurs antiques dont ils dérivent.

Au XIe siècle, l'on constate une double divergence de la tradition. D'une part, l'on rencontre, pour la première fois, à cette époque, un manuscrit attestant l'existence d'une autre famille, X. Ce manuscrit L, lacunaire du reste, apparaît comme le témoin fidèle d'un manuscrit X qui représenterait un éclatement antérieur de la tradition. Tout en se rattachant au même archétype ω, Z et X se seraient séparés, le premier représentant une transmission fidèle et le second une transmission corrigée.

D'autre part, la tradition défectueuse, mais fidèle, de la famille Z semble s'être elle-même, et peut-être assez tôt, diversifiée. On observe dans certains manuscrits de la famille Z des interpolations et notamment des traces de contacts avec la famille X. Un premier témoin, tout à fait isolé, et dont le cas est très particulier [2], serait le texte des *Hadoardi excerpta* du IXe-Xe siècle. C'est en réalité à partir des XIe-XIIe siècles que se multiplient ces témoins *impuri* de la famille Z, avec A, a, R, F, etc.

Aux XIIe-XIIIe siècles, on constate une nouvelle diver-

1. Qui conserve cependant quelques traces du flottement de la tradition. Voir *infra*, p. 93.

2. Voir *supra*, p. 82, n. 1.

gence de la tradition sur le rameau de la famille X. Deux manuscrits, p et c, trahissant une volonté évidente d'améliorer le texte, ont abouti effectivement au texte le plus satisfaisant que l'on possède. Cette *lectio facilior*, on l'a vu, a pu tromper la sagacité des premiers philologues qui, au milieu du siècle dernier, se sont intéressés au texte du *De officiis*.

Le stemma suivant semble pouvoir représenter, de façon approximative [1], mais convenable, l'histoire du texte du *De officiis*, telle qu'elle apparaît à la lumière des travaux que nous avons cités, et de nos propres recherches :

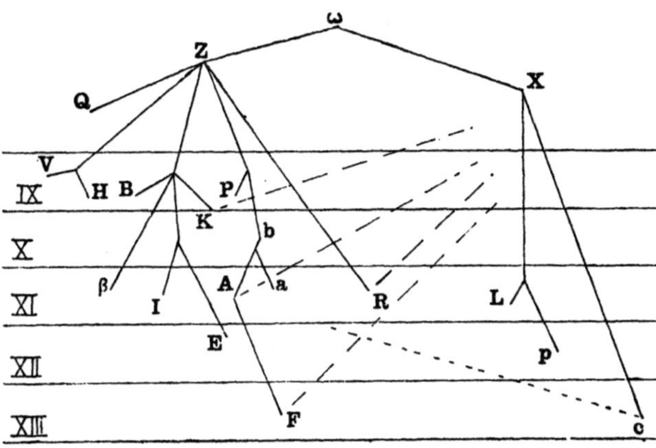

Possibilités et limites d'une édition.

L'histoire de la recherche philologique sur le texte du *De officiis* et l'histoire du texte lui-même, entrevues dans leurs grandes lignes, permettent de déterminer, dans l'état actuel de nos connaissances, les possibilités et les limites d'une édition.

Il semble possible d'atteindre un état du texte du

1. Voir A. Dain, *Les manuscrits*, Paris, les Belles Lettres, 2ᵉ éd., 1964, p. 141, à propos du *De officiis* de Cicéron.

De officiis : celui que présentait ce texte, au sortir de l'antiquité, dans une famille — peut-être une seule entre plusieurs autres disparues — mais qui, de fait, a franchi seule le seuil du haut moyen âge. Les manuscrits anciens de la famille Z constitueront le fondement de la présente édition. A titre exceptionnel cependant, on pourra recourir à une leçon de la famille X, en préférant dans ce cas L à p et p à c, dans l'espoir d'atteindre, par la voie des manuscrits corrigés, sinon une leçon authentique, du moins une leçon vraie [1]. Toutefois, on préfèrera, à une leçon de la famille X, une conjecture fondée sur le texte de la famille Z, et qui apparaîtra plus économique.

D'autre part, on préfèrera, en principe, les leçons de la famille Z aux leçons de la tradition indirecte, même fort ancienne, celle de Nonius par exemple, malgré la tentation que l'on peut éprouver d'y aller retrouver un état du texte plus proche de l'original. C'est ici qu'intervient la notion de limites à tenir dans le cas particulier de l'édition du *De officiis* : on ne saurait en principe, vouloir remonter au-delà de la tradition manuscrite directe connue. Cette règle s'impose dans le cas du *De officiis*, en raison de l'incertitude qui est la nôtre, sur l'état, sans doute imparfait, dans lequel Cicéron laissa son œuvre, sur ce que fut le travail des premiers éditeurs et par conséquent sur ce que représentent les *testimonia* dispersés des auteurs antiques et surtout des grammairiens.

Cette même règle et pour la même raison relative à l'état de l'original, ne permet pas de prétendre résoudre certaines difficultés du texte, dans l'espoir de retrouver un état antérieur, plus satisfaisant et vraisemblablement

1. Voir L. Havet, *Manuel de critique verbale*, Paris, Hachette, 1911, p. 425. Dans quelques cas cependant, on peut penser que ces manuscrits ont conservé la leçon authentique ; par exemple lorsqu'ils offrent un texte long et que le texte court des autres manuscrits paraît s'expliquer par un saut du même au même.

authentique du texte. En effet, dans l'hypothèse où l'on sait qu'un auteur, bien connu par ailleurs, a mené telle œuvre à son point de perfection relative, on est en droit de penser, devant une difficulté présentée par le texte, et dont on ne connaît pas d'autre exemple chez lui, que cette difficulté n'est pas authentique mais tient à un accident de transmission, et l'on peut légitimement tenter de restituer le texte en se référant aux normes habituelles de cet auteur, dans la pensée vraisemblable que l'original tendait à la perfection relative que l'on connaît d'ordinaire à cet écrivain [1]. Dans le cas du *De officiis*, en présence d'un bon nombre de difficultés du texte, on est parfaitement fondé à se demander si ces difficultés ne sont pas, en tant que telles, la marque de l'authenticité d'un texte auquel l'auteur n'a pu mettre la dernière main. Dans ces conditions, l'éditeur ne saurait tenter, à l'occasion de ces difficultés et par delà la tradition manuscrite, de « restituer » un texte qui, en mettant les choses au mieux, ne pourrait être que celui auquel aurait peut-être abouti Cicéron s'il avait eu le loisir de réviser son *De officiis*.

Le choix des manuscrits. Le choix des manuscrits pour la présente édition comporte, comme l'indique la page des sigles, deux catégories de manuscrits.

Une première catégorie rassemble d'abord tout le groupe des manuscrits *puri* anciens de la famille Z, tous antérieurs au XIe siècle, à l'exclusion des *impuri* de cette famille, comme A, a, R, F et quelques autres, du XIe siècle et plus tardifs, à l'exclusion aussi de K. Cette première catégorie comporte également L, du XIe siècle, comme

1. Un bon exemple de ce genre de démarche philologique a été fourni, à partir des usages cicéroniens de la prose métrique, par P. Wuilleumier, *La théorie cicéronienne de la prose métrique*, dans *Revue des études latines*, VII, 1929, p. 170-180.

seul représentant, malgré ses lacunes, de la famille X, à l'exclusion de p du XIIe et de c du XIIIe, qui représentent un texte abusivement corrigé.

Tous les manuscrits de cette catégorie ont été à nouveau et intégralement collationnés en vue de cette édition. Ils seront tous et toujours [1] invoqués, au moins implicitement, dans l'apparat, pour tout élément critique [2].

Une seconde catégorie rassemble des manuscrits qui ne seront pas mentionnés de façon constante dans l'apparat, mais auxquels on pourra recourir, à titre exceptionnel [3], soit pour en adopter la leçon, soit pour en signaler la leçon, à titre de variante. Pour ces manuscrits on a recouru tantôt à des collations déjà publiées, tantôt à de nouvelles collations mais partielles.

Les éditions anciennes. Les éditions anciennes du *De officiis* sont innombrables. A titre indicatif, je signalerai que j'ai relevé, sauf erreur de ma part, dans le *Catalogue général* de la Bibliothèque nationale, à Paris, trente-quatre éditions ou rééditions du XVe siècle et sept très proches, mais sans date, et quatre-vingt-six éditions ou rééditions du XVIe siècle. Tous les noms illustres de la philologie y apparaissent.

1. A l'exception toutefois des manuscrits lacunaires pour les lacunes signalées dans la page des sigles.

2. Cette reprise, sur nouveaux frais, de l'apparat critique du *De officiis* est apparue indispensable. Aucune édition antérieure ne fournit un apparat critique conçu de façon systématique. La simple mention de leçons écartées et de quelques témoins, très souvent, à l'exclusion de tout lemme ; ou bien la rédaction d'un lemme, avec l'indication partielle de quelques témoins seulement, ne permettent pas, souvent, de connaître avec certitude, pour chaque élément critique, la leçon de chacun des manuscrits. Cette connaissance certaine pour tous les manuscrits importants, rassemblés dans la première catégorie, constitue précisément l'un des buts de la présente édition.

3. On citera ainsi assez souvent les leçons de p et de c, là où L est lacunaire.

REMARQUES PRÉLIMINAIRES

On a cru devoir uniformiser l'orthographe, suivant l'usage classique, tant dans le texte que dans l'apparat critique où les variantes orthographiques auraient occupé, sans grand profit semble-t-il, une place considérable.

Les caractères grecs ont été utilisés pour un certain nombre de termes que Cicéron cite comme des emprunts à cette langue, bien que ces termes apparaissent très généralement sous forme de transcriptions latines dans les manuscrits [1].

En ce qui concerne l'établissement du texte, il convient d'observer que, dans la plupart de nos manuscrits, outre les corrections que l'on peut y relever, l'on constate un phénomène de stratification des diverses données de la tradition. Depuis l'époque de la première main elle-même, des variantes, souvent introduites par *uel*, ont été ajoutées *supra lineam* ou *in margine* aux leçons primitivement fournies ; ces variantes ne prétendent pas éliminer les leçons antérieures, mais offrir un choix. Le fait présente un intérêt considérable car il témoigne de l'hésitation des copistes ou des réviseurs devant ce que j'ai appelé le flottement de la tradition [2]. Mais le fait, très clair parfois, est aussi quelquefois difficile à cerner :

1. Voir W. Nieschmidt, *Quatenus in scriptura Romani litteris graecis usi sint*, Diss., Marburg, 1913, en ce qui concerne Cicéron, p. 36-42.
2. Voir *supra*, p. 87.

lorsque *uel* n'est pas exprimé, on peut se demander, en certains cas, s'il s'agit d'une variante ou simplement d'une glose explicative ; lorsque *uel* n'est pas exprimé et que la leçon primitive a été exponctuée, s'agit-il d'une simple correction ? Ce n'est pas sûr, car l'exponctuation peut être très postérieure à la variante et l'on peut se trouver devant une double leçon transformée tardivement en correction. C'est le cas, de toute évidence, lorsque le manuscrit offre, à la fois, la variante précédée de *uel* et la leçon primitive exponctuée : l'usage de *uel* et de l'exponctuation est en effet contradictoire.

Ces faits ont leur importance et méritaient d'être signalés. On eût aimé pouvoir distinguer, dans l'apparat, les corrections d'une part et les doubles leçons d'autre part. En réalité, la complexité et l'ambiguïté des faits, trop souvent, n'auraient laissé d'autre solution que de décrire l'apparence des manuscrits. On eût ainsi fourni au lecteur les données à juger. Mais un tel apparat nécessitait une rédaction assez complexe dont la lecture eût été difficile, et il n'eût pas répondu, sans doute, aux buts de la présente collection.

On a donc renoncé à distinguer corrections et doubles (ou triples) leçons, en utilisant dans tous les cas les exposants 1, 2 et 3. Ces exposants, toutefois, ne prétendent pas — comme on pourrait le souhaiter — identifier chacun *une même main tout au long d'un même manuscrit*. Je ne suis pas arrivé à discerner ces mains, sauf dans un cas que je signale ci-dessous, et les tentatives faites avant moi pour identifier ces diverses mains ne m'ont pas paru convaincantes [1]. Ces exposants désignent donc plus simplement, pour chaque cas, les écritures successives d'un même ou de plusieurs copistes qui corrigent une ou deux fois un premier texte ou y

1. Voir *supra*, p. 85, n. 1.

ajoutent une ou deux nouvelles leçons, à choisir. L'exposant 1 désigne toujours le texte primitif. Un exposant ^{rec} est réservé au manuscrit P pour désigner une main du XVIe siècle[1] qui figure spécialement dans le livre I.

Dans certains cas, il a paru utile et suffisant de signaler par une simple abréviation, à la suite du sigle d'un manuscrit, qu'une leçon était écrite *supra lineam sl.* ou *in margine mg.*

Dans l'énumération des sigles attestant une leçon, on sépare par une virgule QVHBPb, d'une part, qui appartiennent à la famille Z et L, d'autre part, qui appartient à la famille X. A la suite de sigles de ces manuscrits de la première catégorie, on introduit par *et* les sigles de manuscrits de la seconde catégorie. De même, après une ou plusieurs variantes attestées par des manuscrits de la première catégorie, on introduit par *etiam* la ou les variantes qu'attestent exclusivement des manuscrits de la seconde catégorie.

Codd. indique que tous les manuscrits fondamentaux, QVHBPb, L s'accordent sur une leçon dans leur texte primitif et qu'ils ne comportent pour cette leçon aucune variante ni correction. *Codd.* est employé néanmoins là où Q et L sont lacunaires, pour indiquer l'accord de tous les autres mss.

Pour la rédaction des variantes, on abrège les termes qui restent conformes au lemme, par un point après l'initiale, mais on abrège les termes qui changent, par un tiret placé devant ou après la partie modifiée.

L'astérisque * signale une lettre grattée ou illisible dans un manuscrit.

Les *testimonia* ne comportent que les remplois des auteurs anciens, à l'exclusion des auteurs médiévaux ;

1. Voir *supra*, p. 75.

et seuls sont retenus les passages qui présentent une analogie littérale — et pas seulement une analogie de pensée — avec le texte de Cicéron. Les reprises libres sont indiquées par une simple référence. Les citations donnent lieu à la mention du premier et du dernier termes de l'emprunt. Toutefois, les variantes que peuvent présenter ces citations ne sont signalées qu'exceptionnellement et exclusivement dans l'apparat critique, lorsqu'elles offrent un intérêt pour l'établissement du texte, conformément aux principes que nous nous sommes fixés dans cette édition. [1]

Dans la traduction, l'on a voulu avant tout, rendre service aux travailleurs en leur offrant un texte aussi fidèle que possible au texte cicéronien, parfois difficile. Il a paru opportun, par souci de clarté, de traduire, en principe, les termes essentiels de la philosophie morale latine, toujours par les mêmes mots français, quitte à renoncer parfois à exprimer certaines nuances particulières de ce vocabulaire, dans les différents contextes. On a cru devoir enfin conserver au texte français, l'allure périodique au rythme de laquelle s'exprime la pensée cicéronienne.

Je ne puis clore cette introduction sans exprimer mon affectueuse gratitude à M. A. Dain, membre de l'Institut, Doyen de la Faculté libre des Lettres de Paris, qui a bien voulu encourager et suivre ce travail, en y apportant le concours très précieux de sa haute compétence et de son inlassable dévouement. Je remercie aussi bien sincèrement M. A. Michel, Professeur à la Faculté des Lettres et Sciences humaines de Lille, qui a accepté la tâche ingrate de reviser mon édition et dont les avis pertinents m'ont été très utiles. Je tiens enfin à remercier

1. Voir *supra*, p. 89-91.

Mlle J. Vielliard qui a mis à ma disposition, avec tant de bonne grâce, toutes les ressources de l'Institut de Recherche et d'Histoire des textes.

M. J. André, Directeur d'études à l'École des Hautes Études et successeur de A. Dain à la direction de la présente collection, m'a été d'un excellent conseil pour la mise au point de cet ouvrage. Je l'en remercie bien vivement.

ARGUMENT ANALYTIQUE DU LIVRE I

Les différents niveaux de la communauté humaine :

Le genre humain, 50-52.

La communauté du sang : famille, cité, république, 53-55.

La communauté des gens de bien, 55-56.

La hiérarchie des devoirs à l'égard de ces diverses communautés, 57-58.

Conclusion sur ces devoirs, 59-60.

III. La grandeur d'âme, 61.

Grandeur d'âme et justice, 62-63.

Grandeur d'âme et ambition, 64-65.

Les deux caractères de la grandeur d'âme : le mépris des biens extérieurs et les grandes entreprises ; le problème de l'*otium*, 66-73.

Les entreprises militaires et les entreprises civiles, 74-78.

Les hommes politiques et les hommes de guerre : leurs responsabilités et leurs devoirs, 79-84.

Les devoirs des gouvernants : désintéressement et souci de tous les citoyens, 85-87 ; bonté et sévérité, 88-89.

Les dangers de la prospérité, 90-91.

Conclusion sur la grandeur d'âme, 92.

IV. Le convenable :

La nature du convenable, 93-99.

Les devoirs qui en découlent, 100-103.

Les exemples de la plaisanterie et de l'amusement, 103-104.

Les exigences de la dignité de l'homme, 105-106.

Le respect de sa propre personnalité, 107-114.

Le jeu des circonstances et la part de la volonté personnelle, 115-117 : l'orientation des jeunes gens, 117-121.

Les devoirs des jeunes et des vieux, 122-123.

Les devoirs des magistrats, des particuliers et des étrangers, 124-125.

Le convenable et le comportement du corps et de l'âme, 126-132.

Le convenable et la parole : éloquence et conversation, 132-133 ; l'art de la conversation, 134-137.

Le convenable et l'habitation, 138-140.

Trois principes d'action, 141.

Le tact et son éducation, 142-149.

Le convenable dans les gains et les métiers, 150-151.

Les conflits entre les divisions de la beauté morale, 152 :

La communauté humaine doit l'emporter sur la connaissance de la vérité, 153 :

L'exemple des meilleurs, 154-155.

L'exemple et la fonction sociale des hommes de science, 155-156.

Autres exemples, 156-157.

La communauté humaine doit l'emporter sur la grandeur d'âme, 157 [1].

L'homme est un être social, 158.

1. Ce point ne fait l'objet que d'une parenthèse dans le développement de Cicéron.

SIGLES[1]

I. — Manuscrits toujours invoqués[2] dans l'apparat critique :

Q = Parisinus latinus 6347, ff. 49-56v°, VIIIe-IXe, lacunaire, comporte seulement II, 72-III, 11.
V = Vossianus latinus Q. 71, IXe.
H = Herbipolitanus, IXe.
B = Bambergensis M. V. 1, IXe-Xe.
P = Parisinus latinus 6601, IXe-Xe.
b = Bernensis 391, Xe.
L = Harleianus 2716, XIe, lacunaire, voir *supra*, p. 74.
Codd. = accord des manuscrits précédents, voir *supra*, p. 95.

II. — Manuscrits parfois mentionnés dans l'apparat critique :

K = Vaticanus latinus Reginensis 1762, IXe-Xe.
A = Ambrosianus C. 29 inf., XIe.
a = Bernensis 514, XIe.
p = Palatinus Vaticanus latinus 1531, XIIe.
c = Bernensis 104, XIIIe.
T = Tricassensis 552, XIVe.
Bruxellensis 10034-10037, ff. 73-116v°, XIIe, lacunaire pour le livre III (manquent 66-75 ; 83-90 ; 107-114).
Guelferbitani 3, 4 et 5, XIVe-XVe.

1. Pour plus de détails sur ces différents manuscrits, voir *supra*, p. 71 s.
2. Voir *supra*, p. 91-92.

NOTES

Le lecteur pourra consulter p. 191 et suivantes, les notes qui n'ont pas trouvé place au bas des pages.

MARCUS TULLIUS CICÉRON

LES DEVOIRS

LIVRE PREMIER

Dédicace à Marcus.

I 1 Depuis un an, mon fils [1], tu suis l'enseignement de Cratippe [2], et cela à Athènes ; il faut donc que tu sois amplement informé des préceptes et des doctrines philosophiques, en raison du haut prestige, à la fois, de ton maître et de cette ville : l'un peut t'enrichir de sa science, l'autre de ses exemples. Cela est vrai. Néanmoins, de même que personnellement, et pour mon profit, j'ai toujours joint aux études grecques [3] les études latines — et cela non pas seulement en philosophie, mais aussi dans l'entraînement à l'art oratoire — j'estime que tu dois faire la même chose, afin d'avoir l'égal usage des deux langues. Et en cette affaire j'ai apporté, me semble-t-il, une aide sérieuse aux hommes de chez nous, si bien que non seulement ceux qui ignorent les lettres grecques, mais encore ceux qui en sont instruits, pensent avoir acquis bien des choses pour leur instruction et leur jugement. 2 C'est pourquoi tu poursuivras tes études, bien entendu, ensei-

1. Sur ce jeune homme et ses études, voir mon article, *Le fils de Cicéron, destinataire du De officiis*, dans *Bulletin de l'association Guillaume Budé*, 1962, 2, p. 198-213.

2. Philosophe péripatéticien né à Mitylène. Après la bataille de Pharsale, il vint voir Pompée, de passage dans l'île, au témoignage de Plutarque, *Pompée*, 75. Il se fixa ensuite à Athènes où il fut le maître du jeune Cicéron. Voir von Arnim, *Kratippos*, dans *Real Encyclopädie*, XI, 2, 1922, col. 1658-1659.

M. TVLLII CICERONIS
DE OFFICIIS

LIBER PRIMVS

I 1 Quamquam te, Marce fili, annum iam audientem Cratippum idque Athenis, abundare oportet praeceptis institutisque philosophiae propter summam et doctoris auctoritatem et urbis, quorum alter te scientia augere potest, altera exemplis, tamen, ut ipse ad meam utilitatem semper cum graecis latina coniunxi neque id in philosophia solum, sed etiam in dicendi exercitatione feci, idem tibi censeo faciendum ut par sis in utriusque orationis facultate. Quam quidem ad rem nos, ut uidemur, magnum attulimus adiumentum hominibus nostris ut non modo graecarum litterarum rudes, sed etiam docti aliquantum se arbitrentur adeptos et ad discendum et ad iudicandum. 2 Quam ob rem disces

Test. : *Tit.* LACTANTIVS. *Diu. inst.*, III, 13, 10 : libros officiorum ; VI, 2, 15 : de officiis ; VI, 11, 9 : officialibus libris ; 18, 15 : officialibus.

Titulus H : ...LIBER I *B* ...PRIMVS INCIPIT *Pb om. V.*

1 oportet : -teat *B* || altera : alter *b* || uidemur : -detur *B* || discendum *codd.* : dicendum *edd.*

gné par le prince des philosophes de notre génération, et tu les poursuivras aussi longtemps que tu voudras ; et tu devras vouloir les poursuivre aussi longtemps que, progressant, tu ne le regretteras pas. Toutefois en lisant mes œuvres — qui ne s'écartent guère des péripatéticiens, parce que les uns et les autres voulons être disciples de Socrate et de Platon — tu jugeras par toi-même sur le fond des choses (je n'y mets aucun obstacle), mais tu rendras assurément ta langue latine plus riche en me lisant. Pourtant je ne voudrais pas que ceci parût dit avec orgueil. En effet, pour la science philosophique, je le cède à beaucoup d'autres, mais en ce qui concerne proprement l'orateur, l'art de parler de façon appropriée, précise, ornée, parce que j'ai passé ma vie à cette étude, il me semble que, si je m'attribue ce mérite, je le revendique en quelque sorte suivant mon bon droit.
3 C'est pourquoi je t'engage vivement, mon cher Cicéron, à lire avec soin non seulement mes discours, mais aussi mes ouvrages philosophiques qui sont maintenant presque aussi importants. La puissance oratoire, certes, est supérieure dans les premiers, mais il faut aussi cultiver le style égal et tempéré des seconds. Et à vrai dire, je ne vois pas qu'il soit arrivé jusqu'ici à aucun des Grecs, que le même auteur s'appliquât à l'un et l'autre genre et poursuivît à la fois le premier, le genre du forum, et celui-ci, paisible, de la discussion philosophique ; à moins toutefois que l'on puisse mettre du nombre Demétrius de Phalère [1], dialecticien subtil, orateur sans grande puissance, mais agréable cependant, à quoi l'on peut reconnaître le disciple de Théophraste [2]. Pour moi, dans quelle mesure ai-je réussi dans l'un et l'autre genre, aux autres d'en juger, j'ai du moins poursuivi les deux genres.
4 Assurément, je pense que Platon [3], s'il avait voulu pratiquer le genre de l'éloquence publique, aurait pu parler avec beaucoup d'élévation et d'abondance, et que

tu quidem a principe huius aetatis philosophorum, et disces quam diu uoles ; tam diu autem uelle debebis quoad te, quantum proficias, non paenitebit ; sed tamen nostra legens non multum a peripateticis dissidentia quoniam utrique socratici et platonici uolumus esse, de rebus ipsis utere tuo iudicio (nihil enim impedio), orationem autem latinam efficies profecto legendis nostris pleniorem. Nec uero hoc arroganter dictum existimari uelim. Nam philosophandi scientiam concedens multis, quod est oratoris proprium, apte, distincte, ornate dicere, quoniam in eo studio aetatem consumpsi, si id mihi assumo, uideor id meo iure quodam modo uindicare. **3** Quam ob rem magnopere te hortor, mi Cicero, ut non solum orationes meas, sed hos etiam de philosophia libros qui iam illis fere aequarunt, studiose legas. Vis enim maior in illis dicendi, sed hoc quoque colendum est aequabile et temperatum orationis genus. Et id quidem nemini uideo Graecorum adhuc contigisse, ut idem utroque in genere laboraret sequereturque et illud forense dicendi et hoc quietum disputandi genus, nisi forte Demetrius Phalereus in hoc numero haberi potest, disputator subtilis, orator parum uehemens, dulcis tamen, ut Theophrasti discipulum possis agnoscere. Nos autem quantum in utroque profecerimus aliorum sit iudicium, utrumque certe secuti sumus. **4** Equidem et Platonem existimo, si genus forense dicendi tractare uoluisset, grauissime et copiosissime potuisse

3 illis fere aequarunt *VHB²Pb et A¹ap* : i. f. aequar *B¹ etiam* i. f. se aequarunt *A²c* illos f. a. *Lambin an* illis fere aequi sunt *?* || adhuc *om.* *B* || disputandi : dicendi *B¹*.

Démosthène[1], s'il avait retenu et voulu exposer ce qu'il avait appris de Platon, aurait pu le faire de façon ornée et avec éclat. Je pense de même d'Aristote[2] et d'Isocrate[3] qui tous les deux, charmés par leur propre discipline, méprisèrent l'autre.

Le sujet traité : les devoirs.

II Ayant décidé d'écrire pour toi quelque chose en ce moment, et davantage à l'avenir, j'ai voulu surtout commencer par le sujet qui fût le plus approprié à ton âge et à mon autorité. En effet, alors qu'il existe en philosophie un grand nombre de problèmes graves et utiles qui ont été discutés avec soin et abondamment par les philosophes, les problèmes qui paraissent avoir le plus d'ampleur, sont ceux que ces philosophes nous ont légués à propos des devoirs, et sur lesquels ils ont donné des préceptes. Il n'est pas en effet de secteur de la vie — qu'il s'agisse d'affaires publiques ou privées, du forum ou de la famille ; que l'on agite une question à part soi ou que l'on traite avec autrui — qui puisse être étranger au devoir ; à l'observer consiste la beauté de la vie, et toute infamie à ne pas s'en soucier. 5 Or cette recherche justement est commune à tous les philosophes. Qui donc, sans donner aucun enseignement sur le devoir, oserait se dire philosophe ? Mais il existe quelques doctrines qui aboutissent, en raison du bien et du mal ultimes qu'elles posent, à renverser toute notion du devoir. Celui qui définit le souverain bien de telle sorte qu'il n'ait rien de commun avec la vertu, et qui le mesure aux avantages qu'il en retire et non pas à sa beauté, celui-là, s'il était conséquent avec lui-même et si la bonté de sa nature ne l'emportait parfois, ne pourrait pratiquer ni l'amitié, ni la justice, ni la générosité. Il est bien certain que celui qui considère la douleur comme le souverain mal, ne peut en aucune façon être

dicere, et Demosthenem, si illa quae a Platone didicerat, tenuisset et pronuntiare uoluisset, ornate splendideque facere potuisse ; eodemque modo de Aristotele et Isocrate iudico quorum uterque suo studio delectatus contempsit alterum.

II Sed cum statuissem scribere ad te aliquid hoc tempore, multa posthac, ab eo ordiri maxime uolui quod et aetati tuae esset aptissimum et auctoritati meae. Nam cum multa sint in philosophia et grauia et utilia accurate copioseque a philosophis disputata, latissime patere uidentur ea quae de officiis tradita ab illis et praecepta sunt. Nulla enim uitae pars neque publicis neque priuatis neque forensibus neque domesticis in rebus neque si tecum agas quid neque si cum altero contrahas, uacare officio potest ; in eoque et colendo sita uitae est honestas omnis et neglegendo turpitudo. **5** Atque haec quidem quaestio communis est omnium philosophorum. Quis est enim qui nullis officii praeceptis tradendis philosophum se audeat dicere ? Sed sunt non nullae disciplinae quae propositis bonorum et malorum finibus officium omne peruertant. Nam qui summum bonum sic instituit ut nihil habeat cum uirtute coniunctum, idque suis commodis, non honestate metitur, hic, si sibi ipse consentiat et non interdum naturae bonitate uincatur, neque amicitiam colere possit nec iustitiam nec liberalitatem. Fortis uero dolorem summum malum iudicans aut temperans

4 didicerat : dicerat P^1 || isocrate P^{rec} *edd.* : socrate $VHBP^1b$ || et colendo *VHb* : excolendo BP^2 *non legitur* P^1.
5 tradendis *VHPb* : -ditis B^2 *non legitur* B^1 || si *om.* B^1.

courageux ; que celui qui juge le plaisir comme le souverain bien, ne peut en aucune façon être tempérant. 6 Ce sont là choses si évidentes que l'affaire ne mérite pas de discussion, et pourtant j'en ai discuté ailleurs [1]. Ces doctrines donc, si elles voulaient rester conséquentes avec elles-mêmes, ne pourraient rien dire du devoir ; à ce sujet aucun précepte solide, immuable, conforme à la nature ne peut être enseigné, si ce n'est par ceux qui affirment qu'il faut rechercher — ou bien exclusivement, ou du moins par-dessus tout — la beauté morale pour elle-même [2]. Dès lors cet enseignement appartient en propre aux stoïciens, académiciens et péripatéticiens, puisque la pensée d'Ariston, de Pyrrhon et d'Erillus a depuis longtemps été rejetée [3] ; ces derniers cependant auraient le droit de discuter du devoir, s'ils avaient maintenu quelque discernement entre les choses, laissant ainsi un accès pour la découverte du devoir. Je suis donc, pour le moment et en cette matière, de préférence les stoïciens ; non pas que je me fasse leur porte-parole, mais, comme d'habitude, je puiserai à leurs sources, à mon gré et à loisir, autant et de la manière que je jugerai bon [4].

Définitions et divisions.

7 Il convient par conséquent, puisque toute la discussion doit avoir trait au devoir, de définir auparavant ce qu'est le devoir — et je m'étonne que Panétius [5] l'ait omis. En effet, toute recherche entreprise par l'esprit sur quelque question, doit partir d'une définition, en sorte que l'on saisisse bien le sujet de la discussion. III Toute enquête sur le devoir est double. Une partie comporte ce qui intéresse le souverain bien, l'autre partie, ce qui a trait aux préceptes qui, en tous domaines, peuvent assurer

1. Dans le *De finibus*.

voluptatem summum bonum statuens esse certe nullo modo potest. **6** Quae quamquam ita sunt in promptu ut res disputatione non egeat, tamen sunt a nobis alio loco disputata. Hae disciplinae igitur, si sibi consentaneae uelint esse, de officio nihil queant dicere ; neque ulla officii praecepta firma, stabilia, coniuncta naturae tradi possunt nisi aut ab iis qui solam, aut ab iis qui maxime honestatem propter se dicant expetendam. Ita propria est ea praeceptio stoicorum, academicorum, peripateticorum, quoniam Aristonis, Pyrrhonis, Erilli iam pridem explosa sententia est ; qui tamen haberent ius suum disputandi de officio si rerum aliquem delectum reliquissent ut ad officii inuentionem aditus esset. Sequimur igitur hoc quidem tempore et hac in quaestione potissimum stoicos non ut interpretes, sed, ut solemus, e fontibus eorum iudicio arbitrioque nostro, quantum quoque modo uidebitur, hauriemus.

7 Placet igitur, quoniam omnis disputatio de officio futura est, ante definire, quid sit officium ; quod a Panaetio praetermissum esse miror. Omnis enim quae a ratione suscipitur de aliqua re institutio, debet a definitione proficisci ut intellegatur quid sit id de quo disputetur. III Omnis de officio duplex est quaestio : unum genus est quod pertinet ad finem bonorum, alterum, quod positum est in praeceptis quibus

Test. : **7** AVGVSTINVS, *Cont. sec. Iul. resp. imp. opus*, I, 78 : Omnis quippe (*sic*) ut ait ille quae ratione (*sic*)... disputatur (*sic*).

6 ita sunt : i. sint *B* || iis *VP*[1]*b* : his *HBP*[2] || iis V : his *HBPb* || hac in : i. h. *B*.
7 a ratione *codd.* : ratione *edd.*

la conduite pratique de la vie. Voici des exemples qui ressortissent à la première partie : Tous les devoirs sont-ils « parfaits » ? Est-ce qu'un devoir peut être plus important qu'un autre ? Et les questions du même genre. Quant aux devoirs dont on enseigne les préceptes, bien qu'ils intéressent le souverain bien, cela cependant n'apparaît guère : ils semblent concerner davantage la conduite de la vie ordinaire. C'est de ces devoirs que je dois m'expliquer dans ces livres. **8** Mais il est encore une autre division du devoir. On nomme en effet certain devoir « moyen » et certain devoir « parfait ». Nous pourrions appeler, je pense, le devoir « parfait », l'action droite, puisque les Grecs l'appellent κατόρθωμα, tandis qu'ils appellent l'acte ordinaire qui nous occupe, καθῆκον. Et ils les définissent ainsi : ce qui est droit, c'est cela le devoir « parfait », mais ils nomment devoir « moyen »[1], cette action qu'une raison « probable » peut justifier[2]. **9** Triple est donc, selon Panétius, la délibération sur un parti à prendre. En effet, d'une part on hésite sur la beauté ou la laideur de l'acte qui vient en délibération ; et dans cet examen les esprits souvent se divisent en avis opposés. Mais ensuite, on recherche ou l'on débat si l'objet de la délibération favorise ou non le bien-être et l'agrément de la vie, les moyens d'existence et les richesses, la puissance, l'influence, toutes choses dont on peut s'aider et aider les siens ; toute cette délibération

1. Cf. notamment *De fin.*, III, 24 ; 59.
2. Cf. *De off.*, I, 101, et plus explicitement *De fin.*, III, 58-59.

in omnis partis usus uitae confirmari possit. Superioris generis huius modi sunt exempla : omniane officia perfecta sint, num quod officium aliud alio maius sit, et quae sunt generis eiusdem. Quorum autem officiorum praecepta traduntur, ea quamquam pertinent ad finem bonorum, tamen minus id apparet, quia magis ad institutionem uitae communis spectare uidentur ; de quibus est nobis his libris explicandum. **8** Atque etiam alia diuisio est officii. Nam et medium quoddam officium dicitur, et perfectum. Perfectum officium rectum, opinor, uocemus quoniam Graeci κατόρθωμα, hoc autem commune officium ⟨καθῆκον⟩ uocant. Atque ea sic definiunt ut, rectum quod sit, id officium perfectum esse definiant ; medium autem officium id esse dicunt, quod cur factum sit, ratio probabilis reddi possit. **9** Triplex igitur est, ut Panaetio uidetur, consilii capiendi deliberatio. Nam aut honestumne factu sit an turpe dubitant id quod in deliberationem cadit ; in quo considerando saepe animi in contrarias sententias distrahuntur. Tum autem aut anquirunt aut consultant : ad uitae commoditatem iucunditatemque, ad facultates rerum atque copias, ad opes, ad potentiam quibus et se possint iuuare et suos, conducat id necne,

Test. : **8** AMBROSIVS, *De off.*, I, 36-37 ; III, 10 || AMBR., *De off.*, I, 229.

7 in omnis partis VH^1 : i. -nes -tis H^2 i. -nis -tes *B* in *om.* *Pb* || confirmari *codd. et Aapc* : conformari *edd.* || sunt *B* : *om.* *VHPb* || num quod B^2P^1b : numquid VHB^1 nam quod P^2 || sunt : sint P^1 || pertinent : -neant *B*.
8 quoniam : quod B^2 || καθῆκον *add.* *Pearce.*
9 aut VHB^2 : ut B^1 *om.* *Pb* || factu : -tum *B* || an : aut *pc* || anquirunt VH^1P^1b : inq- H^2BP^2.

se place sur le plan de l'utilité. C'est un troisième type d'hésitation, lorsque ce qui paraît être utile, semble entrer en conflit avec ce qui est beau. En effet, quand l'utilité semble attirer à elle, mais que la beauté, en sens contraire, semble rappeler de son côté, l'esprit se trouve écartelé dans sa délibération, avec un double souci de réflexion. **10** Dans cette division — alors qu'oublier quelque chose, c'est le plus grand défaut dans une division — deux points ont été omis. Ce n'est pas seulement en effet sur la beauté ou la laideur que d'ordinaire on délibère, mais on se demande en outre, devant deux partis qui sont beaux, lequel est le plus beau ; et de même devant deux partis qui sont utiles, lequel est le plus utile. Et ainsi, cette division que Panétius estima triple, doit se répartir, on s'en aperçoit, en cinq démarches. La première donc, concerne la beauté, mais elle est double ; ensuite, il en va de même de l'utilité ; et c'est après qu'il faut discuter de leur confrontation.

La nature de l'homme.

IV **11** Tout d'abord, chaque espèce d'êtres vivants a reçu de la nature de veiller sur elle-même, sur sa vie, sur son corps, d'éviter ce qui paraît nuisible, de rechercher et de se procurer tout ce qui est nécessaire à la vie, comme la nourriture, le gîte et autres choses du même genre. C'est encore chose commune à tous les êtres vivants que le désir de s'unir en vue de la procréation, et ce souci des êtres que

de quo deliberant ; quae deliberatio omnis in rationem utilitatis cadit. Tertium dubitandi genus est cum pugnare uidetur cum honesto id quod uidetur esse utile ; cum enim utilitas ad se rapere, honestas contra reuocare ad se uidetur, fit ut distrahatur in deliberando animus afferatque ancipitem curam cogitandi. **10** Hac divisione, cum praeterire aliquid maximum uitium in diuidendo sit, duo praetermissa sunt. Nec enim solum utrum honestum an turpe sit, deliberari solet, sed etiam duobus propositis honestis utrum honestius ; itemque duobus propositis utilibus utrum utilius. Ita, quam ille triplicem putauit esse rationem, in quinque partes distribui debere reperitur. Primum igitur est de honesto sed dupliciter, tum pari ratione de utili, post de comparatione eorum disserendum.

IV **11** Principio, generi animantium omni est a natura tributum ut se, uitam corpusque tueatur, declinet ea quae nocitura uideantur, omniaque quae sint ad uiuendum necessaria, anquirat et paret ut pastum, ut latibula, ut alia generis eiusdem. Commune autem animantium omnium est coniunctionis appetitus procreandi causa et cura quaedam eorum quae procreata sint ;

Test. : 10 Emp., dans *Rhet. lat. min.*, 571, 22 s. : honestum an turpe sit.
11 Ambr., *De off.*, I, 128 : ut pastum, ut latibula.

9 est *om.* b^1 || utilitas : -tatis P^1?*b* || afferatque ancipitem *VHB*P^2*b* : *non legitur* P^1 (in diuidendo quid *P mg.*) *etiam* afferatque in deliberando ancipitem *c.*
10 partes : -tis VH^1.
11 omni : -nium B^1 || omniaque : omnia quae *B* || uiuendum : uidendum B^1P^1 || anquirat VH^1P^1b : inq. H^2P^2 acquiret B^1 acquirat B^2.

l'on a pu engendrer. Mais, entre l'homme et la bête, ceci surtout diffère que la bête se meut pour autant que ses sens la meuvent, et qu'elle s'adapte à cela seulement qui lui est présent dans l'espace et dans le temps, car elle a fort peu le sens du passé ou de l'avenir. L'homme au contraire, parce qu'il participe à la raison, grâce à elle, discerne les enchaînements, voit les causes des choses ; leurs prodromes et pour ainsi dire leurs antécédents ne lui échappent pas, il rapproche les analogies [1]; aux choses présentes il relie et rattache les choses futures, ainsi il embrasse aisément de son regard le cours de toute la vie et, pour la mener, prévoit ce qui est nécessaire.
12 Cette même nature, par la vertu de la raison, incline l'homme vers l'homme, en vue d'une communauté de langage et de vie ; elle met en lui surtout un amour spécial pour ceux qu'il a engendrés ; elle le pousse à vouloir qu'il y ait des réunions et des assemblées, et à les fréquenter ; elle le pousse en conséquence à l'effort de se procurer de quoi subvenir à son entretien et à sa subsistance, non pas seulement pour lui, mais pour son épouse, ses enfants et les autres êtres qui peuvent lui être chers et qu'il doit protéger : or, ce souci stimule aussi les âmes et les rend plus grandes pour l'action.
13 Au premier chef il appartient en propre à l'homme de rechercher et d'étudier la vérité. Aussi, lorsque nous sommes exempts d'affaires et de soucis pressants, avons-nous le désir de voir, d'entendre, d'apprendre quelque chose et tenons-nous comme indispensable pour vivre heureux, la connaissance des choses cachées ou étonnantes [2]. D'où l'on comprend que cela soit le plus approprié à la nature humaine, qui est vrai, simple et net.

1. Cf. Saint Augustin, *Conf.*, X, 8, 14.
2. On sait l'intérêt qu'attachaient la science et l'érudition antiques aux *mirabilia*. Ce goût se développera sous l'empire, comme en témoigne l'œuvre de Pline l'Ancien.

sed inter hominem et beluam hoc maxime interest, quod haec tantum, quantum sensu mouetur, ad id solum quod adest quodque praesens est, se accommodat, paulum admodum sentiens praeteritum aut futurum ; homo autem, quod rationis est particeps, per quam consequentia cernit, causas rerum uidet earumque praegressus et quasi antecessiones non ignorat, similitudines comparat rebusque praesentibus adiungit atque annectit futuras, facile totius uitae cursum uidet ad eamque degendam praeparat res necessarias. **12** Eademque natura ui rationis hominem conciliat homini et ad orationis et ad uitae societatem ingeneratque in primis praecipuum quemdam amorem in eos qui procreati sunt, impellitque ut hominum coetus et celebrationes et esse et a se obiri uelit ob easque causas studeat parare ea quae suppeditent ad cultum et ad victum nec sibi soli sed coniugi, liberis ceterisque quos caros habeat tuerique debeat ; quae cura exsuscitat etiam animos et maiores ad rem gerendam facit. **13** In primisque hominis est propria ueri inquisitio atque inuestigatio. Itaque cum sumus necessariis negotiis curisque uacui, tum auemus aliquid uidere, audire, addiscere cognitionemque rerum aut occultarum aut admirabilium ad beate uiuendum necessariam ducimus. Ex quo intellegitur, quod uerum, simplex sincerumque sit, id esse

11 quod rationis : quoniam r. *B^2* || praegressus : progr- *B*.
12 ui *BP^2 et pc* : ut *VHP^1b* || hominem *V^1?HBPb* : -ne *V^2* || conciliat : -liet *P^1b* || nec . ne *B^1* || exsuscitat : excitat *P^1* || animos : -mas *b^1*.
13 auemus *B* (*legitur etiam in B sl.*) : habemus *VHPb* || cognitionemque : cognitionem *B^1*.

A ce désir de voir la vérité s'ajoute un certain attrait de la prééminence, si bien qu'une âme naturellement bien douée ne veut obéir à personne si ce n'est à qui donne des préceptes ou à qui enseigne ou à qui commande, en vue du bien commun, conformément à la justice et à la loi : c'est de là que procèdent la grandeur d'âme et le mépris des vanités humaines. **14** Et ce n'est pas une infime qualité de sa nature et de sa raison, que seul, cet être vivant ait le sentiment de ce qu'est l'ordre, de ce qui convient, de ce qu'est la juste mesure dans les actes et les paroles. Et ainsi, pour les objets eux-mêmes que perçoit la vue, aucun autre être vivant n'en sent la beauté, le charme, la convenance des parties. Or la nature et la raison transposant cette image, du domaine de la vue à celui de l'âme [1], estiment qu'il faut, bien davantage encore, respecter la beauté, la cohérence, l'ordre dans les desseins et les actions ; et elle se garde de toute laideur ou mollesse, dans l'ensemble de ses pensées et de ses actes, afin de ne rien faire ou penser par passion. C'est à partir de tout cela que se forme et s'accomplit ce que nous cherchons, le beau, et quand il ne serait pas admis, il serait cependant le beau, dont nous avons dit avec vérité que quand personne ne le louerait, il reste par nature digne de louange.

Divisions de la beauté morale et devoirs.

V **15** Tu vois donc, mon cher Marcus, l'aspect extérieur de la beauté morale et pour ainsi dire son visage « qui, s'il apparaissait aux yeux, exciterait, comme dit Platon, des amours étonnantes de la Sagesse [2] ». Mais tout ce qui est beau, tire son origine de l'une des quatre divisions de la beauté morale : ou bien en effet il consiste dans le discernement

2. Voir Platon, *Phèdre*, 250 d ; cf. Cicéron, *De fin.*, II, 52.

naturae hominis aptissimum. Huic ueri uidendi cupiditati adiuncta est appetitio quaedam principatus, ut nemini parere animus bene informatus a natura uelit nisi praecipienti aut docenti aut utilitatis causa iuste et legitime imperanti ; ex quo magnitudo animi exsistit humanarumque rerum contemptio. **14** Nec uero illa parua uis naturae est rationisque, quod unum hoc animal sentit quid sit ordo, quid sit quod deceat, in factis dictisque qui modus. Itaque eorum ipsorum quae aspectu sentiuntur, nullum aliud animal pulchritudinem, uenustatem, conuenientiam partium sentit ; quam similitudinem natura ratioque ab oculis ad animum transferens, multo etiam magis pulchritudinem, constantiam, ordinem in consiliis factisque conseruandam putat cauetque ne quid indecore effeminateue faciat tum in omnibus et opinionibus et factis, ne quid libidinose aut faciat aut cogitet. Quibus ex rebus conflatur et efficitur id quod quaerimus, honestum, quod etiamsi nobilitatum non sit, tamen honestum sit, quodque uere dicimus, etiamsi a nullo laudetur, natura esse laudabile.

V **15** Formam quidem ipsam, Marce fili, et tamquam faciem honesti uides « quae si oculis cerneretur, mirabiles amores, ut ait Plato, excitaret sapientiae. » Sed omne quod est honestum, id quattuor partium oritur ex aliqua : aut enim in perspicientia ueri sollertiaque

13 uidendi : -do *VH*[1] || imperanti : impetranti *H*[1] || contemptio : contentio *VH*.

14 ratioque : ratio *B*[1].

15 est *om.* *B*[1].

ingénieux du vrai ; ou bien dans la sauvegarde de la société humaine, en accordant à chacun son dû et par la fidélité aux engagements conclus ; ou bien dans la grandeur et la force d'une âme élevée et invincible ; ou bien dans l'ordre et la mesure de tous les actes et de toutes les paroles, en quoi réside la modération et la tempérance. Bien que ces quatre divisions soient liées et imbriquées entre elles, cependant de chacune d'elles procèdent des genres déterminés de devoirs ; ainsi cette division qui a été la première évoquée, en laquelle nous plaçons la sagesse et la prudence, implique la recherche et la découverte du vrai ; cette obligation est le propre de cette vertu. **16** Dans la mesure en effet où quelqu'un discerne le mieux ce qui en chaque chose est le plus vrai, et où il peut avec le plus de pénétration et le plus de rapidité, en voir et en exposer la raison dernière, il passe d'ordinaire à juste titre pour le plus prudent et le plus sage. Aussi la vérité est-elle soumise à cette vertu, comme la matière de son étude et de sa compétence. **17** Pour les trois autres vertus, des obligations ont été posées, destinées à assurer et à sauvegarder les conditions de la vie active, à savoir que le lien social entre les hommes soit maintenu et qu'éclatent aux regards grandeur et élévation d'âme, certes dans l'accroissement des richesses et dans l'acquisition d'avantages pour les siens et soi-même, mais beaucoup plus encore dans le mépris de ces biens eux-mêmes [1]. Mais l'ordre, la constance, la mesure et les qualités qui s'en rapprochent, ressortissent à cette espèce de la beauté morale qui réclame une action et non pas seulement la réflexion de l'esprit. Car c'est en apportant à ce qu'on fait dans la vie, une certaine mesure et un ordre, que nous respecterons la beauté et la convenance.

1. Cette idée courante chez tous les philosophes anciens représente finalement une manière d'affirmer et d'exprimer la transcendance de l'homme sur le reste de l'univers.

uersatur aut in hominum societate tuenda tribuendoque suum cuique et rerum contractarum fide aut in animi excelsi atque inuicti magnitudine ac robore aut in omnium quae fiunt quaeque dicuntur, ordine et modo, in quo inest modestia et temperantia. Quae quattuor quamquam inter se colligata atque implicata sunt, tamen ex singulis certa officiorum genera nascuntur, uelut ex ea parte quae prima descripta est, in qua sapientiam et prudentiam ponimus, inest indagatio atque inuentio ueri, eiusque uirtutis hoc munus est proprium. **16** Vt enim quisque maxime perspicit quid in re quaque uerissimum sit, quique acutissime et celerrime potest et uidere et explicare rationem, is prudentissimus et sapientissimus rite haberi solet. Quocirca huic quasi materia quam tractet et in qua uersetur, subiecta est ueritas. **17** Reliquis autem tribus uirtutibus necessitates propositae sunt ad eas res parandas tuendasque quibus actio uitae continetur, ut et societas hominum coniunctioque seruetur et animi excellentia magnitudoque cum in augendis opibus utilitatibusque et sibi et suis comparandis, tum multo magis in his ipsis despiciendis eluceat. Ordo autem et constantia et moderatio et ea quae sunt his similia, uersantur in eo genere ad quod est adhibenda actio quaedam, non solum mentis agitatio. *I*is enim rebus quae tractantur in uita, modum quemdam et ordinem adhibentes honestatem et decus conseruabimus.

15 inest *VHB²Pb* : est *B¹ etiam* uis est *p* || modestia et temperantia : -tiae et -tiae *p*.
17 cum : tum *B²* || in his : in iis *P¹b* || iis *edd.* : his *codd. et Aac.*

I. La connaissance de la vérité.

VI 18 Des quatre objets que nous avons distingués dans la nature et l'essence de la beauté morale, le premier, celui qui consiste dans la connaissance du vrai, se rattache très étroitement à la nature humaine [1]. Tous en effet nous sommes entraînés et amenés à la passion de l'étude et de la science, passion en laquelle nous trouvons beau d'exceller ; en revanche, nous disons qu'il est mauvais et honteux de se tromper, de s'égarer, d'ignorer, de s'abuser [2]. En ce genre d'activité, à la fois naturelle et moralement belle, deux défauts sont à éviter : l'un, de prendre l'inconnu pour le connu et d'y donner à la légère son assentiment. Celui qui voudra échapper à ce défaut — et tous doivent le vouloir — apportera à l'examen des questions, du temps et de l'attention. 19 Le second défaut consiste en ce que certains consacrent une trop longue étude et une trop grande peine à des problèmes obscurs et difficiles, et qui en outre ne s'imposent pas. Ces défauts évités, on louera à juste titre la peine et le soin qui seront pris pour de beaux sujets, dignes d'être étudiés ; ainsi en astrologie entendons-nous parler de C. Sulpicius [3], en géométrie avons-nous connu personnellement Sex. Pompée [4], un grand nombre en dialectique, et plus encore en droit civil. Or toutes ces sciences concernent la découverte du vrai, mais il va à l'encontre du devoir que son étude détourne de la conduite des affaires. Toute la qualité [5] en effet de la vertu réside dans l'action [6] ; cette action toutefois connaît souvent des interruptions, et bien des retours à l'étude sont accordés ; c'est alors que l'activité de l'esprit, qui ne connaît jamais de repos, peut nous maintenir dans des études

1. Cette affirmation n'est-elle pas contredite en *De off.*, I, 153 ; 159 ? Il est intéressant de remarquer que, dans ces derniers passages, Cicéron ne suit plus sa source panétienne, et exprime un avis personnel ; voir note 4 de *De off.*, I, 153.

VI 18 Ex quattuor autem locis in quos honesti naturam uimque diuisimus, primus ille qui in ueri cognitione consistit, maxime naturam attingit humanam. Omnes enim trahimur et ducimur ad cognitionis et scientiae cupiditatem in qua excellere pulchrum putamus ; labi autem, errare, nescire, decipi, et malum et turpe dicimus. In hoc genere et naturali et honesto duo uitia uitanda sunt, unum ne incognita pro cognitis habeamus hisque temere assentiamur ; quod uitium effugere qui uolet — omnes autem uelle debent — adhibebit ad considerandas res et tempus et diligentiam. **19** Alterum est uitium quod quidam nimis magnum studium multamque operam in res obscuras atque difficiles conferunt easdemque non necessarias. Quibus uitiis declinatis, quod in rebus honestis et cognitione dignis operae curaeque ponetur, id iure laudabitur, ut in astrologia C. Sulpicium audimus, in geometria Sex. Pompeium ipsi cognouimus, multos in dialecticis, plures in iure ciuili, quae omnes artes in ueri inuestigatione uersantur ; cuius studio a rebus gerendis abduci contra officium est. Virtutis enim laus omnis in actione consistit ; a qua tamen fit intermissio saepe multique dantur ad studia reditus ; tum agitatio mentis quae numquam

Test. : 18 AMBR., *De off.*, **I, 123 : incognita pro cognitis *et* temere assentiebatur (*sic*)...**
19 AMBR., *De off.*, **1, 115 : in ueri... uersatur (*sic*) ; *cf.* 122.**

18 attingit : attigit B^1 **|| res** *om.* B^1.
19 C. : G. *B* **|| audimus : audiuimus** *Pb* **|| geometria : -trica** *VH* **|| in ueri inuestigatione** *edd.* **: i. u. uestigatione** *codd. et KAap etiam* **in inuestigatione ueri** *c* **|| gerendis : agendis** P^1b^1 **|| intermissio** $H^2B^2P^2$ *et pc* **: -ssione** $VH^1B^1?P^1?b$ *et Aa* **|| agitatio : -tione** *b*.

relatives à la connaissance, même sans effort de notre part. Or toute pensée et tout mouvement de l'esprit s'appliqueront, ou bien à prendre des décisions sur des questions de beauté morale et se rapportant à la vie droite et heureuse, ou bien à des études relatives à la science et à la connaissance. Ainsi, nous avons traité de la première source des devoirs.

II. La communauté humaine : 1) la justice.

VII 20 Parmi les trois autres divisions, la portée la plus étendue appartient à celle qui maintient le lien social entre les hommes et, pour ainsi dire, la communauté de vie ; mais elle comporte deux subdivisions : la justice, où brille le plus haut éclat de la vertu, dont les gens de bien tirent leur nom ; à laquelle s'ajoute la bienfaisance que l'on peut aussi appeler ou bien bonté ou bien générosité. Mais le premier office de la justice veut que l'on ne nuise à personne, si ce n'est provoqué par l'injustice [1], puis que l'on se serve des biens communs comme de biens communs, et des biens personnels comme de biens propres. 21 Or il n'existe aucun bien personnel en vertu de la nature ; il en existe, ou bien du fait d'une occupation ancienne, comme c'est le cas de ceux qui jadis sont arrivés dans une contrée déserte ; ou bien en raison d'une victoire, c'est le cas de ceux qui ont pris possession par la guerre ; ou bien en vertu d'une loi, d'une convention, d'une clause, du sort. Ce qui fait que le territoire d'Arpinum est dit territoire des Arpinates, celui de Tusculum, des Tusculans ; et il en va de même de la répartition des biens particuliers. D'où la conséquence : puisque la propriété de chacun se constitue à partir de ce qui par nature était commun, ce qui est échu à chacun, que chacun le garde ; et si quelqu'un vient à s'en emparer, il violera le droit de la société humaine. 22 Mais, comme l'a écrit

acquiescit, potest nos in studiis cognitionis etiam sine opera nostra continere. Omnis autem cogitatio motusque animi aut in consiliis capiendis de rebus honestis et pertinentibus ad bene beateque uiuendum aut in studiis scientiae cognitionisque uersabitur. Ac de primo quidem officii fonte diximus.

VII **20** De tribus autem reliquis latissime patet ea ratio qua societas hominum inter ipsos et uitae quasi communitas continetur ; cuius partes duae : iustitia in qua uirtutis splendor est maximus, ex qua uiri boni nominantur, et huic coniuncta beneficentia quam eamdem uel benignitatem uel liberalitatem appellari licet. Sed iustitiae primum munus est ut ne cui quis noceat nisi lacessitus iniuria, deinde ut communibus pro communibus utatur, priuatis ut suis. **21** Sunt autem priuata nulla natura sed aut uetere occupatione, ut qui quondam in uacua uenerunt, aut uictoria, ut qui bello potiti sunt, aut lege, pactione, condicione, sorte ; ex quo fit, ut ager Arpinas Arpinatium dicatur, Tusculanus Tusculanorum ; similisque est priuatarum possessionum discriptio. Ex quo, quia suum cuiusque fit eorum quae natura fuerant communia, quod cuique obtigit, id quisque teneat ; e quo si quis sibi appetet, uiolabit ius humanae societatis. **22** Sed quoniam, ut

Test. : **20** Ambr., *De off.*, I, 130 ; 136 || Ambr., *De off.*, I, 131 : iustitiae munus *et* ut nemini (*sic*) quis... iniuria || Ambr., *De off.*, I, 132.

19 cognitionis *Baiter* : cogitationis *codd. et Aapc* || cognitionisque : cogitationisque P^1b
20 splendor est *VB* : e. s. *HPb*.
21 condicione *Vb* : -tione *HBP* || discriptio *VB* : des- *HPb*.

excellemment Platon, puisque nous ne sommes pas nés seulement pour nous, qu'une part de notre existence est revendiquée par la patrie, une part par nos amis [1], et, suivant la pensée des stoïciens, puisque les produits de la terre sont tous créés à l'usage des hommes et que les hommes ont été engendrés pour les hommes, afin qu'eux-mêmes puissent se rendre service les uns aux autres, en cela nous devons suivre la nature comme guide, mettre en commun les intérêts de tous par l'échange des bons offices, en donnant et en recevant, et tantôt par nos compétences, tantôt par notre travail, tantôt par nos ressources, resserrer le lien social des hommes entre eux.
23 Or le fondement de la justice, c'est la bonne foi, c'est-à-dire la fidélité et la sincérité dans les paroles et les engagements pris. Aussi, bien que cela doive paraître sans doute assez difficile à certains, osons cependant imiter les stoïciens, qui recherchent avec soin l'origine des mots, et croyons que la bonne foi, *fides*, a été ainsi appelée à cause de l'expression : que soit fait, *fiat*, ce qui a été dit, *dictum*.

L'injustice : par action.

Mais il existe deux sortes d'injustice : la première, celle de ceux qui portent préjudice, la seconde celle de ceux qui, le pouvant, ne défendent pas de l'injustice ceux contre qui elle est commise. Car celui qui injustement fait violence à quelqu'un, poussé par la colère ou par quelque passion, celui-ci, on le voit porter la main pour ainsi dire, sur un membre de la société ; mais celui qui ne résiste pas, ne s'oppose pas, alors qu'il le peut, à l'injustice, est en faute tout autant que s'il abandonnait ses parents ou

1. Platon, *Lettre IX*, 358 a ; cf. Cicéron, *De rep.*, I, 8.

praeclare scriptum est a Platone, non nobis solum nati sumus ortusque nostri partem patria uindicat, partem amici ; atque, ut placet stoicis, quae in terris gignantur, ad usum hominum omnia creari, homines autem hominum causa esse generatos ut ipsi inter se aliis alii prodesse possent, in hoc naturam debemus ducem sequi, communes utilitates in medium afferre mutatione officiorum, dando accipiendo, tum artibus, tum opera, tum facultatibus deuincire hominum inter homines societatem. **23** Fundamentum autem est iustitiae fides, id est dictorum conuentorumque constantia et ueritas. Ex quo, quamquam hoc uidebitur fortasse cuipiam durius, tamen audeamus imitari stoicos qui studiose exquirunt unde uerba sint ducta, credamusque, quia fiat quod dictum est, appellatam fidem.

Sed iniustitiae genera duo sunt : unum eorum qui inferunt, alterum eorum qui ab iis quibus infertur, si possunt, non propulsant iniuriam. Nam qui iniuste impetum in quempiam facit aut ira aut aliqua perturbatione incitatus, is quasi manus afferre uidetur socio ; qui autem non defendit nec obsistit, si potest, iniuriae, tam est in uitio quam si parentes aut amicos aut

Test. : **22** AMBR., *De off.*, I, 132 : placuisse (*sic*) stoicis... prodesse possint (*sic*).
23 AMBR., *De off.*, I, 142 : Fundamentum... fides || AMBR., *De off.*, I, 179 : si potest... quam.

22 aliis : alius P^2 || afferre : deferre B^1 || mutatione : mutuatione P^2 || deuincire VHB^2P^2 : -cere B^1P^1b.
23 imitari : -re P^1b || exquirunt : inq- *pc* || sint : sunt P^1 || iis B^1 : his VHB^2Pb || quibus *om.* B^1 || afferre $VHB^1?Pb$: inferre B^2 || tam : tamen P^1.

ses amis ou sa patrie. **24** Et ces injustices précisément qui sont commises en vue de nuire, de propos délibéré, procèdent souvent de la crainte : celui qui songe à nuire à autrui, craint, s'il ne le fait pas, d'être lui-même victime de quelque dommage. Mais pour le plus grand nombre, on entreprend de commettre l'injustice afin d'obtenir ce que l'on a convoité, et dans cette faute apparaît le plus généralement de la cupidité. VIII **25** On recherche la richesse en vue des nécessités de la vie et pour jouir des plaisirs. Mais chez ceux dont l'âme est plus grande, la passion de l'argent se propose la puissance et la possibilité de faire des largesses : M. Crassus [1] disait récemment que n'avait pas assez d'argent celui qui voudrait être le premier dans l'État et dont les revenus ne pourraient nourrir une armée. On se plaît aussi à des trains de vie splendides, à des genres d'existence raffinés et somptueux : avec cela il est arrivé que la passion de l'argent soit sans limites. Ce n'est pas, à vrai dire, qu'il faille condamner un accroissement du patrimoine familial, qui ne nuit à personne, mais il faut toujours fuir l'injustice. **26** Or c'est surtout lorsqu'ils sont tombés dans la passion du pouvoir, des honneurs, de la gloire que la plupart des hommes sont amenés à oublier la justice. Et ces mots d'Ennius [2] :

Il n'est point de société sacrée ni de bonne foi, pour la [domination,

sont d'une très grande portée. En effet, pour tout ce qui est de telle nature qu'un assez grand nombre ne peut

1. Marcus Licinius Crassus, surnommé Diues, le triumuir qui périt à Carrhes, en 53, dans la campagne qu'il avait entreprise contre les Parthes. Ce propos est également rapporté par Pline l'Ancien, *Nat. hist.*, XXXIII, 47, 1. Cicéron se souvient peut-être ici que, contrairement à Pompée, César et Crassus, seul des grands politiques de son temps, il est arrivé au pouvoir, sans argent ni armée, par ses seuls mérites. Cf. *De off.*, II, 59.

patriam deserat. **24** Atque illae quidem iniuriae quae nocendi causa de industria inferuntur, saepe a metu proficiscuntur, cum is qui nocere alteri cogitat, timet ne, nisi id fecerit, ipse aliquo afficiatur incommodo. Maximam autem partem ad iniuriam faciendam aggrediuntur ut adipiscantur ea quae concupiuerunt ; in quo uitio latissime patet auaritia. VIII **25** Expetuntur autem diuitiae cum ad usus uitae necessarios, tum ad perfruendas uoluptates. In quibus autem maior est animus, in iis pecuniae cupiditas spectat ad opes et ad gratificandi facultatem, ut nuper M. Crassus negabat ullam satis magnam pecuniam esse ei qui in re publica princeps uellet esse, cuius fructibus exercitum alere non posset. Delectant etiam magnifici apparatus uitaeque cultus cum elegantia et copia ; quibus rebus effectum est ut infinita pecuniae cupiditas esset. Nec uero rei familiaris amplificatio nemini nocens uituperanda est, sed fugienda semper iniuria est. **26** Maxime autem adducuntur plerique ut eos iustitiae capiat obliuio, cum in imperiorum, honorum, gloriae cupiditatem inciderunt. Quod enim est apud Ennium :

Nulla sancta societas
Nec fides regni est,

id latius patet. Nam quidquid eius modi est in quo non possint plures excellere, in eo fit plerumque tanta

24 nocere : -ri *VH* || ne *om. Pb.*
25 cum... tum *VH*B^1?P^1*b* : tum... tum B^2 tam... quam P^2. || iis B^1*Pb* : his *VH*B^2 || crassus : grassus *b* || cupiditas : cupidas B^1 || amplificatio nemini nocens *VHPb* : amplicatione innocens ? B^1, amplicatio nemini nocens B^2 || est *post* iniuria *om. B.*
26 est *post* eiusmodi *om. B* || possint : possunt *pc.*

y accéder, il se produit généralement une si chaude rivalité qu'il devient très difficile de sauvegarder le lien de la « société sacrée ». L'impudence de C. Caesar [1] l'a récemment montré, lui qui renversa tous les droits divins et humains à cause de ce principat [2] qu'il avait imaginé pour lui-même par une erreur imputable à l'opinion [3]. Mais il y a de grave en cette affaire, que c'est dans les âmes les plus grandes et dans les caractères les plus brillants, que se rencontre la plupart du temps la passion des honneurs, du pouvoir, de la puissance, de la gloire. D'autant plus faut-il prendre garde que ne soit commise aucune faute en ce domaine. **27** Mais il importe au plus haut point, en toute injustice, de savoir s'il y a injustice du fait de quelque trouble de l'âme — qui généralement est momentané — et pour un temps, ou s'il y a injustice réfléchie et de façon délibérée. En effet, ce qui se produit par suite d'un mouvement soudain est moins grave que ce qu'on commet avec calcul et préméditation. Mais en voici assez sur les actes contre la justice.

L'injustice par omission.

IX **28** En ce qui concerne l'omission de la résistance à l'injustice et la désertion du devoir, les causes sont généralement plus nombreuses. En effet, ou bien on ne veut pas encourir des inimitiés, de la peine, des frais ; ou encore c'est la négligence, la paresse, l'indolence, certaines études ou activités personnelles qui font si bien obstacle, que l'on accepte d'abandonner ceux qu'on devrait défendre. Aussi faut-il veiller à ne point se contenter de ce qui est dit chez Platon pour les philosophes [4] : sous prétexte qu'ils se consacrent à la découverte du vrai, sous prétexte qu'ils méprisent et estiment pour rien ce que la plupart des hommes recherchent avec passion, et pour quoi généralement ils se battent entre eux, pour autant ils sont justes ! Ils atteignent en effet la première sorte de

contentio ut difficillimum sit seruare « sanctam societatem ». Declarauit id modo temeritas C. Caesaris qui omnia iura diuina et humana peruertit propter eum, quem sibi ipse opinionis errore finxerat, principatum. Est autem in hoc genere molestum, quod in maximis animis splendidissimisque ingeniis plerumque exsistunt honoris, imperii, potentiae, gloriae cupiditates. Quo magis cauendum est ne quid in eo genere peccetur. **27** Sed in omni iniustitia permultum interest utrum perturbatione aliqua animi — quae plerumque breuis est — et ad tempus, an consulto et cogitata fiat iniuria. Leuiora enim sunt ea quae repentino aliquo motu accidunt, quam ea quae meditata et praeparata inferuntur. Ac de inferenda quidem iniuria satis dictum est.

IX **28** Praetermittendae autem defensionis deserendique officii plures solent esse causae ; nam aut inimicitias aut laborem aut sumptus suscipere nolunt, aut etiam neglegentia, pigritia, inertia aut suis studiis quibusdam occupationibusue sic impediuntur ut eos quos tutari debeant, desertos esse patiantur. Itaque uidendum est ne non satis sit id quod apud Platonem est in philosophos dictum, quod in ueri inuestigatione uersentur quodque ea quae plerique uehementer expetant, de quibus inter se digladiari soleant, contemnant et pro nihilo putent, propterea iustos esse. Nam alterum

26 C. B^2 : G. *VHPb* *om.* B^1.

28 aut *post* nam *om.* b^1 || inertia *om.* V^1 || desertos : -to H^1 || expetant V^2BP^2b : expectant $V^1?HP^1$ || et *om.* *Pb* || putent B^1 : -tant VHB^2Pb || alterum iustitiae genus VHB^1P^1b : cum a. i. g. B^2 a. cum i. g. P^2 iustitiae genus *del. plures edd.* iustitiae *del. Beier.*

justice, en s'interdisant de nuire à autrui par une action injuste, mais ils échouent sur la seconde, car, accaparés par leur goût d'apprendre, ils abandonnent ceux qu'ils doivent défendre. C'est pourquoi ils n'aborderont pas même les affaires publiques, pense-t-on, si ce n'est par contrainte. Il serait mieux pourtant de le faire volontairement, car l'acte même qui est correct, est juste à la condition d'être volontaire. **29** Il en est aussi qui, par souci de veiller au bien familial ou par une certaine aversion des hommes, affirment qu'ils s'occupent de leurs propres affaires, et qui ne paraissent pas porter préjudice à quiconque. Ces gens, qui sont exempts de la première sorte d'injustice, donnent dans la seconde : ils délaissent en effet la vie sociale puisqu'ils ne lui apportent rien de leurs préoccupations, de leur travail, de leurs moyens.

Les devoirs de justice.

Ainsi donc, après avoir exposé les deux genres d'injustice, nous en avons indiqué respectivement les causes, et précédemment nous avons établi quel était le domaine appartenant à la justice ; nous pourrons donc apprécier facilement quel est le devoir en chaque circonstance, à moins que nous n'ayons pour nous-mêmes trop d'attachement. **30** C'est chose difficile en effet que le souci des affaires des autres, bien que le Chrémès de Térence [1] « estime que rien de ce qui est humain ne lui est étranger [2] ». Cependant parce que nous percevons et sentons ce qui nous arrive de favorable ou de contraire, mieux que ce qui arrive aux autres, ce que nous voyons pour ainsi dire d'assez loin, nous jugeons autrement d'eux et de nous. Aussi est-ce un bon précepte qui interdit d'accomplir tout acte dont on doute s'il est équitable ou non : l'équité en effet brille d'elle-même, le doute indique un dessein injuste.

iustitiae genus assequuntur, in inferenda ne cui noceant iniuria ; in alterum incidunt : discendi enim studio impediti, quos tueri debent, deserunt. Itaque eos ne ad rem publicam quidem accessuros putant nisi coactos. Aequius autem erat id uoluntate fieri ; nam hoc ipsum ita iustum est quod recte fit, si est uoluntarium. **29** Sunt etiam qui aut studio rei familiaris tuendae aut odio quodam hominum suum se negotium agere dicant nec facere cuiquam uideantur iniuriam. Qui altero genere iniustitiae uacant, in alterum incurrunt : deserunt enim uitae societatem quia nihil conferunt in eam studii, nihil operae, nihil facultatum.

Quando igitur duobus generibus iniustitiae propositis adiunximus causas utriusque generis easque res ante constituimus quibus iustitia contineretur, facile, quod cuiusque temporis officium sit, poterimus, nisi nosmet ipsos ualde amabimus, iudicare. **30** Est enim difficilis cura rerum alienarum quamquam Terentianus ille Chremes « humani nihil a se alienum putat » ; sed tamen, quia magis ea percipimus atque sentimus quae nobis ipsis aut prospera aut aduersa eueniunt, quam illa quae ceteris, quae quasi longo interuallo interiecto uidemus, aliter de illis ac de nobis iudicamus. Quocirca bene praecipiunt qui uetant quidquam agere quod dubites aequum sit an iniquum : aequitas enim lucet ipsa per se, dubitatio cogitationem significat iniuriae.

28 impediti : -periti *VH* || eos *VHBP*[2] : nos *P*[1]*b* || putant *codd.* : -tat *edd.* || coactos : actos *H*.

29 se *om.* *H* || nec *VHB*[1]*?* : ne *B*[2]*Pb* || iniustitiae : iustitiae *B*[1] || facultatum : -tatem *H*[1] || generis : -re *H*.

30 enim *om.* *b* || a se *om.* *b*[1].

Importance des circonstances.

X 31 Mais il arrive souvent des circonstances où les actes qui semblent les plus dignes d'un homme juste et de celui que nous appelons homme de bien, changent et prennent une valeur opposée, comme de rendre un dépôt à qui est encore en délire [1], d'accomplir une promesse ; et pour les actes qui intéressent la vérité et la bonne foi, il arrive qu'il devienne juste de les changer parfois et de ne pas les accomplir. Il convient en effet de se référer aux principes de la justice que j'ai posés en commençant, à savoir d'abord de ne nuire à personne, et ensuite de servir l'intérêt général. Tout cela change avec les circonstances, mais le devoir change aussi et n'est pas toujours identique. 32 Il peut se trouver en effet une promesse et un contrat qu'il soit préjudiciable de tenir, ou pour celui à qui on a fait la promesse, ou pour celui qui l'a faite. De fait, si Neptune, suivant la légende, n'avait pas accompli ce qu'il avait promis à Thésée, Thésée n'aurait pas perdu son fils Hippolyte : des trois souhaits qu'il fit, d'après l'histoire, c'est dans le troisième qu'il demanda par emportement la mort d'Hippolyte, mais, son désir exaucé, il tomba dans un profond chagrin. Il ne faut donc pas tenir les promesses qui peuvent être nuisibles à qui tu les as faites, et d'autre part, si ces promesses te font plus de tort qu'elles ne profitent à qui tu les as faites, il n'est pas contraire au devoir de préférer le plus grand intérêt au moindre ; ainsi, si tu as décidé que tu te rendras, comme conseil de quelqu'un, sur les lieux de son affaire [2] et que, sur ces entrefaites, ton fils tombe malade, il n'est pas contraire au devoir de ne pas accomplir ce que tu as dit, et c'est plutôt

2. *Praesentem* s'accorde, non pas avec *te*, mais avec *rem*. *In rem praesentem uenire* est une expression consacrée pour signifier que l'on se rend sur les lieux d'une affaire.

X **31** Sed incidunt saepe tempora cum ea quae maxime uidentur digna esse iusto homine eoque quem uirum bonum dicimus, commutantur fiuntque contraria, ut reddere depositum etiamn*unc* furioso, facere promissum ; quaeque pertinent ad ueritatem et ad fidem, ea migrare interdum et non seruare fit iustum. Referri enim decet ad ea, quae posui principio, fundamenta iustitiae, primum ut ne cui noceatur, deinde ut communi utilitati seruiatur. Ea cum tempore commutantur, commutatur officium et non semper est idem. **32** Potest enim accidere promissum aliquod et conuentum ut id effici sit inutile uel ei cui promissum sit, uel ei qui promiserit. Nam si, ut in fabulis est, Neptunus, quod Theseo promiserat, non fecisset, Theseus Hippolyto filio non esset orbatus ; ex tribus enim optatis, ut scribitur, hoc erat tertium quod de Hippolyti interitu iratus optauit ; quo impetrato in maximos luctus incidit. Nec promissa igitur seruanda sunt ea quae sint iis quibus promiseris, inutilia, nec, si plus tibi ea noceant quam illi prosint cui promiseris, contra officium est maius anteponi minori ; ut, si constitueris cuipiam te aduocatum in rem praesentem esse uenturum atque interim grauiter aegrotare filius coeperit, non sit contra officium non facere quod dixeris, magisque ille cui

Test. : **31** SEN., *De ben.*, IV, 10, 1 ; AMBR., *De off.*, I, 254.

31 reddere : non r. B^2 || etiamnunc *nos* : etiamne *VHb* etiam ne B^1P etiam nec B^2 etiamne furioso *del. edd.* || promissum : per- *P* || migrare : negare *pc* || fit : sit *pc* || commutatur *om.* P^1 || et : ut *Pb*.

32 ei qui : qui B^1 || iis B^1P^1b : his VHB^2P^2 || si plus tibi : t. s. p. *H* || promiseris B^2 : quod p. $VHB^1?Pb$ || anteponi : -ne *Pb*.

celui vis-à-vis de qui tu t'es engagé qui s'écarte du devoir, s'il se plaint d'avoir été abandonné. Enfin qui ne voit qu'il ne faut pas tenir les engagements qu'on a pris sous l'effet de la crainte ou abusé par la ruse ? Du reste, pour la plupart de ces engagements, le droit prétorien en libère, et pour quelques-uns les lois.

L'abus du droit.

33 Il se trouve souvent aussi des injustices du fait d'un certain abus de la loi et d'une interprétation extrêmement habile mais trompeuse du droit. C'est pourquoi l'adage *summum ius, summa iniuria* [1] : la limite extrême du droit, c'est le comble de l'injustice, est devenu un proverbe passé dans l'usage. En ce genre d'injustice bien des fautes sont commises, même dans les affaires publiques ; ce fut le cas de ce personnage qui, après la conclusion d'une trêve de trente jours avec l'ennemi, dévastait la nuit son territoire, sous prétexte qu'on avait conclu une trêve des jours et non des nuits [2]. Notre compatriote non plus n'est pas à approuver, s'il est vrai que Q. Fabius Labeo [3] ou quelque autre — car je l'ai seulement entendu dire — donné par le sénat aux habitants de Nole et de Naples comme arbitre de leurs frontières, s'étant rendu sur les lieux, recommanda séparément aux deux parties de ne pas se comporter avec convoitise ni avec avidité, et de préférer se retirer plutôt que d'avancer. Quand l'un et l'autre adversaires l'eurent fait, un territoire assez considérable se trouva entre les deux, abandonné. Et ainsi il détermina leurs frontières, comme eux-mêmes les avaient fixées ; mais pour le territoire qui se trouvait abandonné entre les deux, il l'attribua au peuple romain ! Ceci c'est tromper et non point juger. Aussi en toute affaire faut-il proscrire telle habileté.

3. Q. Fabius Labeo que Cicéron nomme encore peut-être dans *Brutus*, 81, fut questeur en 196, préteur en 189, consul en 183.

promissum sit, ab officio discedat si se destitutum queratur. Iam illis promissis standum non esse quis non uidet, quae coactus quis metu, quae deceptus dolo promiserit ? Quae quidem pleraque iure praetorio liberantur, nonnulla legibus.

33 Exsistunt etiam saepe iniuriae calumnia quadam et nimis callida sed malitiosa iuris interpretatione. Ex quo illud « Summum ius summa iniuria » factum est iam tritum sermone prouerbium. Quo in genere etiam in re publica multa peccantur, ut ille qui, cum triginta dierum essent cum hoste indutiae factae, noctu populabatur agros, quod dierum essent pactae, non noctium indutiae. Ne noster quidem probandus, si uerum est Q. Fabium Labeonem seu quem alium — nihil enim habeo praeter auditum — arbitrum Nolanis et Neapolitanis de finibus a senatu datum, cum ad locum uenisset, cum utrisque separatim locutum ne cupide quid agerent, ne appetenter, atque ut regredi quam progredi mallent. Id cum utrique fecissent, aliquantum agri in medio relictum est. Itaque illorum finis sicut ipsi dixerant, terminauit ; in medio relictum quod erat, populo Romano adiudicauit. Decipere hoc quidem est, non iudicare. Quocirca in omni est re fugienda talis sollertia.

Test. : **33** PLVT., *Apopht. lac.*, 223 B || VAL. MAX., VII, 3, 4 : quam... mallent *et* aliquantum... relictum est *et* populo... adiudicauit.

32 queratur P^2 : quaeratur $VHBP^1?b$ || quae *ante* deceptus *om.* Pb.

33 agros : agris P^1 || Q. fabium B^2 : quae f. $VHB^1?P^1?b^2$ Quintum f. P^2 quae fabio b^1 || finis $VH^1?BP^1b$: -nes H^2P^2 || sicut *codd.* : sic ut *edd.*

La justice et les adversaires : la guerre [1].

XI 34 Or il existe certains devoirs à remplir, même vis-à-vis de ceux qui nous ont porté préjudice. Il y a en effet une mesure dans la vengeance et le châtiment. Et je me demande s'il ne suffit pas que celui qui a fait le mal, se repente de l'injustice, en sorte que lui-même dans la suite ne commette rien de semblable, et que les autres soient moins prompts à l'injustice [2]. En ce qui concerne l'État, il faut avant tout respecter les lois de la guerre [3]. Il existe en effet deux manières de trancher un différend, l'une par la discussion, l'autre par la force ; la première est propre à l'homme, la seconde aux bêtes ; et il faut recourir à cette dernière, s'il n'est pas possible d'employer la précédente. 35 C'est aussi pourquoi les guerres doivent être entreprises pour ce motif : que l'on puisse vivre en paix [4], sans injustice ; mais après la victoire, il faut laisser vivre ceux qui, dans la guerre, n'ont été ni sauvages, ni barbares. C'est ainsi que nos ancêtres ont même admis au droit de cité les Tusculans, les Eques, les Vosques, les Sabins, les Herniques, mais qu'ils rasèrent complètement Carthage et Numance ; je voudrais qu'ils ne l'eussent point fait pour Corinthe [5], mais je pense qu'ils s'en prenaient à une chose : avant tout aux avantages de la position, pour empêcher que la position elle-même ne pût inciter quelque jour à engager la guerre. A mon avis, c'est à une paix qui ne comportera aucun piège, qu'il faut toujours tendre. En cette affaire, si l'on m'avait écouté, nous aurions, sinon la meilleure, du moins une république, ce qui présentement n'est pas. Il faut à la fois s'occuper de ceux que l'on a vaincus par la force, et accueillir ceux qui, ayant déposé les armes, se remettront à la loyauté du commandant en chef, le bélier aurait-il battu leur rempart. Or sur ce point, la justice fut en si grand honneur chez nous que c'était les hommes

XI **34** Sunt autem quaedam officia etiam aduersus eos seruanda, a quibus iniuriam acceperis. Est enim ulciscendi et puniendi modus; atque haud scio an satis sit eum qui lacessierit, iniuriae suae paenitere ut et ipse ne quid tale posthac et ceteri sint ad iniuriam tardiores. Atque in re publica maxime conseruanda sunt iura belli. Nam cum sint duo genera decertandi, unum per disceptationem, alterum per uim, cumque illud proprium sit hominis, hoc beluarum, confugiendum est ad posterius si uti non licet superiore. **35** Quare suscipienda quidem bella sunt ob eam causam ut sine iniuria in pace uiuatur; parta autem uictoria, conseruandi ii qui non crudeles in bello, non immanes fuerunt, ut maiores nostri Tusculanos, Aequos, Volscos, Sabinos, Hernicos in ciuitatem etiam acceperunt, at Carthaginem et Numantiam funditus sustulerunt; nollem Corinthum, sed credo aliquid secutos, oportunitatem loci maxime, ne posset aliquando ad bellum faciendum locus ipse adhortari. Mea quidem sententia, paci quae nihil habitura sit insidiarum, semper est consulendum. In quo si mihi esset optemperatum, si non optimam at aliquam rem publicam, quae nunc nulla est, haberemus. Et cum iis quos ui deuiceris, consulendum est, tum ii qui armis positis ad imperatorum fidem confugient, quamuis murum aries percusserit, recipiendi. In quo tantopere apud nostros iustitia culta est

34 est enim : etenim V^1 ‖ ut *om.* H^1.

35 ii B^2P^1b : hi VHB^1P^2 sunt hi P^3 ‖ aliquid : quod B^1 quos P^2 ‖ est *om.* b^1 ‖ si *ante* mihi *om.* B^1 ‖ at BP^2 : aut VH ad P^1b ‖ iis B^1P^1b : his VHB^2P^2 ‖ ii B^1b : hi VHB^2P.

qui avaient reçu en leur pouvoir les cités et les nations vaincues par la guerre, qui, d'après l'usage de nos aïeux, devenaient leurs protecteurs [1]. **36** Et, à vrai dire, les conditions de la guerre juste ont été codifiées de façon absolument sacrée dans le droit fécial [2] du peuple Romain. L'on peut y apprendre qu'il n'est de guerre juste que celle, ou bien qu'on fait après réclamations, ou bien qu'on a auparavant notifiée et déclarée. Popilius [3] étant général en chef, gouvernait une province, et le fils de Caton [4] servait comme recrue dans son armée. Or Popilius jugea bon de licencier une légion et il congédia aussi le fils de Caton qui servait dans cette même légion. Mais celui-ci étant resté à l'armée par désir de se battre, Caton écrivit à Popilius pour lui demander, s'il acceptait effectivement que son fils demeurât à l'armée, de le lier par un second serment militaire, car, le premier étant caduc, il n'avait pas le droit de se battre contre l'ennemi. C'est jusque-là qu'allait le scrupule à engager la guerre ! **37** Il existe de fait une lettre de Marcus Caton, âgé, à son fils Marcus ; il y écrit qu'il a appris sa mise en congé par le consul, alors qu'il servait en Macédoine, lors de la guerre contre Persée. Il l'avertit donc de se garder d'entrer dans la bataille : il affirme en effet qu'il n'a pas le droit, n'étant pas soldat, de se battre contre l'ennemi [5].

XII Je remarque en outre que la tristesse de la réalité a été atténuée par la douceur du terme, en ceci que fut appelé *hostis*, celui qui à proprement parler était *perduellis* [6]. On nommait *hostis* en effet chez nos aïeux,

1. Idée voisine dans Salluste, *Cat.*, XII, 4-5.

2. Les féciaux, collège de vingt membres, auraient été institués par Numa. Magistrats et prêtres, ils ont la charge d'assurer le respect d'un droit international, appelé justement *ius fetiale*, dans les relations de Rome avec les nations étrangères.

4. Il s'agit du fils de M. Porcius Cato, dit le Censeur. Un brillant exploit de ce jeune homme est rapporté par Plutarque, *Paul-Émile*, 21. Sur Caton le Censeur, voir *infra*, note de I, 79.

ut ii qui ciuitates aut nationes deuictas bello in fidem recepissent, earum patroni essent more maiorum. **36** Ac belli quidem aequitas sanctissime fetiali populi Romani iure perscripta est. Ex quo intellegi potest nullum bellum esse iustum nisi quod aut rebus repetitis geratur aut denuntiatum ante sit et indictum. Popilius imperator tenebat prouinciam in cuius exercitu Catonis filius tiro militabat. Cum autem Popilio uideretur unam dimittere legionem, Catonis quoque filium qui in eadem legione militabat, dimisit. Sed cum amore pugnandi in exercitu remansisset, Cato ad Popilium scripsit ut, si eum patitur in exercitu remanere, secundo eum obliget militiae sacramento, quia priore amisso iure cum hostibus pugnare non poterat. Adeo summa erat obseruatio in bello mouendo. **37** Marci quidem Catonis senis est epistula ad M. filium, in qua scribit se audisse eum missum factum esse a consule, cum in Macedonia bello Persico miles esset. Monet igitur ut caueat ne proelium ineat : negat enim ius esse, qui miles non sit, cum hoste pugnare.

XII Equidem etiam illud animaduerto, quod, qui proprio nomine perduellis esset, is hostis uocaretur, lenitate verbi rei tristitiam mitigatam. Hostis enim

Test. : **36-37** PLVT., *Aetia rom.*, 273 E.
37 AMBR., *De off.*, I, 141 ; FESTVS, s. u. hostis, éd. Lindsay, 91, 7 ; cf. s. u. duellum, 59, 20 ; CHARISIVS, dans *Gram. lat.*, I, 211, 18.

35 ii P^1b : hi $VHBP^2$.
36 fetiali $VHB^1P^1P^2b$: fetialibus B^2 *non legitur* P^2 || aut *ante* rebus *om.* H^1 || repetitis : petitis *VH* || geratur : generatur b^1 || denuntiatum : enunt- *Pb* || eadem : eodem H^1 || patitur : patiatur P^2 *et pc* || obliget : -garet B^1.
37 tristitiam mitigatam : -tia -ta B^2.

celui que maintenant nous nommons *peregrinus*, étranger. Les douze Tables [1] portent : AVT STATVS DIES CVM HOSTE, ou le jour fixé avec l'étranger, et de même : ADVERSVS HOSTEM AETERNA AVCTORITAS, vis-à-vis de l'étranger, que la garantie soit perpétuelle. Que peut-on ajouter à cette bienveillance : appeler celui contre qui on fait la guerre, d'un nom si bénin ? Il est vrai que le temps, déjà, a fait ce mot plus dur : il s'est éloigné en effet de *peregrinus*, étranger et s'est attaché à celui qui porte les armes contre nous. **38** Lorsqu'on se bat pour la domination et que par la guerre on recherche la gloire [2], il faut absolument cependant qu'il y ait au principe, ces causes dont j'ai dit un peu plus haut qu'elles étaient les justes causes des guerres. Toutefois, les guerres où c'est la gloire de la domination qui est en jeu, doivent être menées avec moins d'âpreté. De même en effet que dans les luttes entre citoyens, nous luttons autrement s'il s'agit d'un ennemi ou s'il s'agit d'un concurrent — avec le second, c'est un combat pour l'honneur et pour la dignité, mais avec le premier il y va de la vie et de la réputation — de même, dans les guerres contre les Celtibères [3] et contre les Cimbres [4], on combattait comme contre des ennemis, pour savoir qui subsisterait et non pas qui dominerait ; tandis que dans les guerres contre les Latins, les Sabins, les Samnites, les Carthaginois, Pyrrhus, on combattait pour la domination. Les Carthaginois, certes, violaient les traités et Hannibal était cruel [5], tous les autres étaient plus justes. De Pyrrhus en vérité sont ces belles paroles, à propos de la reddition des prisonniers [6] :

Je ne réclame pas d'or, ne me donnez pas de rançon !
Non point trafiquants de la guerre, mais guerriers,

2. Cf. Tite-Live, XXVIII, 19, 7.
3. Peuple d'Espagne qui s'est illustré par son courage au siège de Numance, en 133.

apud maiores nostros is dicebatur quem nunc peregrinum dicimus. Indicant duodecim tabulae : AVT STATVS DIES CVM HOSTE, itemque : ADVERSVS HOSTEM AETERNA AVCTORITAS. Quid ad hanc mansuetudinem addi potest, eum quicum bellum geras, tam molli nomine appellare ? Quamquam id nomen durius effecit iam uetustas ; a peregrino enim recessit et proprie in eo qui arma contra ferret, remansit.

38 Cum uero de imperio decertatur belloque quaeritur gloria, causas omnino subesse tamen oportet easdem quas dixi paulo ante iustas causas esse bellorum. Sed ea bella quibus imperii proposita gloria est, minus acerbe gerenda sunt. Vt enim cum ciuiliter contendimus, aliter si est inimicus, aliter si competitor — cum altero certamen honoris et dignitatis est, cum altero capitis et famae — sic cum Celtiberis, cum Cimbris bellum ut cum inimicis gerebatur, uter esset, non uter imperaret ; cum Latinis, Sabinis, Samnitibus, Poenis, Pyrrho de imperio dimicabatur. Poeni foedifragi, crudelis Hannibal, reliqui iustiores. Pyrrhi quidem de captiuis reddendis illa praeclara :

Nec mi aurum posco nec mi pretium dederitis,
Nec cauponantes bellum, sed belligerantes

Test. : **37** FESTVS, 414, 37-416, 5 : status dies.

37 //////is dicebatur... *incipit L* || status *VHB*[1]*P*[1]*b* : statutus *B*[2]*P*[2], *L* || hoste : h. est *L* || quicum : quocum *Pb* || effecit *L* : efficit *VHB*[?]*Pb* || et proprie... remansit *om. B*[1].
38 decertatur : decernatur *b*[1] || oportet *om. P*[1] || ciuiliter contendimus aliter si : ciue aliter contendimus si *L* || gerebatur : geratur *H* || uter esset : ut uter e. *P*[2] || imperaret : impetraret *H*[1] || praeclara : p. sententia est *P*[2], *L*[2] || pretium : aurum *B*[1].

Les uns et les autres, décidons de notre vie par le fer et non par [l'or.
Le Sort souverain veut-il que vous régniez ou moi, ou qu'ap- [porte-t-il ?
Faisons-en l'expérience par notre courage. Et en même temps, [reçois cette parole :
Ceux dont la fortune de la guerre a épargné le courage,
Il est garanti que moi j'épargne leur liberté ; [1]
Je vous en fais présent, emmenez-les, je vous les donne, en [accord avec la volonté des grands dieux

Langage vraiment royal et digne de la race des Eacides

XIII 39 Même si tels ou tels individus, amenés à cela par les circonstances, ont fait quelque promesse à l'ennemi, ils doivent en cela aussi tenir parole [2]. C'est ainsi que dans la première guerre punique, Régulus [3], fait prisonnier par les Carthaginois, avait été envoyé à Rome à propos de l'échange des prisonniers et avait juré qu'il reviendrait : tout d'abord, dès qu'il arriva, il n'émit pas d'avis au sénat [4], en faveur de la reddition des prisonniers, puis, alors que ses proches et ses amis le retenaient, il préféra retourner vers le supplice, plutôt que de manquer à la parole donnée à l'ennemi. 40 Dans la seconde guerre punique, après la bataille de Cannes [5], Hannibal envoya à Rome dix prisonniers liés par le serment qu'ils reviendraient s'ils n'obtenaient pas gain de cause pour le rachat des prisonniers. Tous, parce qu'ils s'étaient parjurés, les censeurs les reléguèrent, chacun à vie durant, au nombre des éraires [6], sans excepter celui qui, dans son serment, avait commis une faute par fraude. En effet, sorti du camp avec la permission d'Hannibal, il y rentre peu après, en disant qu'il avait oublié je ne sais quoi ; ayant de nouveau quitté

1. La métrique recommanderait la correction de Lachmann, mais la leçon des manuscrits, inattendue des points de vue de la métrique, de l'ordre des mots et de la symétrie par rapport au vers précédent, semble comporter un effet de mise en valeur des trois premiers mots.

Ferro, non auro uitam cernamus utrique.
Vosne uelit an me regnare era, quidue ferat Fors,
Virtute experiamur. Et hoc simul accipe dictum :
Quorum uirtuti belli fortuna pepercit,
Eorumdem me libertati parcere certum est.
Dono, ducite, doque uolentibus cum magnis dis.

Regalis sane et digna Aeacidarum genere sententia.

XIII **39** Atque etiam si quid singuli temporibus adducti hosti promiserunt, est in eo ipso fides conseruanda, ut primo punico bello Regulus captus a Poenis cum de captiuis commutandis Romam missus esset iurassetque se rediturum, primum, ut uenit, captiuos reddendos in senatu non censuit, deinde, cum retineretur a propinquis et ab amicis, ad supplicium redire maluit quam fidem hosti datam fallere. **40** Secundo autem punico bello post Cannensem pugnam quos decem Hannibal Romam misit astrictos iure iurando se redituros esse, nisi de redimendis iis qui capti erant, impetrassent, eos omnes, censores, quoad quisque eorum uixit, quod peierassent, in aerariis reliquerunt nec minus illum qui iure iurando fraude culpam inuenerat. Cum enim permissu Hannibalis exisset e castris, redit paulo post quod se oblitum nescio quid diceret ;

38 cernamus : certamus L^1 decernamus L^2 || era *VHBP*^{2} : erat P^1b ea *L* || ferat : forat P^1 || experiamur : -atur b^1 || quorum B^2 : -rumue *VHB*^{1}*Pb*, *L* || uirtuti L^1 : -tute *VHBPb* uitae L^2 uirtutei *Vahlen* || me libertati *codd.* : l. me *Lachmann* || doque *VHBPb*^{2}, L^2 : deque b^1 de quo L^1.

39 singuli : -lis *Pb* || rediturum : reddit- L^1.

40 secundo... approbauit *L et T* : *om. VHBPb et Aap etiam* secundo... non erat *om. c* || iis *T* : his *L* || quod *L* : qui *T* || iure iurando *L* : -ris -di *T* || permissu *L* : -ssum *T* || redit *L et T* : rediit *edd.* || post quod *L* : postquam *T*.

le camp, il s'estimait délié de son serment : il l'était quant aux termes de l'engagement, il ne l'était pas quant à la réalité. Or, en matière de parole donnée, il faut toujours se représenter ce que l'on a eu dans l'esprit et non pas ce que l'on a dit. Le plus grand exemple de justice à l'égard de l'ennemi, a été donné par nos ancêtres lorsqu'un transfuge de l'armée de Pyrrhus offrit au sénat d'administrer du poison au roi et de le faire mourir [1]. Le sénat et le consul C. Fabricius [2] le livrèrent à Pyrrhus. Ainsi, même pour un ennemi, un ennemi puissant et qui entreprenait la guerre de sa propre initiative, ils n'approuvèrent pas un meurtre criminel [3]. **41** Mais, en vérité, j'en ai dit assez sur les devoirs de la guerre.

Conclusion sur la justice.

Souvenons-nous aussi qu'il faut respecter la justice, même à l'égard des plus petits. Or ce qu'il y a de plus bas, c'est la condition et le sort des esclaves, et ils ont raison ceux qui prescrivent d'en user comme de gens à gages : d'exiger du travail, mais de leur fournir ce qui est juste [4]. Il y a deux façons, la force ou la ruse, de commettre l'injustice : la ruse paraît en quelque sorte la manière du renard, et la force, celle du lion, et les deux sont choses tout à fait indignes de l'homme, mais la ruse est plus haïssable encore. Et, de tout ce qui porte le nom d'injustice, aucune n'est plus criminelle que l'injustice de ceux qui, au moment même où ils trompent le plus, le font de telle sorte qu'ils paraissent être gens de bien [5]. Ce qui suffit pour la justice.

2) La bienfaisance : ne nuire à personne.

XIV **42** Parlons ensuite, suivant le plan annoncé [6], de la bienfaisance, de la générosité ; rien,

1. Cf. *De off.*, III, 86 ; Saint Jérôme, *Ep.*, LVII, 3.

deinde egressus e castris iure iurando se solutum putabat, et erat uerbis, re non erat. Semper autem in fide quid senseris, non quid dixeris, cogitandum est.

Maximum autem exemplum est iustitiae in hostem a maioribus constitutum, cum a Pyrrho perfuga senatui est pollicitus se uenenum regi daturum et eum necaturum. Senatus eum et C. Fabricius consul Pyrrho dedit. Ita ne hostis quidem et potentis et bellum ultro inferentis interitum cum scelere approbauit. **41** Ac de bellicis quidem officiis satis dictum est.

Meminerimus autem etiam aduersus infimos iustitiam esse seruandam. Est autem infima condicio et fortuna seruorum quibus non male praecipiunt qui ita iubent uti ut mercennariis : operam exigendam, iusta praebenda. Cum autem duobus modis, id est aut ui aut fraude, fiat iniuria, fraus quasi uulpeculae, uis leonis uidetur ; utrumque homine alienissimum, sed fraus odio digna maiore. Totius autem iniustitiae nulla capitalior quam eorum qui tum cum maxime fallunt, id agunt ut uiri boni esse uideantur. De iustitia satis dictum.

XIV **42** Deinceps, ut erat propositum, de beneficentia ac de liberalitate dicatur, qua quidem nihil est

40 quid dixeris *cT* : quod d. *L* || cogitandum est *L et c* : cogitandum *T* || maioribus *L* : m. nostris *c T* || regi *L et c* : rei *T* || et eum necaturum senatus eum et C. fabricius consul *L* : et n. s. et C. f. eum *c* et eum n. s. et C. f. perfugam *T* || dedit *L* et *c T* : dedidit *Baiter* || interitum cum scelere *L et c* : c. s. i. *T*.

41 seruandam : -dum VH^1 || condicio *Pb* : -tio *VHB, L* || operam exigendam : -ra -da B^2? || autem : aut *b* || uis *om.* V^1 || nulla capitalior *VBPb, L* : capitalior H^1 capitalior nulla est H^2 || tum *om.* B^1 || dictum : d. est B^2.

42 beneficentia H^2BP,L : beneficia VH^1b || de *post* ac *om.* P^1 || liberalitate : liberate *H*.

certes, n'est plus approprié à la nature humaine ; mais il y a beaucoup à se garder ! Il faut veiller en effet, d'abord à ce que cette bonté ne nuise pas à ceux-là mêmes en faveur de qui on paraîtra agir avec bonté, ni non plus aux autres ; puis veiller à ce que cette bonté ne dépasse pas nos moyens ; enfin veiller à accorder à chacun en proportion de son mérite. C'est là en effet le principe fondamental de la justice à laquelle toutes ces questions doivent être rapportées. Car, ceux qui font à quelqu'un une largesse susceptible de nuire à celui qu'ils paraissent vouloir aider, sont à juger non pas comme bienfaisants ni généreux, mais comme de perfides flatteurs ; quant à ceux qui font tort aux uns pour se montrer généreux à l'égard des autres, leur injustice est la même que s'ils détournaient le bien d'autrui à leur profit. **43** Or il y a beaucoup de gens, à vrai dire des passionnés de magnificence et de gloire, qui enlèvent aux uns pour prodiguer aux autres ; et ces gens pensent qu'ils paraîtront bienfaisants à l'égard de leurs amis, s'ils les enrichissent, qu'importent les moyens. Or il y a si loin de cela au devoir, que rien ne saurait y être plus opposé. Il faut donc veiller à pratiquer une générosité qui profite à nos amis, mais ne nuise à personne. C'est pourquoi le transfert des richesses, opéré par L. Sylla [1] et C. César [2], de leurs légitimes propriétaires à des étrangers, ne doit pas apparaître un acte généreux. Rien en effet n'est généreux qui ne soit en même temps juste.

Ne pas dépasser ses moyens.

44 Le second point de ma mise en garde, était que la bonté ne dépassât pas nos moyens ; car, ceux qui veulent

1. L. Sulla, surnommé Felix, né en 138, a attaché à sa dictature le souvenir de terribles proscriptions. Elles permirent à beaucoup de gens de dépouiller leurs ennemis avec une apparence de légalité. Il mourut en 78.

naturae hominis accommodatius, sed habet multas cautiones. Videndum est enim, primum ne obsit benignitas et iis ipsis quibus benigne uidebitur fieri et ceteris, deinde ne maior benignitas sit quam facultates, tum ut pro dignitate cuique tribuatur ; id enim est iustitiae fundamentum, ad quam haec referenda sunt omnia. Nam et qui gratificantur cuipiam quod obsit illi cui prodesse uelle uideantur, non benefici neque liberales sed perniciosi assentatores iudicandi sunt, et qui aliis nocent ut in alios liberales sint, in eadem sunt iniustitia ut si in suam rem aliena conuertant. **43** Sunt autem multi et quidem cupidi splendoris et gloriae, qui eripiunt aliis quod aliis largiantur, iique arbitrantur se beneficos in suos amicos uisum iri si locupletent eos quacumque ratione. Id autem tantum abest officio ut nihil magis officio possit esse contrarium. Videndum est igitur ut ea liberalitate utamur quae prosit amicis, noceat nemini. Quare L. Sullae, C. Caesaris pecuniarum translatio a iustis dominis ad alienos non debet liberalis uideri ; nihil est enim liberale quod non idem iustum.

44 Alter locus erat cautionis ne benignitas maior esset quam facultates, quod qui benigniores uolunt esse quam res patitur, primum in eo peccant quod

Test. : **43** Ambr., *De off.*, I, 145.

42 cautiones : cantationes H^1 || iis *BPb* : his *VH*, *L* || ad quam : ad quem *b* || et qui aliis... conuertant *om.* B^1 || eadem : ea b^1.
43 eripiunt : e. ab P^2 || iique B^2b : ii quae B^1P^1 hique VHP^2, *L* || uisum iri *HB*, *L* : uisuiri *V* fieri *Pb* || magis officio *codd.* : magis c *secl.* *Atzert* || pecuniarum : -niam B^1 || uideri : -re *b* || est enim : enim est *B* .
44 facultates : -cultas P^1.

montrer plus de bonté que ne le souffre leur avoir, commettent une faute d'abord en ceci, qu'ils portent préjudice à leurs proches : ils font passer en effet à des étrangers, des ressources qu'il serait plus équitable de laisser en jouissance et en héritage aux leurs. Mais il entre bien souvent dans une telle générosité, une passion de ravir, de prendre injustement, pour que les ressources suffisent aux largesses. On peut même voir un grand nombre de gens — qui ne sont pas tant généreux par nature, que conduits par une certaine gloriole — faire, pour paraître bienfaisants, beaucoup de choses qui semblent procéder davantage de l'ostentation que de la bonne volonté. Mais un tel jeu est plus proche de l'hypocrisie que de la générosité ou de la beauté morale.

Tenir compte du mérite.

45 Une troisième question a été soulevée, à savoir que dans la bienfaisance on fasse le discernement du mérite : en cette affaire, il faudra considérer la conduite de celui à qui on accordera une faveur, son état d'esprit à notre égard, ce qu'on a avec lui de commun et de relations dans la vie, les services antérieurement rendus dans notre intérêt ; que toutes ces raisons soient rassemblées, c'est chose souhaitable ; mais sinon, ce seront les raisons plus nombreuses et plus importantes qui auront davantage de poids. XV **46** Or, parce que nous vivons, non point avec des hommes parfaits ni tout à fait sages, mais avec des gens en qui c'est déjà beau, s'il s'y trouve des imitations de vertu [1], je pense qu'il faut aussi comprendre qu'on ne doit négliger absolument personne en qui peut apparaître quelque signe de vertu, mais qu'on doit d'autant plus s'intéresser aux hommes, qu'ils sont mieux doués de ces vertus plus douces à vivre : la mesure, la tem-

1. On reconnaît le point de vue du philosophe de la nouvelle académie. Voir *supra*, Introduction, p. 56, n. 1 et 57.

iniuriosi sunt in proximos : quas enim copias his et suppeditari aequius est et relinqui, eas transferunt ad alienos. Inest autem in tali liberalitate cupiditas plerumque rapiendi et auferendi per iniuriam ut ad largiendum suppetant copiae. Videre etiam licet plerosque non tam natura liberales quam quadam gloria ductos, ut benefici uideantur, facere multa quae proficisci ab ostentatione magis quam a uoluntate uideantur. Talis autem simulatio uanitati est coniunctior quam aut liberalitati aut honestati.

45 Tertium est propositum ut in beneficentia delectus esset dignitatis ; in quo et mores eius erunt spectandi, in quem beneficium conferetur, et animus erga nos et communitas ac societas uitae et ad nostras utilitates officia ante collata ; quae ut concurrant omnia, optabile est ; si minus, plures causae maioresque ponderis plus habebunt. XV **46** Quoniam autem uiuitur non cum perfectis hominibus planeque sapientibus, sed cum iis in quibus praeclare agitur si sunt simulacra uirtutis, etiam hoc intellegendum puto, neminem omnino esse neglegendum in quo aliqua significatio uirtutis appareat, colendum autem esse ita quemque maxime ut quisque maxime uirtutibus his lenioribus erit ornatus, modestia, temperantia, hac ipsa de qua multa iam dicta sunt

Test. : **44** Ambr., *De off.*, I, 147.

44 his *VHB²* : iis *B¹Pb*, *L* || relinqui : reliqui *P¹* relinquis *P²* liberalitate : libertate ? *P¹* || benefici : -ce *L* || facere... uideanti *om.* *P¹* || a *om.* *H*.

45 est *om.* *B¹* || in *post* ut *om.* *B¹* || ante *om.* *b¹* || maioresque : -risque *L*.

46 planeque *VHB²*, *L* : pleneque *B¹?Pb* || iis *BP¹b* : his *VHP²*, *L* || hac : ac *B²*.

pérance et cette justice elle-même dont j'ai déjà beaucoup parlé. En effet, la force et la grandeur d'âme chez un homme qui n'est pas parfait ni sage, sont généralement trop bouillantes, tandis que ces autres vertus semblent concerner plutôt l'homme de bien. Voilà pour la conduite. **47** En ce qui concerne les bonnes dispositions que l'on peut avoir à notre égard, le devoir implique d'abord que nous accordions le plus à qui nous aime le plus ; mais jugeons de ces bonnes dispositions, non pas à la façon des tout jeunes gens, d'après une certaine chaleur de l'affection, mais plutôt d'après leur solidité et leur constance. Si au contraire on nous a obligés, de telle sorte qu'il s'agisse non point de faire le premier pas, mais de montrer de la reconnaissance, c'est un soin plus grand encore qu'il faut y apporter ; car il n'est pas de devoir plus impérieux que la reconnaissance. **48** Si Hésiode demande, pour ce qu'on a reçu en prêt, de le rendre, si du moins on le peut, en y ajoutant [1], que faut-il donc faire quand on a été prévenu par un bienfait ? Ne devons-nous pas imiter les terrains fertiles qui rapportent beaucoup plus qu'ils n'ont reçu ? Et en effet, si nous n'hésitons pas à apporter nos bons offices à ceux dont nous espérons qu'ils nous seront utiles, quels devons-nous être pour ceux qui déjà nous ont été utiles ? Or il existe effectivement deux espèces de générosité, la première prend l'initiative d'un bienfait et la seconde rend un bienfait ; que nous prenions cette initiative ou pas, c'est à notre discrétion ; mais de ne pas rendre, ce n'est pas permis à un homme de bien, pourvu qu'il puisse le faire sans injustice. **49** En outre, parmi les bienfaits reçus, il y a des distinctions à faire et il n'est pas douteux que ce ne soit pour les plus grands que l'on doive

1. Hésiode, *Travaux et jours*, 349 s.

iustitia. Nam fortis animus et magnus in homine non perfecto nec sapiente feruentior plerumque est, illae uirtutes bonum uirum uidentur potius attingere. Atque haec in moribus. **47** De beneuolentia autem quam quisque habeat erga nos, primum illud est in officio, ut ei plurimum tribuamus a quo plurimum diligamur, sed beneuolentiam non adulescentulorum more ardore quodam amoris, sed stabilitate potius et constantia iudicemus. Sin erunt merita ut non ineunda, sed referenda sit gratia, maior quaedam cura adhibenda est ; nullum enim officium referenda gratia magis necessarium est. **48** Quodsi ea quae utenda acceperis, maiore mensura, si modo possis, iubet reddere Hesiodus, quidnam beneficio prouocati facere debemus ? an imitari agros fertiles qui multo plus efferunt quam acceperunt ? Etenim si in eos quos speramus nobis profuturos, non dubitamus officia conferre, quales in eos esse debemus qui iam profuerunt ? Nam cum duo genera liberalitatis sint, unum dandi beneficii, alterum reddendi, demus necne in nostra potestate est, non reddere uiro bono non licet, modo id facere possit sine iniuria. **49** Acceptorum autem beneficiorum sunt delectus habendi, nec dubium quin maximo cuique plurimum debeatur. In

Test. : **47-48** AMBR., *De off.*, I, 160.

46 illae *BP,L* : ille *VHb* || uirtutes : -tutis P^1b || potius *om.* b^1.

47 primum : plurimum *B* || tribuamus $VHBP^1$*? b, L* : -atur P^2 || plurimum : primum B^1 || diligamur : -gimur B^1.

48 beneficio : -fici *H* || an : annon B^2 || agros fertiles : f. a. *L* || in *post* si *om.* L^1 || in *post* quales *om.* L^1 || demus : debemus B^1 || modo : si modo *B*.

49 autem *om.* B^1 || quin $VHBP^2$: qui in P^1*?b, L.*

le plus. En l'affaire cependant il faut apprécier d'abord avec quel cœur, quel empressement, quel bon vouloir on a agi. Beaucoup de gens en effet font bien des choses avec une sorte d'irréflexion, sans discernement, poussés qu'ils sont vers tout le monde par une maladie ou par un élan de l'âme, subit comme le vent. On ne doit pas tenir ces bienfaits pour aussi grands que ceux qui ont été accordés avec discernement, en y apportant de la réflexion et de la constance. Mais, que l'on attribue un bienfait ou que l'on témoigne de la reconnaissance, le devoir primordial, toutes choses égales d'ailleurs, est de porter secours de préférence à qui manque davantage de ressources ; or c'est le contraire que font la plupart des gens : c'est en effet à l'homme dont ils attendent le plus, même s'il n'a pas besoin d'eux, que cependant ils consacrent de préférence leurs services.

La communauté du genre humain.

XVI **50** La meilleure façon de respecter le lien social entre les hommes et leur union, sera de montrer, à l'égard de qui nous est le plus proche, d'autant plus de bonté. Mais pour voir quels sont les principes naturels de la communauté sociale entre les hommes, il faut, semble-t-il, remonter plus haut. Il y a d'abord en effet ce que l'on observe dans la société du genre humain tout entier. Le lien de cette société, c'est la raison et la parole, qui par l'enseignement et l'étude, en permettant de communiquer, de discuter et de juger, associent les hommes entre eux et les unissent dans une sorte de société naturelle. Et rien ne nous éloigne davantage de la nature des bêtes : nous disons souvent qu'elles ont du courage — en parlant des chevaux, des lions — mais nous ne disons pas qu'elles ont le sens de la justice, de l'équité,

quo tamen in primis, quo quisque animo, studio, beneuolentia fecerit, ponderandum est. Multi enim faciunt multa temeritate quadam sine iudicio, uel morbo in omnes uel repentino quodam quasi uento impetu animi incitati ; quae beneficia aeque magna non sunt habenda atque ea quae iudicio, considerate constanterque delata sunt. Sed in collocando beneficio et in referenda gratia, si cetera paria sunt, hoc maxime officii est, ut quisque maxime opis indigeat, ita ei potissimum opitulari ; quod contra fit a plerisque ; a quo enim plurimum sperant, etiamsi ille his non eget, tamen ei potissimum inseruiunt.

XVI **50** Optime autem societas hominum coniunctioque seruabitur si, ut quisque erit coniunctissimus, ita in eum benignitatis plurimum conferetur. Sed, quae naturae principia sint communitatis et societatis humanae, repetendum uidetur altius ; est enim primum quod cernitur in uniuersi generis humani societate. Eius autem uinculum est ratio et oratio quae docendo, discendo, communicando, disceptando, iudicando conciliat inter se homines coniungitque naturali quadam societate ; neque ulla re longius absumus a natura ferarum in quibus inesse fortitudinem saepe dicimus — ut in equis, in leonibus — iustitiam, aequitatem, boni-

49 ponderandum : -da b^1 || morbo *VB*^{1}*?Pb*, *L*^{1} : modo *HB*^{2}, *L*^{2} || habenda... delata sunt *om.* b^1 || officii : beneficii *L*^{1} || opis : opus *B*^{2} || enim *om.* *L*^{1} || sperant *VHBP*^{2}, *L* : spectant *P*^{1}*?b*^{1} spernant b^2 || his *codd.* : iis *edd.* || potissimum : -me *L*^{1}.

50 benignitatis : -gnitas *L* || sint : sunt *L* || communitatis : -nitas *H*^{1} || docendo : dicendo *L* || coniungitque : coniungit quae *P*^{1}*?b*^{1} || ulla : alia *P*^{2}.

de la bonté, car elles sont privées de la raison et de la parole [1]. 51 Assurément, la société la plus largement ouverte aux hommes entre eux, à tous avec tous, est celle où l'on doit respecter la communauté de tous les biens que la nature a engendrés pour le commun usage des hommes, de telle sorte que ce qui a été réglé par les lois et le droit civil, soit traité de la façon qui a été fixée par ces lois mêmes, mais que tout le reste soit respecté conformément au proverbe grec : « Entre amis tous les biens sont communs [2]. » Or, les biens communs à tous les hommes, paraissent être ceux du genre qu'Ennius a défini par un exemple, et qui peut en comporter beaucoup :

L'homme qui, à l'égaré, obligeamment montre son chemin,
Fait comme s'il en allumait la lampe à sa propre lampe,
Elle ne brille pas moins pour lui-même quand elle a donné à l'autre
[la lumière. [3]

Un seul exemple lui suffit pour prescrire que l'on accorde, même à l'inconnu, tout ce qui peut être donné sans dommage. 52 A ce genre appartiennent ces biens communs : ne pas interdire l'accès de l'eau courante, supporter que l'on prenne du feu à son propre feu [4] ; s'il le désire, donner, à celui qui réfléchit, un avis de bonne foi ; choses utiles à ceux qui les reçoivent, sans grever qui les donne. Aussi faut-il à la fois user de ces biens et toujours en offrir quelque chose à l'usage commun. Mais parce que les ressources de chacun sont

1. Ce développement est un lieu commun de la littérature antique. Cicéron l'exploitait dès le début de son premier ouvrage, *De inu.*, I, 5. Notons que *ratio* et *oratio* apparaissaient aux anciens beaucoup plus étroitement liées qu'à nous-mêmes. Ils vivaient dans une civilisation où la parole était le principal et souvent le seul moyen de communiquer, de s'imposer, de commander ou de gouverner. Du reste, en grec, τὰ ἄλογα qui désigne les animaux, signifie indistinctement sans raison et sans parole. Les Latins traduiront par un terme moins riche de signification, *muta*.

tatem non dicimus ; sunt enim rationis et orationis expertes. **51** Ac latissime quidem patens hominibus inter ipsos, omnibus inter omnes societas haec est in qua omnium rerum quas ad communem hominum usum natura genuit, est seruanda communitas ut, quae discripta sunt legibus et iure ciuili, haec ita teneantur, ut sit constitutum *leg*ibus ipsis, cetera sic obseruentur ut in Graecorum prouerbio est : « Amicorum esse communia omnia. » Omni*um* autem communia hominum uidentur ea quae sunt generis eius quod ab Ennio positum in una re transferri in permultas potest :

> Homo qui erranti comiter monstrat uiam,
> Quasi lumen de suo lumine accendat, facit.
> Nihilo minus ipsi lucet cum illi accenderit.

Vna ex re satis praecipit ut, quidquid sine detrimento commodari possit, id tribuatur uel ignoto ; **52** ex quo sunt illa communia : non prohibere aqua profluente, pati ab igne ignem capere ; si qui uelit, consilium fidele deliberanti dare, quae sunt iis utilia qui accipiunt, danti non molesta. Quare et his utendum est et semper aliquid ad communem utilitatem afferendum. Sed quoniam copiae paruae singulorum sunt, eorum autem

Test. : 51-52 Ambr., *De off.*, I, 167.

50 enim : autem *Pb*.
51 omnium *iterauit B* || discripta *VHP*[1]*b* : des- *BP*[2], *L* || haec : haec enim *b*[1] || legibus *edd.* : e quibus *codd.* || communia omnia omnium *Zumpt* : c. omnia omnia *VHBPb* omnia c. omnia *L* || monstrat uiam : u. m. *B* || lucet *edd.* : luceat *codd.* || praecipit : -cepit *B*.
52 qui : quis *P*[2], *L* || deliberanti : -di *L* || iis *Pb* : his *VHB*, *L* || his : iis *Pb* || aliquid *om.* *L*[1].

petites, tandis que ceux qui en auraient besoin, sont une foule infinie, la générosité en général doit s'en tenir à cette limite fixée par Ennius : « Elle ne brille pas moins pour lui-même... » ; ainsi, nous aurons le moyen d'être généreux avec les nôtres.

La communauté du sang.

XVII 53 Il y a plusieurs niveaux de la société humaine [1]. A partir en effet de cette société infinie dont on vient de parler, il existe, plus particulière, la société de la même race, de la même nation, de la même langue qui, elle surtout, réunit les hommes, mais le lien est plus intime encore d'appartenir à la même cité. Beaucoup de choses en effet sont communes entre eux aux concitoyens [2] : le forum, les temples, les portiques, les rues, les lois, le droit, la justice, les votes, les relations aussi et les amitiés, et pour un grand nombre tous les contrats d'affaires. Plus restreint en vérité est le lien de la société familiale, car partant de la société immense du genre humain, c'est à ce noyau étroit qu'on aboutit. **54** Étant donné en effet ce trait de la nature, commun aux êtres vivants, qu'ils ont le désir d'engendrer, la société réside d'abord dans le couple conjugal lui-même, puis dans les enfants ; ensuite, c'est une seule maison et toutes choses communes. C'est cela le principe de la cité et comme la pépinière de la république. Viennent ensuite les liens fraternels, puis ceux des cousins germains et issus de germains et quand une seule maison ne peut plus tous les contenir, ils s'en vont dans d'autres maisons comme dans des colonies [3]. Des mariages s'ensuivent et des parentés par alliance, et les proches en deviennent encore plus nombreux. Cette extension et la descendance, sont l'origine des républiques. Or la communauté du sang

3. Cf. Platon, *Les lois*, VI, 776 a, qui tient ici le même langage que la Bible, *Genèse*, II, 24 ; Aristote, *La politique*, I, 1, 7.

qui his egeant, infinita est multitudo, uulgaris liberalitas referenda est ad illum Ennii finem : « Nihilo minus ipsi lucet », ut facultas sit qua in nostros simus liberales.

XVII 53 Gradus autem plures sunt societatis hominum. Vt enim ab illa infinita discedatur, proprior est eiusdem gentis, nationis, linguae qua maxime homines coniunguntur ; interius etiam est eiusdem esse ciuitatis : multa enim sunt ciuibus inter se communia, forum, fana, porticus, viae, leges, iura, iudicia, suffragia, consuetudines praeterea et familiaritates multisque cum multis res rationesque contractae. Artior uero colligatio est societatis propinquorum ; ab illa enim immensa societate humani generis in exiguum angustumque concluditur. **54** Nam cum sit hoc natura commune animantium, ut habeant libidinem procreandi, prima societas in ipso coniugio est, proxima in liberis, deinde una domus, communia omnia ; id autem est principium urbis et quasi seminarium rei publicae. Sequuntur fratrum coniunctiones, post consobrinorum sobrinorumque qui cum una domo iam capi non possint, in alias domos tamquam in colonias exeunt. Sequuntur conubia et affinitates ex quibus etiam plures propinqui ; quae propagatio et suboles origo est rerum publicarum.

Test : 54 AVG., *De ciu. Dei*, XV, 16 : seminarium.

52 liberalitas : -tatis *H* || ipsi lucet : scilicet L^1 ipsi luceat L^2.
53 proprior : -pior L^2 || nationis *om.* L^1 || linguae : uel l. B^2 || qua : quam *L* || multisque : multaeque L^2 || colligatio : collatio *b*.
54 quasi *om.* B^1 || domos : domus *L* || tamquam : quasi b^1 || publicarum : p. est L^2.

unit les hommes par des liens de bienveillance et d'affection : 55 c'est une grande chose en effet de posséder les mêmes monuments ancestraux, de célébrer les mêmes cultes, d'avoir des sépultures communes [1].

La communauté des gens de bien.

Mais de toutes les sociétés, aucune n'est plus noble, aucune plus solide, que celle de gens de bien [2] qui se ressemblent moralement, et sont liés d'amitié. Cette beauté morale en effet — dont nous parlons souvent — même si nous la découvrons chez un autre, nous émeut cependant et nous rend amis de celui en qui elle semble se trouver. 56 Et bien que toute vertu nous attire à elle et fasse que nous aimions ceux en qui elle semble se trouver, c'est cependant la justice et la générosité qui ont éminemment ce pouvoir. Rien n'est plus aimable et n'unit davantage que la ressemblance d'une belle vie morale ; car chez ceux qui ont les mêmes préoccupations et les mêmes volontés, il arrive que chacun trouve à l'autre le même charme qu'à soi-même et il en résulte ce que veut Pythagore [3] dans l'amitié : que plusieurs ne fassent qu'un seul homme. Elle est grande aussi cette communauté qu'accomplissent les bienfaits tour à tour donnés et reçus, et tant que ces bienfaits sont à la fois réciproques et agréables, ceux qui les échangent sont liés de relations solides.

La hiérarchie des devoirs.

57 Mais, à bien examiner toutes choses des yeux de la raison et du cœur, de tous les liens sociaux, aucun n'est plus

3. Pythagore, né à Samos au VIe siècle, pratiqua à Crotone, en Italie, une vie de communauté fraternelle de caractère ascétique, philosophique et religieux. La formule se retrouve dans Cicéron, *Laelius*, 92 ; Saint Augustin, *Conf.*, IV, 8, 13. Une formule voisine est attribuée à Aristote par Diogène Laerce, *Vita Aristotelis*, V, 1, 20 ; cf. Saint Augustin, *Conf.*, IV, 6, 11.

Sanguinis autem coniunctio et beneuolentia deuincit homines *et* caritate ; **55** magnum est enim eadem habere monumenta maiorum, iisdem uti sacris, sepulcra habere communia.

Sed omnium societatum nulla praestantior est, nulla firmior quam cum uiri boni moribus similes sunt familiaritate coniuncti ; illud enim honestum quod saepe dicimus, etiam si in alio cernimus, tamen nos mouet atque illi in quo id inesse uidetur, amicos facit. **56** Et quamquam omnis uirtus nos ad se allicit facitque ut eos diligamus in quibus ipsa inesse uideatur, tamen iustitia et liberalitas id maxime efficit. Nihil autem est amabilius nec copulatius quam morum similitudo bonorum ; in quibus enim eadem studia sunt, eaedem uoluntates, in iis fit ut aeque quisque altero delectetur ac se ipso, efficiturque id quod Pythagoras uult in amicitia, ut unus fiat ex pluribus. Magna etiam illa communitas est quae conficitur ex beneficiis ultro et citro datis acceptisque ; quae et mutua et grata dum sunt, inter quos ea sunt, firma deuinciuntur societate.

57 Sed cum omnia ratione animoque lustraris, omnium

Test. : **56** NONIVS, éd. Lindsay, 417, 26 : efficitur... pluribus ; AMBR., *De off.*, I, 173 : ut unus... pluribus.
57 NONIVS, 336, 2 : Sed... lustraueris (*sic*).

54 sanguinis : sanguis P^1b || autem : est a. *L* || et *Perizonius* : *om. codd.*
55 dicimus : diximus *Pb*.
56 iustitia : iustia b^1 || enim *om.* *L* || sunt *om.* b^1 || eaedem : eadem *V* || iis P^1b : his $VHBP^2$, *L* || aeque : aequa P^1b || amicitia : -tias *L* || illa *transl. post* est *L* || et citro : citroque *B* || acceptisque quae *nos* : acceptisque *VHB*, *L* exceptisque P^1 exceptis quae P^2b || mutua : que mutua L^2.
57 omnia : -ni *Pb*.

important et plus cher que celui qui existe pour chacun d'entre nous avec la république. Nos parents nous sont chers, chers nos enfants, nos proches, nos amis, mais la patrie à elle seule embrasse toutes nos affections pour eux tous ; et pour elle, quel homme de bien hésiterait à s'offrir à la mort si cela devait lui être profitable [1] ? Elle n'en est que plus abominable, la monstruosité de ceux qui par toute sorte de crimes ont déchiré la patrie, et qui, à la détruire de fond en comble, s'emploient dans le présent, comme dans le passé. **58** Dans l'hypothèse d'un conflit et d'une confrontation pour savoir envers qui nous obligent le plus de devoirs, que viennent au premier rang la patrie et nos pères et mères, à l'égard desquels nous sommes liés par les plus grands bienfaits ; puis nos proches, nos enfants et toute notre maison qui n'a les yeux fixés que sur nous et ne peut trouver d'autre refuge ; ensuite, des parents avec qui nous nous accordons comme il convient, et avec qui le plus souvent nous avons aussi sort commun. Ainsi nous devons les secours indispensables de la vie à ceux-là d'abord que je viens de dire ; mais pour la communauté d'existence et de genre de vie, pour les projets, les entretiens, les encouragements, les réconforts et parfois même les reproches, c'est entre amis qu'ils s'établissent surtout et l'amitié la plus agréable est celle qu'a nouée la ressemblance morale.

Conclusion sur la communauté humaine et ses devoirs.

XVIII **59** Mais, pour remplir tous ces devoirs, il faudra considérer ce qui est le plus nécessaire à chacun et ce que chacun, même sans nous, peut ou ne peut pas obtenir.

1. Cf. *De off.*, I, 86 ; Aristote, *Eth. à Nic.*, IX, 8, 9. Cicéron déclare avoir montré cet attachement à la patrie dès le *De rep.*, I, 7. Voir M. Vermoesen, *L'idée de patrie chez Cicéron*. Thèse de l'Université catholique de Louvain, 1941, exemplaire dactylographié.

societatum nulla est grauior, nulla carior quam ea quae cum re publica est uni cuique nostrum. Cari sunt parentes, cari liberi, propinqui, familiares, sed omnes omnium caritates patria una complexa est pro qua quis bonus dubitet mortem oppetere si ei sit profuturus ? Quo est detestabilior istorum immanitas, qui lacerarunt omni scelere patriam et in ea funditus delenda occupati et sunt et fuerunt. **58** Sed si contentio quaedam et comparatio fiat quibus plurimum tribuendum sit officii, principes sint patria et parentes quorum beneficiis maximis obligati sumus, proximi, liberi totaque domus quae spectat in nos solos neque aliud ullum potest habere perfugium, deinceps bene conuenientes propinqui quibuscum communis etiam fortuna plerumque est. Quam ob rem necessaria praesidia uitae debentur his maxime quos ante dixi ; uita autem uictusque communis, consilia, sermones, cohortationes, consolationes, interdum etiam obiurgationes in amicitiis uigent maxime, estque ea iucundissima amicitia quam similitudo morum coniugauit.

XVIII **59** Sed in his omnibus officiis tribuendis uidendum erit quid cuique maxime necesse sit et quid quisque uel sine nobis aut possit consequi aut non possit. Ita non iidem erunt necessitudinum gradus qui

Test. : **57** NONIVS, 323, 21 : Quo... patriam || NONIVS, 355, 31 : et in... fuerunt.

57 bonus *om.* P^1 || oppetere : app- P^2, L^2 || quo : ex quo L^2.
58 officii : -cium *L* || quibuscum : quibus *b* || etiam *ante* fortuna *om.* B^1|| uita : - tam P^1 ? *b*.
59 quid quisque VHB^2Pb^2, *L* : quisque B^1 qui quisque b^1 || uel : non L^1.

C'est ainsi que l'ordre des nécessités ne sera pas le même que celui des circonstances, et il est des devoirs qui nous lient envers les uns plus qu'envers les autres : de la sorte, on aidera un voisin pour sa récolte plutôt qu'un frère ou un ami, mais en revanche, si un procès vient en justice, c'est le parent et l'ami que l'on défendra plutôt que le voisin. Ce sont ces éléments et d'autres du même genre qu'il faut examiner en tout devoir ; il faut en prendre l'habitude et la pratique, en sorte que nous puissions être de bons calculateurs des devoirs et, par un jeu d'addition et de soustraction, voir quel est le montant du reste, à partir de quoi on sait combien on doit à chacun. **60** Or, de même que ni les médecins ni les généraux ni les orateurs, si pénétrés qu'ils soient des préceptes de leur art, ne peuvent atteindre aucun résultat digne d'un haut éloge, sans expérience ni entraînement, de même, on enseigne, bien sûr, ces préceptes de l'observance du devoir — comme je le fais moi-même — mais l'importance de la chose réclame l'expérience et l'entraînement. Voici que nous en avons assez dit sur la façon dont se déduit la beauté morale — d'où découle le devoir approprié — en partant de ces questions qui ressortissent au droit social de la communauté humaine.

III. **La grandeur d'âme.**

61 Mais il faut le comprendre : alors que l'on a proposé quatre divisions d'où découlent la beauté morale et le devoir, ce qui apparaît le plus magnifique, c'est ce que la grandeur et l'élévation de l'âme et son mépris des choses humaines ont accompli. C'est pourquoi dans les insultes, ce qui s'offre avant tout, si c'est possible, est de dire quelque chose comme :

temporum ; suntque officia quae aliis magis quam aliis debeantur, ut uicinum citius adiuueris in fructibus percipiendis quam aut fratrem aut familiarem, at, si lis in iudicio sit, propinquum potius et amicum quam uicinum defenderis. Haec igitur et talia circumspicienda sunt in omni officio — et consuetudo exercitatioque capienda — ut boni ratiocinatores officiorum esse possimus et addendo deducendoque uidere quae reliqui summa fiat, ex quo, quantum cuique debeatur, intellegas. **60** Sed ut nec medici nec imperatores nec oratores, quamuis artis praecepta perceperint, quidquam magna laude dignum sine usu et exercitatione consequi possunt, sic officii conseruandi praecepta traduntur illa quidem ut facimus ipsi sed rei magnitudo usum quoque exercitationemque desiderat. Atque ab his rebus quae sunt in iure societatis humanae, quemadmodum ducatur honestum, ex quo aptum est officium, satis fere diximus.

61 Intellegendum autem est, cum proposita sint genera quattuor e quibus honestas officiumque manaret, splendidissimum uideri, quod animo magno elatoque humanasque res despiciente factum sit. Itaque in probris maxime in promptu est si quid tale dici potest :

Test. : 60 Mvsonivs, VI, *éd.* Henze, 22, 9-23, 3.

59 at : aut L^1 || exercitatioque : exercitaque b^1 || deducendoque P^2 : ducendoque VHB^2P^1b, L : ducendo B^1 || quantum cuique : quantumcumque L.
60 facimus : facinus L^1.
61 autem est : e. a. B || manaret : maneret L^1 || elatoque : datoque B^1 || humanasque : humanas L^1 || probris $VHBP$, L^2 : -bis b, L^1.

Vous en effet, jeunes gens, avez un cœur de femme,
Tandis que cette jeune fille a un cœur d'homme,

et si l'on peut s'exprimer de cette façon :

Salmacide, ravis des dépouilles sans verser ni sueur ni sang [1].

Et au contraire, dans les éloges d'actes accomplis avec grandeur d'âme, de façon courageuse et exceptionnelle, je ne sais comment nous célébrons ces hauts faits, pour ainsi dire d'une voix plus chaude. De là le champ ouvert aux rhéteurs sur Marathon, Salamine, Platées, les Thermopyles, Leuctres [2] ; mais de là chez nous, Coclès, les Décius, Cn. et P. Scipion, M. Marcellus [3], d'autres sans nombre, et surtout le peuple Romain [4] lui-même, qui excellent en magnanimité. Or on constate l'attrait de la gloire des armes en cela que les statues aussi, généralement, nous les voyons en tenue militaire.

Grandeur d'âme et justice.

XIX **62** Mais cette élévation d'âme que l'on reconnaît dans les dangers et les travaux, si elle est dépourvue de justice, et combat, non pas pour le salut commun mais pour ses propres intérêts, elle est en faute ; non seulement en effet cela n'est point le fait de la vertu, mais c'est plutôt le fait d'une sauvagerie qui rejette tout sentiment d'humanité. Aussi le courage est-il bien défini par les stoïciens lorsqu'ils disent que cette vertu milite au service de l'équité. En conséquence, personne ayant obtenu par ruses et malignité le renom du courage, n'en a acquis le mérite : rien ne peut être beau, qui est dépourvu de justice. **63** Elle est donc remarquable cette pensée de Platon [5] : « Non seulement, dit-il, la science qui est étrangère à la justice doit être appelée astuce plutôt que sagesse ; mais aussi l'âme prête à affronter le danger, si elle est mue par sa propre convoitise et non par l'intérêt commun, que son élan porte le nom d'audace plutôt que

Vos enim, iuuenes, animum geritis muliebrem, illa uirgo uiri,

et si quid eius modi :

Salmacida, spolia sine sudore et sanguine.

Contraque in laudibus, quae magno animo et fortiter excellenterque gesta sunt, ea nescio quo modo quasi pleniore ore laudamus. Hinc rhetorum campus de Marathone, Salamine, Plataeis, Thermopylis, Leuctris, ⟨hinc no⟩ster Cocles, hinc Decii, hinc Cn. et P. Scipiones, hinc M. Marcellus, innumerabiles alii, maximeque ipse populus Romanus animi magnitudine excellit. Declaratur autem studium bellicae gloriae quod statuas quoque uidemus ornatu fere militari.

XIX **62** Sed ea animi elatio quae cernitur in periculis et laboribus, si iustitia uacat pugnatque non pro salute communi, sed pro suis commodis, in uitio est ; non modo enim id uirtutis non est, sed est potius immanitatis omnem humanitatem repellentis. Itaque probe definitur a stoicis fortitudo cum eam uirtutem esse dicunt propugnantem pro aequitate. Quocirca nemo qui fortitudinis gloriam consecutus est insidiis et malitia, laudem est adeptus ; nihil honestum esse potest, quod iustitia uacat. **63** Praeclarum igitur illud Platonis : « Non, inquit, solum scientia quae est remota ab iustitia, calliditas potius quam sapientia est appellanda, uerum

61 leuctris hinc noster cocles *Baldwin* (leuctris *uett. iam edd.*) : leutris stercocles *VHB*[2]*Pb* et *Aa* leutris stercodes *B*[1]? *L* etiam leutrister chodes *c*.

62 pugnatque : pugnat quae *b*[1] || probe *P*[2], *L* : -ba *VHBP*[1]*b* || fortitudinis : fortunis *b*[1].

63 qua (*sic*) sapientia... potius *B mg*.

de courage. » Aussi voulons-nous que les hommes courageux soient en même temps magnanimes, bons et francs, amis de la vérité et nullement trompeurs ; or ce sont en plein les mérites de la justice.

Grandeur d'âme et ambition.

64 Mais voici qui est fâcheux : cette élévation et cette grandeur d'âme donnent naissance très facilement à l'obstination et à la passion sans mesure de tenir la première place. On trouve en effet chez Platon que tout le caractère des Lacédémoniens avait été enflammé par la passion de vaincre [1] ; et de même, plus on est remarquable par la grandeur d'âme, plus on veut être le premier de tous ou plutôt le seul. Or il est difficile, quand on désire l'emporter sur tous, de sauvegarder l'équité [2] qui est l'essence même de la justice. Il s'ensuit que de tels hommes ne souffrent d'être vaincus ni par la discussion ni par aucun droit public et régulier ; ils se dressent dans l'État, la plupart du temps, comme des corrupteurs et des factieux, afin d'obtenir le plus possible de ressources et d'être plutôt premiers par la violence qu'égaux par la justice. Mais cette équité est d'autant plus belle qu'elle est plus difficile : il n'est en effet aucun moment qui doive échapper à la justice. 65 Il faut donc tenir pour courageux et magnanimes, non pas ceux qui commettent l'injustice, mais ceux qui la repoussent. Or la grandeur d'âme véritable et sage estime que cette beauté morale que poursuit avant tout la nature, réside dans les actes et non pas dans la renommée, et elle

1. Cf. Platon, *Lachès*, 182 e-183 a ; *La république*, VIII, 545 a ; *Les lois*, I, 630 d.
2. Voir O. Robleda, *La* « aequitas » *en Ciceron*, dans *Humanidades* (Santander), II, 1950, p. 31-57.

etiam animus paratus ad periculum, si sua cupiditate, non utilitate communi impellitur, audaciae potius nomen habeat quam fortitudinis. » Itaque uiros fortes, magnanimos eosdem, bonos et simplices, ueritatis amicos minimeque fallaces esse uolumus ; quae sunt ex media laude iustitiae.

64 Sed illud odiosum est quod in hac elatione et magnitudine animi facillime pertinacia et nimia cupiditas principatus innascitur. Vt enim apud Platonem est, omnem morem Lacedaemoniorum inflammatum esse cupiditate uincendi, sic, ut quisque animi magnitudine maxime excellet, ita maxime uult princeps omnium uel potius solus esse. Difficile autem est, cum praestare omnibus concupieris, seruare aequitatem quae est iustitiae maxime propria. Ex quo fit ut neque disceptatione uinci se nec ullo publico ac legitimo iure patiantur, exsistuntque in re publica plerumque largitores et factiosi ut opes quam maximas consequantur et sint ui potius superiores quam iustitia pares. Sed quo difficilius, hoc praeclarius ; nullum enim est tempus quod iustitia uacare debeat. **65** Fortes igitur et magnanimi sunt habendi, non qui faciunt, sed qui propulsant iniuriam. Vera autem et sapiens animi magnitudo honestum illud quod maxime natura sequitur, in factis positum, non in gloria iudicat princi-

63 communi : -nis *H*[1] || fortes : fortes et *aT et edd.* || simplices *Pb* : -cis *VHB, L.*

64 morem : -rum *V* || disceptatione uinci se : -nem ? uincisse *P*[1] || ac : ad *b* || patiantur : patiatur *P*[1] || ui *P* : ut *VHBb* utcumque *L* || quo : quod *B*[2] || est tempus : t. e. *B* || quod : quo *L.*

préfère être la première plutôt que de le paraître [1]. Celui en effet qui est en dépendance de l'erreur d'une foule ignorante, celui-là ne doit pas être tenu au nombre des grands hommes. Or très facilement l'on est entraîné à des injustices, dans la mesure où l'on a un caractère plus haut, avec la passion de la renommée [2]. Ce point est assurément délicat parce qu'on trouve difficilement l'homme qui, après avoir supporté des travaux et affronté des dangers, ne recherche pas, en guise de récompense à ses hauts faits, la renommée.

Les deux caractères de la grandeur d'âme.

XX **66** Une âme tout à fait courageuse et grande se reconnaît surtout à deux caractères : l'un réside dans le mépris des choses extérieures, quand on est convaincu que l'homme, mis à part ce qui est beau et convenable, ne doit rien admirer, souhaiter ou désirer, et qu'il ne doit se laisser abattre par aucun homme, aucun trouble de l'âme, aucune mauvaise fortune [3] ; l'autre caractère consiste en ce que, doué de cette âme que j'ai dite plus haut, l'on mène ces entreprises, grandes assurément et très utiles, mais vraiment difficiles et pleines de travaux et de dangers, tant pour la vie que pour bien des choses qui intéressent la vie. **67** De ces deux caractères, tout l'éclat, la grandeur, j'ajoute même l'utilité, résident dans le second, mais le principe et la cause productrice des grands hommes résident dans le premier. Il s'y trouve en effet ce qui fait les âmes élevées et méprisantes des choses humaines.

1. Être et paraître, c'est un thème assez fréquent dans la littérature ancienne. Ainsi Eschyle, *Sept contre Thèbes*, 592, repris par Platon, *La république*, II, 361 ; Salluste, *Cat.*, LIV, 6 ; Horace, *Ep.*, I, 16, 17 s. On sait tout ce que cette distinction de l'être et du paraître a gagné en profondeur depuis Platon, à la lumière de sa philosophie de la connaissance et de sa réflexion sur la science et l'opinion.

pemque se esse mauult quam uideri; etenim qui ex errore imperitae multitudinis pendet, hic in magnis uiris non est habendus. Facillime autem ad res iniustas impellitur, ut quisque altissimo animo est, gloriae cupiditate; qui locus est sane lubricus, quod uix inuenitur qui laboribus susceptis periculisque aditis non quasi mercedem rerum gestarum desideret gloriam.

XX **66** Omnino fortis animus et magnus duabus rebus maxime cernitur, quarum una in rerum externarum despicientia ponitur, cum persuasum sit nihil hominem nisi quod honestum decorumque sit, aut admirari aut optare aut expetere oportere nullique neque homini neque perturbationi animi nec fortunae succumbere. Altera est res ut, cum ita sis affectus animo, ut supra dixi, res geras magnas illas quidem et maxime utiles, sed ut uehementer arduas plenasque laborum et periculorum cum uitae tum multarum rerum quae ad uitam pertinent.

67 Harum rerum duarum splendor omnis, amplitudo, addo etiam utilitatem, in posteriore est, causa autem et ratio efficiens magnos uiros in priore; in eo est enim illud quod excellentes animos et humana contemnentes

Test. : **66 s.** AMBR., *De off.*, I, 182 : cum ita... animo.

65 imperitae : -tiae L^1 || quisque altissimo animo est gloriae cupiditate *Pearce* : q. a. animo et g. c. *VHBPb* q. est a. animo et gloria et cupiditate *L* || aditis : -tus L^1.

66 persuasum sit : per sua sumpsit H^1 || aut expetere oportere *om. Pb* || perturbationi $H^2B^2P^2$, *L* : -ne $VH^1B^1P^1b$ || maxime : -mae b^1 || ut : et *L* || cum : tum P^2 || tum multarum *BPb* : cum m. *VH* tumultuarum *L* || rerum : cum rerum P^2.

67 posteriore est : posterioribus *L*.

Or cela même se reconnaît à deux traits : si l'on estime un bien, cela seulement qui est beau, et si l'on est exempt de tout trouble de l'âme. En effet, tenir pour peu de chose et mépriser d'un propos ferme et assuré, ce qui paraît au grand nombre précieux et remarquable, doit être considéré comme le fait d'une âme courageuse et grande ; et d'autre part supporter ce qui paraît pénible, les nombreuses et diverses épreuves qui se rencontrent dans la vie et la fortune des hommes, et les supporter sans s'écarter en rien de l'ordre de la nature, en rien de la dignité du sage, c'est le propre d'une âme solide et d'une grande constance. **68** Or il n'est pas raisonnable que celui qui n'est pas fléchi par la crainte, soit fléchi par la convoitise, que celui qui s'est montré invincible par la fatigue, soit vaincu par le plaisir. Aussi cette passion est-elle à éviter et celle de l'argent est-elle à fuir. Rien en effet n'est aussi caractéristique d'un cœur étroit et petit que d'aimer les richesses, tandis que rien n'est plus beau et plus magnifique que de mépriser l'argent si on ne le possède pas, et si on le possède, de l'employer pour la bienfaisance et la générosité. Il faut se garder aussi de la passion de la renommée, comme je l'ai dit plus haut, car elle supprime la liberté au service de laquelle les hommes magnanimes doivent apporter tout leur effort. Pas même le pouvoir n'est à rechercher, et bien plutôt, on doit ou bien parfois ne pas l'accepter ou bien quelquefois s'en démettre. **69** Mais il faut être exempt de tout trouble de l'âme, non seulement de la convoitise et de la crainte, mais encore du chagrin, du

facit. Id autem ipsum cernitur in duobus, si et solum id quod honestum sit, bonum iudices et ab omni animi perturbatione liber sis. Nam et ea quae eximia plerisque et praeclara uidentur, parua ducere eaque ratione stabili firmaque contemnere, fortis animi magnique ducendum est ; et ea quae uidentur acerba, quae multa et uaria in hominum uita fortunaque uersantur, ita ferre ut nihil a statu naturae discedas, nihil a dignitate sapientis, robusti animi est magnaeque constantiae. **68** Non est autem consentaneum, qui metu non frangatur, eum frangi cupiditate nec, qui inuictum se a labore praestiterit, uinci a uoluptate. Quam ob rem et haec uitanda et pecuniae fugienda cupiditas ; nihil enim est tam angusti animi tamque parui quam amare diuitias, nihil honestius magnificentiusque quam pecuniam contemnere si non habeas ; si habeas, ad beneficentiam liberalitatemque conferre. Cauenda etiam est gloriae cupiditas, ut supra dixi ; eripit enim libertatem pro qua magnanimis uiris omnis debet esse contentio. Nec uero imperia expetenda ac potius aut non accipienda interdum aut deponenda non numquam. **69** Vacandum autem omni est animi perturbatione, cum cupiditate et metu, tum etiam aegritudine et uoluptate animi

67 autem ipsum : i. a. *L* || si et *VHB, L* : et si *P* etsi *b* || eaque : ea quae b^1 || ducendum : dic- L^2 || acerba : -bia b^1 || uersantur : - satur P^1b || a : at *b* || discedas : -dat *L* || est *om.* b^1.

68 non *post* metu *om.* H^1 || cupiditate : cupidite *H* || uitanda *Guelferbitani* 3 *et* 5 *et edd.* : uidenda *VHBPb, L et alii fere omnes codices* || est *om.* b^1 || si habeas *om.* P^1b || liberalitatemque : liberalitatem b^1 || etiam est : est etiam *H* || eripit : eruit *L* || libertatem : liberalitatem P^2 || magnanimis : magnimis *H* nimis b^1.

69 cum : tum P^2 || animi *VHBPb, L et alii fere omnes codices* : nimia *Guelferbitani* 3 *et* 4 *et edd.*

plaisir de l'âme [1] et de la colère, pour avoir la tranquillité et l'assurance de l'âme qui donnent la constance et aussi la dignité.

Le problème de l'otium.

Or ils sont nombreux ceux qui, dans le présent et dans le passé, à la recherche de cette tranquillité dont je parle, se sont retirés des affaires publiques et se sont réfugiés dans le repos ; parmi eux de très illustres philosophes — de loin les premiers — et certains hommes austères et de poids n'ont pu supporter ni les mœurs du peuple ni celles des chefs [2] et quelques-uns ont vécu sur leurs terres, tout au charme de leur patrimoine. **70** Ils eurent le même dessein que les rois : ne manquer de rien, n'obéir à personne et jouir de la liberté qui est essentiellement vivre comme l'on veut. XXI Et ainsi, puisque cet idéal est commun à ceux qui sont avides du pouvoir et à ceux que j'ai dit en repos, c'est donc que les uns pensent pouvoir l'atteindre en disposant de grandes ressources, et les autres en se contentant de leur avoir et de peu. En l'affaire, ni l'une ni l'autre des opinions n'est absolument méprisable : il y a plus d'aisance et de sécurité — en même temps que pour les autres moins de gêne ou d'embarras — dans la vie des hommes en repos ; mais il y a plus de fruit pour le genre humain et plus d'aptitude à la gloire et à la grandeur, dans la vie de ceux qui se sont appliqués à conduire l'État et de grandes entreprises. **71** Aussi faudrait-il peut-être excuser ceux qui ne prennent pas

1. La *uoluptas animi* que comportent la plupart des manuscrits, est une expression souvent employée par Cicéron. Elle lui permet, dans un contexte où il s'agit des *perturbationes animi*, de préciser que la *uoluptas* ne désigne pas nécessairement la jouissance physique, mais aussi, comme c'est ici le cas, une exaltation de l'âme. Elle est alors synonyme de *laetitia*. Consulter H. Merguet, *Lexikon* ; P. M. Valente, *L'Éthique stoïcienne*, p. 304.

et iracundia, ut tranquillitas animi et securitas adsit, quae affert cum constantiam tum etiam dignitatem.

Multi autem et sunt et fuerunt qui eam quam dico, tranquillitatem expetentes, a negotiis publicis se remouerint ad otiumque perfugerint ; in his et nobilissimi philosophi — longeque principes — et quidam homines seueri et graues nec populi nec principum mores ferre potuerunt, uixeruntque nonnulli in agris delectati re sua familiari. **70** His idem propositum fuit quod regibus, ut ne qua re egerent, ne cui parerent, libertate uterentur, cuius proprium est sic uiuere, ut uelis. XXI Quare cum hoc commune sit potentiae cupidorum cum his quos dixi otiosis, alteri se adipisci id posse arbitrantur si opes magnas habeant, alteri si contenti sint et suo et paruo. In quo neutrorum omnino contemnenda sententia est, sed et facilior et tutior et minus aliis grauis aut molesta uita est otiosorum, fructuosior autem hominum generi et ad claritatem amplitudinemque aptior eorum qui se ad rem publicam et ad magnas res gerendas accommodauerunt. **71** Quapropter et iis forsitan concedendum sit rem publicam non capessentibus, qui

Test. : **69** NONIVS, 339, 13 : in... principes.
70 LACT., *Diu. inst.*, V, 8, 6 : et suo et paruo ; *cf.* V, 22, 8 || NONIVS, 244, 22 : qui... accommodauerunt.

69 et iracundia... animi *om.* B^1 || cum : tum HP^2 || remouerint... perfugerint : -runt... - runt *H* || his : iis P^1 || nonnulli : -is *V*, L^1.
70 his idem : hisdem *L* || ne cui... uterentur *om.* B^1 || alteri : alter H^1 || arbitrantur : -trabantur B^1 || si opes : sic o. *H* || contenti sint : c. sunt *L* || molesta : -te P^1.
71 iis B^1P^1b : his VHB^2P^2, *L*.

en main l'État, mais qui se sont consacrés à l'étude avec un talent remarquable et ceux qui, empêchés par la faiblesse de leur santé [1] ou quelque motif vraiment sérieux, se sont retirés de l'État en laissant à d'autres le pouvoir et le mérite de l'administrer. En revanche, ceux qui n'auraient aucun motif semblable, s'ils disaient mépriser ces pouvoirs et ces charges que la plupart admirent, j'estime que non seulement il ne faudrait pas leur en faire gloire, mais même leur en faire grief. Quant à leur jugement, en ce qu'ils méprisent la gloire et la tiennent pour rien, c'est chose difficile à faire que de ne pas les approuver ; mais ce sont les travaux et les difficultés qu'ils semblent redouter et aussi pour ainsi dire, une certaine flétrissure et un déshonneur du fait des échecs et des défaites. Il y a des gens en effet qui dans les épreuves manquent de conséquence avec eux mêmes : ils méprisent avec beaucoup d'austérité le plaisir, mais dans la douleur ils sont trop tendres, ils dédaignent la gloire, mais ils sont brisés par le déshonneur, et cela assurément sans montrer assez de constance. **72** Mais pour ceux qui tiennent de la nature les moyens de conduire les affaires, sans retard ni hésitation, ils doivent obtenir des magistratures et gouverner l'État, car ce n'est pas autrement que la cité peut être conduite ou la grandeur d'âme manifestée. Or ceux qui prennent en mains l'État n'ont pas moins que les philosophes — je ne sais s'ils ne l'ont pas plus encore — l'obligation de pratiquer la magnanimité et le mépris des choses humaines, dont je parle souvent, et la tranquillité et l'assurance de l'âme, puisqu'ils devront n'être pas tourmentés et vivre avec autorité et fermeté ; **73** ce qui

1. On peut penser que cette réflexion fut inspirée à Cicéron par le souvenir de son père, évoqué dans le *De leg.*, II, 3, que sa mauvaise santé obligea à vivre retiré à Arpinum.

excellenti ingenio doctrinae sese dediderunt, et iis qui aut ualetudinis imbecillitate aut aliqua grauiore causa impediti a re publica recesserunt, cum eius administrandae potestatem aliis laudemque concederent. Quibus autem talis nulla sit causa, si despicere se dicant ea quae plerique mirentur, imperia et magistratus, iis non modo non laudi, uerum etiam uitio dandum puto; quorum iudicium in eo quod gloriam contemnant et pro nihilo putent, difficile factu est non probare; sed uidentur labores et molestias, tum offensionum et repulsarum quasi quamdam ignominiam timere et infamiam. Sunt enim qui in rebus contrariis parum sibi constent, uoluptatem seuerissime contemnant, in dolore sint molliores, gloriam neglegant, frangantur infamia, atque ea quidem non satis constanter. **72** Sed *iis* qui habent a natura adiumenta rerum gerendarum, abiecta omni cunctatione, adipiscendi magistratus et gerenda res publica est; nec enim aliter aut regi ciuitas aut declarari animi magnitudo potest. Capessentibus autem rem publicam nihil minus quam philosophis — haud scio an magis etiam — et magnificentia et despicientia adhibenda sit rerum humanarum, quam saepe dico, et tranquillitas animi atque securitas, si quidem nec anxii futuri sunt et cum grauitate constantiaque uicturi.

71 sese : ***sese *H* || iis B^1P^1b : his VHB^2P^2, *L* || qui aut : quia ut L^1 || eius : eis *L* || mirentur : merentur *Pb* || iis BP^1b : his VH^1P^2, *L* hos H^2 || non *ante* laudi *om.* *b*, L^2 || molestias : -tiam B^1 || tum B^1Pb : cum VHB^2 tam *L* || offensionum : -nem *Pb* || dolore : - res *B* || frangantur : -gatur b^1.

72 iis *edd.* : his *codd.* || adiumenta B^1Pb : -tum VHB^2, *L* || scio : sic L^1 || securitas : secutas b^1 || constantiaque : constantia b^1.

est plus facile aux philosophes du fait qu'ils offrent dans leur vie moins de prises aux coups de la fortune, qu'ils ont moins de besoins et parce que, si quelque adversité survient, ils ne peuvent faire une chute aussi grave. En conséquence, ce n'est pas sans motif que ceux qui gouvernent l'État, éprouvent de plus grandes passions de l'âme — et celles d'accomplir de plus grandes choses — que les gens en repos et il leur faut apporter d'autant plus de grandeur d'âme et d'indifférence aux inquiétudes. Mais que celui qui aborde une affaire veille à ne pas seulement examiner combien cette affaire est belle moralement, mais veille aussi à posséder l'aptitude à la conduire ; or en cela même on doit prendre garde à ne pas se décourager à la légère par lâcheté, ou à ne pas montrer trop de confiance par convoitise. En toutes entreprises, avant de les entamer, il faut y apporter une attentive préparation.

Les entreprises militaires et les entreprises civiles.

XXII **74** Bien que la plupart des gens estiment que les entreprises militaires sont plus grandes que les entreprises civiles, cette opinion doit être combattue [1]. Nombre d'hommes en effet ont souvent recherché les guerres par passion de la gloire : cela se trouve la plupart du temps chez de grands cœurs et de grands talents, et surtout s'ils sont faits pour l'art militaire et passionnés d'entreprises guerrières ; mais si nous voulons juger selon la vérité, beaucoup d'entreprises civiles ont été manifestement plus grandes et plus glorieuses que les entreprises militaires [2]. **75** En effet, bien qu'on célèbre à juste titre Thémistocle [3], que son nom soit plus illustre que celui de Solon [4], que l'on cite l'île de Salamine comme témoin de sa très brillante victoire — que l'on fait passer devant la décision de Solon en vertu de laquelle il organisa pour

73 Quae faciliora sunt philosophis, quo minus multa patent in eorum uita, quae fortuna feriat, et quo minus multis rebus egent et quia, si quid aduersi eueniat, tam grauiter cadere non possunt. Quocirca non sine causa maiores motus animorum concitantur — maioraque efficiendi — rem publicam gerentibus quam quietis, quo magis iis et magnitudo est animi adhibenda et uacuitas ab angoribus. Ad rem gerendam autem qui accedit, caueat ne id modo consideret, quam illa res honesta sit, sed etiam ut habeat efficiendi facultatem ; in quo ipso considerandum est ne aut temere desperet propter ignauiam aut nimis confidat propter cupiditatem. In omnibus autem negotiis, priusquam aggrediare, adhibenda est praeparatio diligens.

XXII **74** Sed cum plerique arbitrentur res bellicas maiores esse quam urbanas, minuenda est haec opinio. Multi enim bella saepe quaesiuerunt propter gloriae cupiditatem, atque id in magnis animis ingeniisque plerumque contingit, eoque magis si sunt ad rem militarem apti et cupidi bellorum gerendorum ; uere autem si uolumus iudicare, multae res exstiterunt urbanae maiores clarioresque quam bellicae. **75** Quamuis enim Themistocles iure laudetur et sit eius nomen quam Solonis illustrius citeturque Salamis clarissimae testis uictoriae quae

Test. : 75 NONIVS, 265, 33 : citeturque... Solonis.

73 aduersi : euersi L^1 || maioraque efficiendi *codd. et* A^1pc : m. -da A^2 maiorque cura efficiendi *aT* maioraque studia e. *Unger* || iis BP^1b : his VHP^2, *L* || accedit : -dat B^1 || consideret : -rat *b*.

74 arbitrentur *transl. post* esse *B* || id *om.* B^1 || eoque BP^2 : eaque VHP^1b, *L* || si *VHB* : usi *Pb*, L^2 || uere : -rum *b*.

75 solonis : solinis B^1.

la première fois l'Aréopage [1] — ce dernier acte ne doit pas être considéré comme moins glorieux que le précédent. La victoire en effet profita une fois à la cité, mais l'Aréopage lui profitera toujours : par cette mesure les lois d'Athènes sont garanties et par elle aussi les institutions ancestrales. Et Thémistocle, certes, n'a rien pu alléguer en quoi il aurait aidé l'Aréopage, tandis que celui-ci a pu dire en vérité qu'il avait aidé Thémistocle, car la guerre fut entreprise par décision de ce sénat que Solon avait établi. **76** On peut dire la même chose de Pausanias [2] et de Lysandre [3] : bien que leurs entreprises, pense-t-on, aient étendu le pouvoir de Lacédémone, cependant il ne faut en aucune façon les comparer aux lois et à l'administration de Lycurgue [4] ; bien plus, c'est à cause d'elles qu'ils eurent des armées très fidèles et très courageuses. Quant à moi, ni pendant mon enfance, M. Scaurus [5] ne me paraissait le céder à C. Marius [6], ni durant ma carrière politique, Q. Catulus [7] à Cn. Pompée [8], car les armes comptent peu au dehors s'il n'y a pas la sagesse à l'intérieur. Et l'Africain [9], un homme et un chef exceptionnel, ne fut pas plus utile à l'État en détruisant Numance, que dans le même moment P. Nasica [10], un particulier, lorsqu'il tua Ti. Gracchus [11]. Toutefois, cette affaire, à vrai dire, ne relève pas que du

8. Cn. Pompeius Magnus, né en 106, trois fois consul en 70, 55, 52. Proconsul en Espagne en 76, il lutte contre Sertorius. En 67, il gagne la guerre des pirates. De 66 à 63, il triomphe de Mithridate. En 60, il entre dans le premier triumvirat. En 49, la guerre civile éclate et Pompée représente le parti de l'aristocratie. Vaincu à Pharsale en Thessalie, il gagne l'Égypte où il fut assassiné, en 48.

9. P. Cornelius Scipio Aemilianus Africanus Minor Numantinus, fils de L. Aemilius Paulus (voir *infra*, note de I, 116), adopté par le fils aîné de l'Africanus Maior. Né vers 185, il fut un homme de guerre et un homme de lettres. Il se distingua spécialement dans la troisième guerre punique où il s'empara de Carthage en 146, puis de Numance en 133. Deux fois consul, en 147 et 134, il mourut, sans doute, assassiné.

anteponatur consilio Solonis ei quo primum constituit Areopagitas, non minus praeclarum hoc quam illud iudicandum est ; illud enim semel profuit, hoc semper proderit ciuitati ; hoc consilio leges Atheniensium, hoc maiorum instituta seruantur ; et Themistocles quidem nihil dixerit in quo ipse Areopagum adiuuerit, at ille uere a se adiutum Themistoclem : est enim bellum gestum consilio senatus eius qui a Solone erat constitutus. **76** Licet eadem de Pausania Lysandroque dicere quorum rebus gestis quamquam imperium dilatatum Lacedaemoniis putatur, tamen ne minima quidem ex parte Lycurgi legibus et disciplinae conferendi sunt ; quin etiam ob has ipsas causas et parentiores habuerunt exercitus et fortiores. Mihi quidem neque pueris nobis M. Scaurus C. Mario neque, cum uersaremur in re publica, Q. Catulus Cn. Pompeio cedere uidebatur ; parui enim sunt foris arma, nisi est consilium domi ; nec plus Africanus, singularis et uir et imperator, in exscindenda Numantia rei publicae profuit quam eodem tempore P. Nasica priuatus cum *Ti.* Gracchum interemit ; quamquam haec quidem res non solum ex

Test. : **76** Plvt., *Lysander*, 24 : [πόλιν ὑπ' αὐτοῦ μὲν] αὐξανομένην.

75 ille uere a se adiutum P^2 : i. uere se a. $VHBP^1b$ i. uere adiuuit L^1 *et pc* i. uere se adiutum ab illo dixit L^3 *etiam* illo uerum est esse adiutum *a* || themistoclem : -cles L^2.

76 dilatatum L^2 *et c* : *om.* $VHBPb$, L^1 *et* A^1 *etiam* dilatatum *ante* putatur A^2 || legibus et disciplinae *pc* : l. et -na *codd. an* cum l. et -na *?* || neque pueris : ne p. B^1 || uersaremur V^2HBPb : -seremur V^1 -saremus L || parui $VHBP^2b^2$, L^1 : -ua P^1, L^2 paru b^1 || nisi : ubi V^2 || nec : neque L^2|| Ti. *edd.* : T. *codd.* .

domaine civil — elle touche aussi au domaine militaire puisqu'elle fut menée par la force et avec une troupe — mais cela même cependant fut entrepris par décision civile, sans l'armée. **77** Or voici une très belle parole, attaquée généralement, je l'entends dire, par les malhonnêtes gens et les envieux :

> Que les armes le cèdent à la toge, que la couronne triomphale
> [le cède à l'éloge civil. [1]

Sans parler des autres, en effet, quand je dirigeais la république, les armes n'ont-elles point cédé à la toge ? Jamais en effet le danger ne fut plus grand dans la république, ni plus grand le calme. C'est ainsi que par mes décisions et mon activité, leurs armes, promptement échappées des mains des citoyens les plus forcenés, tombèrent d'elles-mêmes. Quel exploit donc fut jamais aussi grand dans la guerre ? Quel triomphe fut comparable ? **78** Il m'est permis en effet, Marcus mon fils, de me glorifier auprès de toi qu'intéressent et l'héritage de cette gloire et l'imitation de ces actes. Un homme, certes plein de mérites militaires, Cn. Pompée [2], devant un grand auditoire, m'accorda cette parole qu'il aurait en vain remporté son troisième triomphe s'il n'avait dû disposer, grâce à mon bienfait envers elle, d'une république où il pût triompher. Le courage civil n'est donc pas inférieur au courage militaire ; et il faut y apporter, plus encore que dans celui-ci, de l'activité et du zèle.

1. Cicéron, *De consulatu suo*, dans C. F. W. Müller, Fragmenta, p. 401, 8. Cf. *In Pis.*, 72-74 ; *Phil.*, II, 20. Voir E. V. Marmorale, *Sul testo di un verso di Cicerone*, dans *Rivista di filologia classica*, 1947, p. 118-120 ; L. Alfonsi, *Notes de lecture*, dans *Latomus*, XIX, 1960, p. 131-132. Cicéron fait valoir par ce vers et dans tout ce passage, son attitude durant son consulat, lors de la conjuration de Catilina, en 63.

2. Voir *supra*, note de I, 76. Il s'agit ici du triomphe de Pompée à son retour d'Asie, l'un des plus célèbres de l'histoire, qui eut lieu le 30 septembre 60.

domestica est ratione — attingit etiam bellicam quoniam ui manuque confecta est — sed tamen id ipsum est gestum consilio urbano sine exercitu. **77** Illud autem optimum est in quod inuadi solere ab improbis et inuidis audio :

Cedant arma togae, concedat laurea laudi.

Vt enim alios omittam, nobis rem publicam gubernantibus nonne togae arma cesserunt ? neque enim periculum in re publica fuit grauius umquam nec maius otium. Ita consiliis diligentiaque nostra celeriter de manibus audacissimorum ciuium delapsa arma ipsa ceciderunt. Quae res igitur gesta umquam in bello tanta ? Qui triumphus conferendus ? **78** Licet enim mihi, M. fili, apud te gloriari, ad quem et hereditas huius gloriae et factorum imitatio pertinet. Mihi quidem certe uir abundans bellicis laudibus, Cn. Pompeius, multis audientibus hoc tribuit, ut diceret frustra se triumphum tertium deportaturum fuisse, nisi meo in rem publicam beneficio, ubi triumpharet, esset habiturus. Sunt igitur domesticae fortitudines non inferiores militaribus ; in quibus plus etiam quam in his operae studiique ponendum est.

Test. : **77** SALL., *In M. Tullium inu.*, 6 *et* QVINT., *Inst. orat.*, XI, 1, 24 : Cedant... laurea linguae (*sic*) ; *In Sall. inu.*, 7 : cedant... togae ; PLVT., *Cic.*, 51 : τὰ ὅπλα δεῖ τῇ τηβέννῳ καὶ τῇ γλώττῃ τὴν θριαμβικὴν ὑπείκειν δάφνην.

77 est *om.* B^1 || cedant : caedant *Bb* || laudi : linguae P^2 || nonne *om.* *Pb* || ciuium : uicium P^1b^1 || ipsa *om.* B^1.

78 rem publicam : re p. (*sic*) *B* || esset : esse B^1 || igitur : ergo P^{rec} || domesticae : -ce *b* || operae : -re *b*.

Les hommes politiques et les hommes de guerre.

XXIII **79** En somme, cette beauté morale que nous cherchons dans une âme élevée et grande, est l'œuvre des forces de l'âme et non pas de celles du corps. Cependant il faut entraîner le corps et le disposer à être capable d'obéir à la sagesse et à la raison, dans la poursuite des entreprises et l'endurance à la fatigue. Or cette beauté morale que nous recherchons, repose entièrement sur le soin et la réflexion de l'âme, et en cela, ceux qui, en toge, sont à la tête de l'État, ne présentent pas moins d'utilité que ceux qui font la guerre. Aussi est-ce sur leur avis que souvent des guerres ont été ou refusées ou conduites, parfois même déclarées ; il en fut ainsi de M. Caton [1] pour la troisième guerre punique en laquelle, même après sa mort, son influence fut considérable. **80** C'est pourquoi , il faut assurément rechercher plutôt la manière rationnelle de trancher que le courage de combattre, mais il faut se garder de le faire plutôt par dérobade au combat qu'en raison de l'avantage. Quant à la guerre, qu'elle soit entreprise, mais de telle sorte qu'on ne cherche rien d'autre que la paix, manifestement [2]. A la vérité, c'est le fait d'une âme courageuse et ferme de ne pas se troubler dans les cas difficiles et de ne pas se laisser démonter, comme l'on dit, en s'affolant, mais de garder sa présence d'esprit et sa réflexion et de ne pas s'écarter de la raison. **81** Cela concerne l'âme, mais voici qui est aussi le fait d'une grande intelligence : prévoir par la réflexion l'avenir et, assez longtemps d'avance, déter-

1. M. Porcius Cato dit le Censeur, né en 234, fut un homme de guerre, un politique et un lettré. Il prit une part active à la seconde guerre punique et fut un ardent partisan de la troisième ; il répétait sans cesse : « delenda est Carthago » et obtint, l'année de sa mort, en 149, que Rome engageât les hostilités. Sa censure, en 184, est restée célèbre et lui a valu de rester, pour les Romains, le grand exemple de l'austérité et de l'intégrité.

XXIII **79** Omnino illud honestum quod ex animo excelso magnificoque quaerimus, animi efficitur, non corporis uiribus. Exercendum tamen corpus et ita afficiendum est ut oboedire consilio rationique possit in exsequendis negotiis et in labore tolerando. Honestum autem id quod exquirimus, totum est positum in animi cura et cogitatione ; in quo non minorem utilitatem afferunt qui togati rei publicae praesunt, quam qui bellum gerunt. Itaque eorum consilio saepe aut non suscepta aut confecta bella sunt, non numquam etiam illata, ut M. Catonis bellum tertium punicum in quo etiam mortui ualuit auctoritas. **80** Quare expetenda quidem magis est decernendi ratio quam decertandi fortitudo, sed cauendum ne id bellandi magis fuga quam utilitatis ratione faciamus. Bellum autem ita suscipiatur ut nihil aliud nisi pax quaesita uideatur. Fortis uero animi et constantis est non perturbari in rebus asperis nec tumultuantem de gradu deici, ut dicitur, sed praesenti animo uti et consilio nec a ratione discedere. **81** Quamquam hoc animi, illud etiam ingenii magni est, praecipere cogitatione futura et aliquan*t*o ante constituere quid accidere possit in utramque par-

Test. : **79** MVSONIVS, VI, p. 24, 14.
80. NONIVS, 285, 21 : Quare... fortitudo || NONIVS, 317, 6 : nec... deiciunt (*sic*).

79 et ita : i. e. *B* || afficiendum *VHB*[2]*Pb* : eff- *B*[1] faciendum *L* || exsequendis *VHBb*, *L*[2] : exe**quendis *P* sequendis *L*[1] || exquirimus : exquerimus *HB*[1] || aut non : at n. *V*[1] || catonis : c. sub ? consilio *P*[rec].
80 utilitatis : -litas *V*[1]*H*[1].
81 magni : magis *L*[1] || praecipere : per- *B*[2]*P*[2] || aliquanto *edd.* : -quando *codd.*

miner ce qui peut arriver dans l'un et l'autre sens, ce qu'il faudra faire quand quelque chose sera survenu, et ne pas s'exposer à devoir dire un jour : « je n'y avais pas pensé [1] ». Telles sont les œuvres d'une âme grande et élevée, confiante en sa prudence et en son jugement. Quant à se lancer à la légère dans la bataille et à combattre de sa main contre l'ennemi, c'est une sauvagerie semblable à celle des bêtes [2]. Pourtant lorsque les circonstances et la nécessité l'exigent, on doit combattre de sa main et préférer la mort à la servitude et à l'avilissement.

XXIV **82** En ce qui concerne la destruction et le pillage des villes, il faut bien veiller à ce que rien ne soit fait à la légère, rien par cruauté ; et c'est le fait d'un homme grand, après le désordre, de châtier les coupables, de sauver le grand nombre et, en toute situation, de maintenir la rectitude et la beauté morales. De même, en effet, qu'il est des gens, comme je l'ai dit plus haut, qui placent les entreprises militaires au-dessus des entreprises civiles, de même on en trouverait beaucoup à qui les desseins hasardeux et téméraires semblent plus brillants et plus grands que ceux de la pondération et de la réflexion. **83** Jamais absolument nous ne devons, par fuite du danger, nous exposer à paraître faibles et timorés, mais nous devons aussi éviter de nous offrir au péril sans raison : rien ne peut être plus sot. Aussi pour aborder le danger faut-il imiter l'usage des médecins : ils soignent

1. Cf. Sénèque, *De ira*, II, 31, 4, et *Test.* ci-contre.

2. On peut penser que Cicéron vise ici César dont la manière de se mêler au combat, parmi ses soldats, est restée légendaire. Voir notamment Velleius Paterculus, II, 55 ; Florus, IV, 2, 50 ; 82 ; Suétone, *Diuus Iulius*, 57-58 ; 62 ; Plutarque, *César*, 17. Mais en même temps, Cicéron réserve le cas et le devoir du combat contre la tyrannie.

tem et quid agendum sit cum quid euenerit, nec committere ut aliquando dicendum sit : « Non putaram. » Haec sunt opera magni animi et excelsi et prudentia consilioque fidentis ; temere autem in acie uersari et manu cum hoste confligere immane quiddam et beluarum simile est ; sed cum tempus necessitasque postulat, decertandum manu est et mors seruituti turpitudinique anteponenda.

XXIV **82** De euertendis autem diripiendisque urbibus ualde considerandum est ne quid temere, ne quid crudeliter. Idque est uiri magni, rebus agitatis punire sontes, multitudinem conseruare, in omni fortuna recta atque honesta retinere. Vt enim sunt, quemadmodum supra dixi, qui urbanis rebus bellicas anteponant, sic reperias multos quibus periculosa et calida consilia, et quietis et cogitationis splendidiora et maiora uideantur. **83** Numquam omnino periculi fuga committendum est ut imbelles timidique uideamur, sed fugiendum illud etiam ne offeramus nos periculis sine causa, quo esse nihil potest stultius. Quapropter in adeundis periculis consuetudo imitanda medicorum est qui leuiter aegro-

Test. : **81** AMBR., *De off.*, I, 190 ; VAL. MAX., VII, 2, 2 : Non putaram ; PLVT., *De tranq. an.*, 474 E : Οὐκ ἄν ᾤμην ‖ NONIVS, 498, 32 : Haec... fidentis.
82 NONIVS, 263, 17 : sic... consilia.

81 magni animi : magnanimi *L* ‖ prudentia : -tiae *B* ‖ uersari H^2BP^2, *L* : euersari $VH^1P^1?b$.
82 diripiendisque : diripiendis B^1 ‖ est *ante* ne *om.* V^1B^1 ‖ uiri magni *HB*, *L* : u. -nis *V* magnis uiris *Pb* ‖ reperias : -ries *Pb* ‖ calida P^1 : callida $VHBP^2b$, *L* ‖ et quietis et cogitationis *codd. et Aa* : quietis et cogitationibus *p* et quietis cogitationibus *c* quietis et cogitatis *Lambin et edd.*
83 esse nihil : e. n. esse L^1.

doucement les malades légers, mais ils sont contraints d'appliquer aux maladies très graves des traitements dangereux et incertains. C'est pourquoi, dans le calme souhaiter l'adversité de la tempête, c'est de la folie, tandis que remédier à la tempête par n'importe quel moyen, c'est de la sagesse, surtout si l'on doit y trouver, l'affaire réglée, plus de bien que de mal dans l'hésitation. Or les risques des actions engagées concernent, pour une part ceux qui les entreprennent, et pour une part l'État. **84** Et de même, les uns sont appelés à mettre en péril leur vie, d'autres leur gloire et la faveur de leurs concitoyens. Nous devons être par conséquent plus disposés à courir des risques personnels que des risques communs, et combattre plus volontiers pour l'honneur et la gloire que pour tous autres intérêts. Or il s'est trouvé bien des hommes qui étaient prêts à donner non seulement leur argent, mais aussi leur vie pour la patrie, et qui, de leur gloire, ne voulaient pas faire même le moindre sacrifice, pas même quand la république le réclamait [1]. Tel Callicratidas [2] : il avait été le chef des Lacédémoniens dans la guerre du Péloponèse et avait beaucoup fait, avec talent ; puis finalement il compromit tout, en ne cédant pas à l'avis de ses concitoyens qui estimaient qu'il fallait retirer la flotte des Iles Arginuses et ne pas combattre avec les Athéniens ; Callicratidas leur objecta que Lacédémone, cette flotte perdue, pourrait en équiper une autre, mais que lui ne pouvait fuir sans déshonneur.

1. On peut penser que dans tout ce passage Cicéron cherche à justifier sa « palinodie », qui lui a tant été reprochée. Voir Cicéron, *Ad fam.*, I, 9.

2. Callicratidas, général spartiate, prit la succession de Lysandre au commandement de la flotte, en 406. Il bloqua Conon dans le port de Mityléne, mais fut tué dans la défaite qu'il subit aux îles Arginuses, la même année. Le propos rapporté par Cicéron est à rapprocher de Xénophon, *Helléniques*, I, 6, 32. La guerre du Péloponèse dura de 431 à 404.

tantes leniter curant, grauioribus autem morbis periculosas curationes et ancipites adhibere coguntur. Quare in tranquillo tempestatem aduersam optare dementis est, subuenire autem tempestati quauis ratione sapientis, eoque magis si plus adipiscare re explicata boni quam addubitata mali. Periculosae autem rerum actiones partim *i*is sunt qui eas suscipiunt, partim rei publicae. **84** Itemque alii de uita, alii de gloria et beneuolentia ciuium in discrimen uocantur. Promptiores igitur debemus esse ad nostra pericula quam ad communia dimicareque paratius de honore et gloria quam de ceteris commodis. Inuenti autem multi sunt qui non modo pecuniam, sed etiam uitam profundere pro patria parati essent, iidem gloriae iacturam ne minimam quidem facere uellent, ne re publica quidem postulante ; ut Callicratidas qui, cum Lacedaemoniorum dux fuisset peloponnesiaco bello multaque fecisset egregie, uertit ad extremum omnia, cum consilio non paruit eorum qui classem ab Arginusis remouendam nec cum Atheniensibus dimicandum putabant ; quibus ille respondit Lacedaemonios classe illa amissa aliam parare posse, se fugere sine suo dedecore non posse. Atque haec

Test. : **83** NONIVS, 364, 20 : grauioribus... coguntur.
84 PLVT., *Apopht. lac.*, 222 E : φεύγειν αἰσχρὸν.

83 adhibere : habere *L* || aduersam *om.* b^1 || quauis : quamuis B^1 || adipiscare : -ris P^2 || addubitata : a dubitata P^2 || periculosae : -se BP^2 || iis *edd.* : his *codd.* || paratius : partius *L*.

84 profundere : fundere L^1 || iidem : idem BP^2 ide P^1 || iacturam : naturam L^1 || quidem *ante* postulante *om.* B^1 || egregie e V^1 || se fugere VHB^2, *L* : se fugare B^1 sed fugere *Pb* || dedecore : decore *L*.

Il est vrai que cela fut pour les Lacédémoniens un coup sans trop de gravité ; tandis que celui-ci fut désastreux : lorsque Cléombrote [1], par crainte de l'impopularité, entra en conflit, à la légère, avec Epaminondas [2], la puissance de Lacédémone s'effondra. Combien fit mieux Q. Maximus [3] dont Ennius [4] écrivit :

Un seul homme par ses atermoiments rétablit notre situation,
Car il ne mettait pas sa renommée au-dessus de notre salut ;
Aussi dans la suite et plus encore maintenant, brille la gloire
[de cet homme.

Or ce genre de faute doit être évité même dans les entreprises civiles. Il y a effectivement des gens qui n'osent pas dire ce qu'ils pensent, même si c'est excellent, par crainte de l'envie.

Devoirs des gouvernants.

XXV 85 Au total, que ceux qui sont destinés à gouverner l'État, s'en tiennent à deux préceptes de Platon [5] : le premier veut qu'ils veillent sur l'intérêt des citoyens de telle sorte que, quoi qu'ils fassent, ils le rapportent à cet intérêt, en oubliant leurs propres avantages ; le second, qu'ils aient soin de tout le corps de l'État en se gardant, tandis qu'ils veillent sur une partie, d'abandonner les autres. Comme la tutelle en effet, l'administration de l'État doit être exécutée dans l'intérêt de ceux qui lui ont été confiés et non pas de ceux à qui elle a été confiée. Or ceux qui s'occupent d'une partie des citoyens et en délaissent une partie, introduisent dans la cité la chose la plus funeste : la division et la discorde ; il arrive ainsi que les uns paraissent favorables au peuple, d'autres soucieux de l'élite [6], mais peu de

1. Cléombrote, roi de Sparte de 380 à 371, lutta à plusieurs reprises contre les Thébains, et périt vaincu à Leuctres. Sur cet événement et l'*inuidia* que craignit Cléombrote, voir Xénophon, *Helléniques*, VI, 4, 5.

quidem Lacedaemoniis plaga mediocris, illa pestifera qua, cum Cleombrotus inuidiam timens temere cum Epaminonda conflixisset, Lacedaemoniorum opes corruerunt. Quanto Q. Maximus melius de quo Ennius :

> Vnus homo nobis cunctando restituit rem ;
> Non enim rumores ponebat ante salutem.
> Ergo postque magisque uiri nunc gloria claret.

Quod genus peccandi uitandum est etiam in rebus urbanis. Sunt enim qui, quod sentiunt, etsi optimum sit, tamen inuidiae metu non audent dicere.

XXV **85** Omnino qui rei publicae praefuturi sunt, duo Platonis praecepta teneant, unum, ut utilitatem ciuium sic tueantur ut, quaecumque agunt, ad eam referant, obliti commodorum suorum ; alterum, ut totum corpus rei publicae curent, ne, dum partem aliquam tuentur, reliquas deserant. Vt enim tutela, sic procuratio rei publicae ad eorum utilitatem qui commissi sunt, non ad eorum quibus commissa est, gerenda est. Qui autem parti ciuium consulunt, partem neglegunt, rem perniciosissimam in ciuitatem inducunt, seditionem atque discordiam ; ex quo euenit ut alii populares, alii studiosi optimi cuiusque uideantur, pauci

84 lacedaemoniis *p* : de l. *codd.* || qua B^2, *L* : quam VHB^1Pb || conflixisset : -fluxisset *L* || quanto Q. PB^2 : quantoque *VHb*, *L* quanto B^1 || nobis cunctando : c. n. *L* || non enim *codd.* : noenum *Lachmann* || magisque B^2P, *L* : magis quem VHB^1b || claret : caret B^1.

85 tueantur : tuentur P^1b || eam : eamdem *L* || reliquas : -quias L^1 || deserant : -runt P^1 || utilitatem... eorum *om.* P^1 || qui autem : q. enim L^1 hi contra L^2 || ciuium : ciui b^1 || inducunt : de- *L*.

l'ensemble. **86** De là, à Athènes, de grandes discordes et dans notre cité non seulement des divisions, mais même de ruineuses guerres civiles [1]. Ce sont choses qu'un citoyen sérieux, courageux et digne, dans l'État, de la première place, évitera et détestera ; il se donnera tout entier à l'État et ne recherchera pas les richesses ou la puissance, il veillera sur l'État tout entier, en telle sorte qu'il s'occupera de tous. Il n'attirera pas non plus sur personne, par des accusations mensongères, la haine ou l'envie [2] et s'attachera en tout à la justice et à la beauté morale, quitte, en les respectant, à heurter aussi durement que l'on voudra, et à s'offrir à la mort plutôt que d'abandonner ce que j'ai dit. **87** Absolument lamentables sont l'ambition et la rivalité pour les honneurs ; à ce sujet on trouve excellemment exprimé, toujours chez Platon [3], que « ceux qui rivalisent entre eux pour savoir lequel des deux gouvernera mieux l'État, agissent de la même façon que si des matelots se battaient pour savoir qui d'entre eux pilotera le mieux ». Et le même auteur prescrit que « l'on considère comme des ennemis ceux qui portent les armes contre l'État, mais non pas ceux qui veulent, suivant leur opinion, veiller sur l'État » ; tel fut entre P. Africanus et Q. Metellus un désaccord sans âpreté [4].

Bonté et sévérité.

88 Il ne faudra pas non plus écouter ceux qui penseront qu'il faut s'emporter violemment contre les ennemis et qui jugeront cela le fait d'un homme au grand cœur et courageux. Rien en effet n'est plus louable, rien n'est plus digne d'un homme grand et remarquable que la miséricorde et la clémence. Chez les peuples libres en vérité et sous

1. Les développements de Cicéron sur le sujet ont été attentivement rassemblés et étudiés par P. Jal, *La guerre civile à Rome, Étude littéraire et morale*, Paris, Presses universitaires, 1963.

uniuersorum. **86** Hinc apud Athenienses magnae discordiae, in nostra re publica non solum seditiones, sed etiam pestifera bella ciuilia ; quae grauis et fortis ciuis et in re publica dignus principatu fugiet atque oderit tradetque se totum rei publicae neque opes aut potentiam consectabitur totamque eam sic tuebitur ut omnibus consulat ; nec uero criminibus falsis in odium aut inuidiam quemquam uocabit omninoque ita iustitiae honestatique adhaerescet ut, dum ea conseruet, quamuis grauiter offendat mortemque oppetat potius quam deserat illa quae dixi. **87** Miserrima omnino est ambitio honorumque contentio de qua praeclare apud eundem est Platonem : « similiter facere eos qui inter se contenderent uter potius rem publicam administraret, ut si nautae certarent quis eorum potissimum gubernaret. » Idemque praecipit ut « eos aduersarios existimemus qui arma contra ferant, non eos qui suo iudicio tueri rem publicam uelint » ; qualis fuit inter P. Africanum et Q. Metellum sine acerbitate dissensio.

88 Nec uero audiendi qui grauiter inimicis irascendum putabunt idque magnanimi et fortis uiri esse censebunt ; nihil enim laudabilius, nihil magno et praeclaro uiro dignius placabilitate atque clementia. In liberis uero populis et in iuris aequabilitate

Test. : **86** Nonivs, 315, 27 : quae... oderit.
87 Nonivs, 259, 13 : Miserrima... contentio.
88 Nonivs, 314, 29 : Nec... putant (*sic*).

86 in *ante* re *om.* V^1 || principatu : -tus *L* || rei publicae : re p. (*sic*) *B* || neque : ne *L*.
87 praeclare : -rae *V* || se : sese *L* || ferant : -runt P^1.
88 putabunt : -bant B^1P^1 || idque... censebunt [-bant *corr.*] *B mg.*

le régime de l'égalité des droits, il faut aussi pratiquer l'affabilité et l'élévation d'âme [1], comme on l'appelle, pour éviter, si nous nous emportons, ou bien contre les importuns qui nous approchent, ou contre les indiscrets qui nous sollicitent, de tomber dans une mauvaise humeur inutile et détestable. Et cependant il ne faut approuver la douceur et la clémence, qu'à cette condition que, pour le bien de l'État, on emploie la sévérité sans laquelle le gouvernement de la cité n'est pas possible. Mais toute observation et toute réprimande doivent être exemptes d'outrage et se rapporter, non pas à l'intérêt de qui corrige quelqu'un ou le reprend par ses paroles, mais à l'intérêt de l'État [2]. **89** On doit aussi se garder que la peine soit plus grande que la faute et que, pour les mêmes motifs, les uns soient punis et les autres pas même poursuivis. Mais il faut surtout proscrire la colère en infligeant un châtiment. Jamais en effet celui qui arrivera en colère pour punir, ne tiendra ce juste milieu, qui se trouve entre le trop et le trop peu, qui plaît aux péripatéticiens [3] et leur plaît à juste titre, à condition toutefois de ne pas faire l'éloge de la colère et de ne pas dire qu'elle a été utilement donnée par la nature ! En vérité il faut la repousser en toutes choses et souhaiter que ceux qui sont à la tête de l'État, soient semblables aux lois qui sont amenées à punir, non point par colère mais par équité.

Les dangers de la prospérité.

XXVI **90** Même lorsque nos affaires sont prospères et vont à notre gré, fuyons à tout prix l'orgueil, le dédain

1. Cf. Cicéron, *Part. orat.*, 77.
2. Sur ce thème important dans le *De officiis*, voir J. Gaudemet, *Utilitas publica*, dans *Revue historique de droit français et étranger*, XXIX, 1951, p. 465-499, spécialement p. 467-472.
3. Voir Aristote, *Eth. à Nic.*, IV, 5, 1-15.

exercenda etiam est facilitas et altitudo animi quae dicitur, ne, si irascamur aut intempestiue accedentibus aut impudenter rogantibus, in morositatem inutilem et odiosam incidamus. Et tamen ita probanda est mansuetudo atque clementia ut adhibeatur rei publicae causa seueritas sine qua administrari ciuitas non potest. Omnis autem et animaduersio et castigatio contumelia uacare debet neque ad eius qui punitur aliquem aut uerbis castigat, sed ad rei publicae utilitatem referri. **89** Cauendum est etiam ne maior poena quam culpa sit et ne iisdem de causis alii plectantur, alii ne appellentur quidem. Prohibenda autem maxime est ira puniendo; numquam enim iratus qui accedet ad poenam, mediocritatem illam tenebit quae est inter nimium et parum, quae placet peripateticis et recte placet, modo ne laudarent iracundiam et dicerent utiliter a natura datam. Illa uero omnibus in rebus repudianda est optandumque ut *ii* qui praesunt rei publicae, legum similes sint quae ad puniendum non iracundia, sed aequitate ducuntur.

XXVI **90** Atque etiam in rebus prosperis et ad uoluntatem nostram fluentibus superbiam magnopere,

Test. : **88** NONIVS, 294, 20 : exercenda... animi || NONIVS, 471, 25 : neque... referri.

88 facilitas : facultas L^1 || altitudo : lenitudo *L* || si *om.* B^1 || rei publicae : re p. (*sic*) P^1b^1 || causa seueritas sine qua *VHBPb*, L^3 : causa sine qua L^2 *non legitur* L^1 || uacare : uocare V^1 || punitur *Nonius* : -niet *codd. et c etiam* -nit *a* -niat *p*.

89 iisdem *Bb*, *L* : hisdem VHP^2 *non legitur* P^1 || puniendo VH^1B, *L* : a p. H^2 in p. *Pb* || enim iratus : i. e. *P* || ii *edd.* : hi *codd.* || ducuntur : dic- *H*.

90 uoluntatem *B* : uoluptatem *VHPb*, *L*.

et la morgue. Car il en va de la prospérité comme de l'adversité : c'est de la légèreté de l'accueillir sans retenue et ce qui est remarquable, c'est l'égalité de caractère dans toute la vie avec toujours le même visage et le même air, suivant la tradition de Socrate [1] et également de C. Laelius [2]. Philippe [3], roi de Macédoine, fut certes dépassé par son fils en exploits et en gloire, mais je constate qu'il fut supérieur en affabilité et en bonté. Aussi le premier fut-il toujours grand, tandis que le second fut souvent très vil ; ceci semble donc justifier le précepte de ceux qui nous exhortent à nous comporter d'autant plus modestement que nous sommes plus grands. Panétius en vérité raconte que l'Africain, son disciple et ami [4], avait accoutumé de dire : « De même qu'on a l'habitude de confier aux dresseurs les chevaux bouillants de fougue, par suite des assauts répétés des combats, afin de pouvoir les utiliser plus traitables, de même faut-il conduire les hommes déchaînés par la prospérité et remplis de confiance en eux-mêmes, au manège pour ainsi dire de la raison et de l'éducation, afin qu'ils découvrent la fragilité des choses humaines et l'inconstance de la fortune. » **91** C'est même dans les situations les plus prospères qu'il faut utiliser le plus les conseils des amis et il faut leur accorder une autorité plus grande encore qu'auparavant. Dans les mêmes circonstances, on doit se garder de prêter l'oreille aux flatteurs et de se

1. Socrate naquit en 469, près d'Athènes. Artiste, homme politique, mais surtout philosophe, bien qu'il n'ouvrît jamais d'école, ce grand penseur fut condamné à mort en 399. Platon nous a conservé l'essentiel de sa doctrine. Cf. Cicéron, *Tusc.*, III, 31.

3. Philippe II, né en 382, roi de Macédoine de 359 à 336. Il conquiert la Grèce de 357 à 338 où il triomphe à Chéronée. Il meurt assassiné en 336. Son fils Alexandre III, le Grand, né en 356, succède à son père en 336, réduit le soulèvement de la Grèce dès 335, triomphe de la Perse de 334 à 330, entreprend une campagne en Inde, de 326 à 323, date à laquelle il est surpris par la mort.

fastidium arrogantiamque fugiamus. Nam ut aduersas res, sic secundas immoderate ferre leuitatis est, praeclaraque est aequabilitas in omni uita et idem semper uultus eademque frons, ut de Socrate idemque de C. Laelio accepimus. Philippum quidem Macedonum regem rebus gestis et gloria superatum a filio, facilitate et humanitate uideo superiorem fuisse ; itaque alter semper magnus, alter saepe turpissimus ; ut recte praecipere uideantur qui monent ut, quanto superiores simus, tanto nos geramus summissius. Panaetius quidem Africanum, auditorem et familiarem suum, solitum ait dicere : « Vt equos propter crebras contentiones proeliorum ferocitate exsultantes domitoribus tradere soleant ut his facilioribus possint uti, sic homines secundis rebus effrenatos sibique praefidentes tamquam in gyrum rationis et doctrinae duci oportere, ut perspicerent rerum humanarum imbecillitatem uarietatemque fortunae. » **91** Atque etiam in secundissimis rebus maxime est utendum consilio amicorum iisque maior etiam quam ante tribuenda auctoritas. Iisdemque temporibus cauendum est ne assentatoribus patefaciamus aures nec

Test. : **90** Nonivs, 427, 6 : praeclaraque... frons || Nonivs, 304, 40 : Vt equos... solent (*sic*) || Nonivs, 389, 30 : sic homines... sibique supra (*sic*).
91 Nonivs, 17, 6 : cauendum... sinamus ; Ambr., *De off.*, I, 209.

90 immoderate : -tae *b* || socrate idemque VH^1BP^2b, L : s. itemque H^2 socrateque P^1 || accepimus B^2, L : accip- VHB^1Pb || saepe $VHBb$, L : sepae P^1 semper P^2 || simus : sumus B^1, L^1 || ait : aut H^1 || his *codd.* : iis *edd.* || effrenatos : et frenatos P^1b.
91 secundissimis : secundis B^1 || iisque... auctoritas *om.* P^1 || iisque P^2b : hisque VHB, L^1 hisque amicis L^2 || maior... iisdemque *om.* H || nec *codd.* : neue *Nonius et edd.*

laisser aduler ; or en ce domaine, il est facile de s'abuser ; nous pensons en effet que nous sommes tels que notre éloge est justifié. De là naissent d'innombrables fautes, quand les hommes, pleins d'illusions, tombent honteusement dans le ridicule et se jettent dans les plus grandes erreurs. Mais en voici assez sur le sujet.

Conclusion sur la grandeur d'âme.

92 Ainsi il faut porter ce jugement : la conduite des plus grandes affaires, avec le plus de grandeur d'âme, est le fait de ceux qui gouvernent les États, parce que leur administration s'étend très largement et intéresse un nombre de gens considérable ; mais il y a et il y eut bien des hommes, doués de grandeur d'âme, même dans la vie de repos [1] ; gens qui étudiaient ou entreprenaient certaines grandes choses ; qui se maintenaient dans les limites de leurs propres affaires ou qui, placés dans une situation intermédiaire entre les philosophes et ceux qui gouvernaient l'État, se plaisaient dans leur patrimoine, sans l'accroître certes par tous les moyens, ni exclure les leurs de sa jouissance, mais plutôt en faisant profiter leurs amis et l'État, si parfois il en était besoin. Que tout d'abord ce patrimoine ait été bien acquis sans aucun gain honteux ou odieux, puis que le propriétaire se montre utile au plus grand nombre possible, pourvu qu'ils en soient dignes, ensuite que ce bien soit accru avec mesure, avec soin, avec économie et que le maître n'obéisse pas à la passion et au luxe plutôt qu'à la générosité et à la bienfaisance ; à qui respecte ces préceptes il est permis de vivre avec grandeur, avec dignité, avec fierté, en même temps que simplement, loyalement et vraiment en ami des hommes.

1. Cf. *De off.*, I, 69-71.

adulari nos sinamus, in quo falli facile est ; tales enim nos esse putamus, ut iure laudemur ; ex quo nascuntur innumerabilia peccata, cum homines inflati opinionibus turpiter irridentur et in maximis uersantur erroribus. Sed haec quidem hactenus.

92 Illud autem sic est iudicandum, maximas geri res et maximi animi ab *i*is qui res publicas regant, quod earum administratio latissime pateat ad plurimosque pertineat ; esse autem magni animi et fuisse multos etiam in uita otiosa, qui aut inuestigarent aut conarentur magna quaedam seseque suarum rerum finibus continerent aut interiecti inter philosophos et eos qui rem publicam administrarent, delectarentur re sua familiari, non eam quidem omni ratione exaggerantes neque excludentes ab eius usu suos potiusque et amicis impertientes et rei publicae, si quando usus esset. Quae primum bene parta sit nullo neque turpi quaestu neque odioso, tum quam plurimis, modo dignis, se utilem praebeat, deinde augeatur ratione, diligentia, parsimonia, nec libidini potius luxuriaeque quam liberalitati et beneficentiae pareat. Haec praescripta seruantem licet magnifice, grauiter animoseque uiuere atque etiam simpliciter, fideliter, uere hominum amice.

91 falli : fallere B^1 || putamus : putemus P^2 || uersantur : -sentur B^1.

92 maximi animi : maxime *L* || iis *edd.* : his *codd.* || regant : gerant ? P^{rec} || latissime : -mae b^1 || otiosa : o. constat P^{rec} || delectarentur : qui d. P^{rec} || impertientes : -tinentes B^1 || rei publicae : re p. (*sic*) H^1 || parta B^1P^{rec} : parata VHB^2P^1b, *L* || tum quam : tamquam *H*, L^1 || se : seu B^1 || luxuriaeque : -rieque P^2 || liberalitati : -tate P^1b.

IV. Le convenable : sa nature.

XXVII 93 Il reste à parler d'une seule et dernière division de la beauté morale, où l'on distingue le respect et, comme autant de parures de la vie, la tempérance et la pondération, toute maîtrise des troubles de l'âme et la mesure en toutes choses [1]. Ce point constitue ce qu'on peut appeler en latin *decorum*, le convenable ; on dit en effet πρέπον en grec [2]. La signification en est telle qu'on ne peut le dissocier de la beauté morale, **94** car ce qui est convenable est beau, et ce qui est beau est convenable. Quant à la nature de la différence entre le beau et le convenable, il est plus facile de la saisir que de l'expliquer. En effet, tout ce qui est convenable apparaît précisément tel, lorsqu'au préalable cela est beau. Aussi n'est-ce pas seulement dans cette division de la beauté morale, dont on doit parler ici, mais encore dans les trois précédentes qu'apparaît ce qui est convenable. Car se servir de la raison et du langage avec prudence, faire ce que l'on fait avec réflexion, en toute chose voir ce qu'il y a de vrai et le défendre, c'est le convenable ; et au contraire se tromper, errer, s'abuser, être induit en erreur [3], c'est aussi disconvenant que d'extravaguer et de perdre la tête ; et toutes les actions justes sont convenables, mais les injustes au contraire, de même qu'elles sont honteuses, sont de même disconvenantes. Le cas du courage est semblable : en effet, ce que l'on fait virilement et avec grandeur d'âme, paraît digne d'un homme et convenable, tandis que le contraire, de même qu'il paraît honteux, paraît inconvenant. **95** C'est pourquoi ce convenable dont je parle, intéresse assurément toute beauté morale et l'intéresse de telle sorte qu'on le discerne, non

1. Voir C. Thurot, *Observations sur quelques passages de Cicéron (de Officiis)*, dans *Revue de philologie*, I, 1877, p. 86-90.
2. Voir *supra*, Introduction, p. 54 s.

XXVII **93** Sequitur ut de una reliqua parte honestatis dicendum sit, in qua uerecundia et quasi quidam ornatus uitae, temperantia et modestia omnisque sedatio perturbationum animi et rerum modus cernitur. Hoc loco continetur id quod dici latine decorum potest, graece enim πρέπον dicitur decorum. Huius uis ea est ut ab honesto non queat separari ; **94** nam et quod decet, honestum est et quod honestum est, decet ; qualis autem differentia sit honesti et decori, facilius intellegi quam explanari potest. Quidquid est enim quod deceat, id tum apparet, cum antegressa est honestas. Itaque non solum in hac parte honestatis de qua hoc loco disserendum est, sed etiam in tribus superioribus quid deceat apparet. Nam et ratione uti atque oratione prudenter et agere quod agas, considerate omnique in re quid sit ueri, uidere et tueri decet, contraque falli, errare, labi, decipi tam dedecet quam delirare et mente esse captum ; et iusta omnia decora sunt, iniusta contra, ut turpia, sic indecora. Similis est ratio fortitudinis. Quod enim uiriliter animoque magno fit, id dignum uiro et decorum uidetur, quod contra, id ut turpe, sic indecorum. **95** Quare pertinet quidem ad omnem honestatem hoc quod dico, decorum, et ita pertinet ut non recondita

Test. : **93** Ambr., *De off.*, I, 210.
95 Ambr., *De off.*, I, 220.

93 et quasi : est q. P^{rec} || omnisque : quae L^1 omnis quae L^2 || sedatio : seditio $\overline{Pb}$ || modus *om.* L^1.
94 ueri : inde P^2 || dedecet : decet $\overline{V}^1$ || decipi : decepi P^1 || delirare $H^2BP^2b^2$, L : delerare $\overline{VH^1P^1b^1}$ || est ratio : r. e. L.
95 non : non dicam b^1 *om.* L^1.

pas par quelque raisonnement abscons, mais il tombe sous les yeux. Il y a en effet quelque chose — et qui se voit dans toute vertu — qui est convenable et que l'on peut mieux distinguer par la réflexion, de la vertu, que dans la réalité. De même qu'on ne peut séparer la grâce et la beauté du corps, de la santé, de même ce convenable dont nous parlons, est certes tout entier mêlé à la vertu, mais la pensée et la réflexion les distinguent. **96** Or la définition du convenable est double [1] : nous concevons en effet un certain convenable général qui se trouve dans toute beauté morale, et un autre, en dépendance de celui-ci, qui intéresse chaque division de la beauté morale en particulier. Le premier est habituellement défini ainsi : le convenable est ce qui est conforme à la précellence de l'homme, en ce par quoi sa nature diffère du reste des êtres vivants. Quant au convenable particulier, qui dépend du général, on le définit de telle sorte que l'on fait du convenable ce qui est conforme à la nature, de telle façon qu'y apparaissent mesure et tempérance avec cet air distinctif de la condition libre.

XXVIII **97** Nous pouvons juger que les choses sont ainsi entendues, en partant de ce convenable qu'observent les poètes ; mais sur ce sujet qui n'est pas le mien, on s'étend généralement davantage. Or nous disons que les poètes respectent précisément ce qui est convenable, lorsque se passe et se dit ce qui est digne de chaque personnage ; ainsi, si Eaque ou Minos disaient [2] :

1. Voir sur ce point, P. Boyancé, *Rapport sur le stoïcisme à Rome*, dans *Actes du Congrès de l'Association Guillaume Budé à Aix-en-Provence*, p. 226-227.

2. Eaque, fils de Jupiter, régna sur l'île d'Egine où il fut un modèle de justice et de piété. Minos, fils également de Jupiter, régna sur l'île de Crète dont il fut le législateur.

quadam ratione cernatur, sed sit in promptu. Est enim quiddam idque intellegitur in omni uirtute, quod deceat; quod cogitatione magis a uirtute potest quam re separari. Vt uenustas et pulchritudo corporis secerni non potest a ualetudine, sic hoc de quo loquimur, decorum totum illud quidem est cum uirtute confusum, sed mente et cogitatione distinguitur. **96** Est autem eius descriptio duplex; nam et generale quoddam decorum intellegimus, quod in omni honestate uersatur, et aliud huic subiectum, quod pertinet ad singulas partes honestatis. Atque illud superius sic fere definiri solet decorum id esse, quod consentaneum sit hominis excellentiae in eo in quo natura eius a reliquis animantibus differat. Quae autem pars subiecta generi est, eam sic definiunt ut id decorum uelint esse, quod ita naturae consentaneum sit ut in eo moderatio et temperantia appareat cum specie quadam liberali.

XXVIII **97** Haec ita intellegi possumus existimare ex eo decoro quod poetae sequuntur; de quo alio loco plura dici solent. Sed [ut] tum seruare illud poetas quod deceat, dicimus, cum id quod quaque persona dignum est et fit et dicitur; ut si Aeacus aut Minos diceret :

Test. : **96** AMBR., *De off.*, I, 222.

95 omni : -ne B^1 om (*sic*) b^1 || quod deceat : quid d. *L* || a *post* magis *om.* L^1.

96 descriptio *VHBP* : dis- *b* distinctio *L* || solet decorum : s. de quorum *V* || generi : -ris *B* || id *om.* L^1.

97 intellegi : i. a philosophis P^{rec} || existimare : existere B^1 || decoro *VHB* : -re *Pb*, *L* || ut *seclusi* : ut *VHBPb om.* *L* || quaque V^2HBPb : quaquae V^1 qua *L* || aeacus aut *VHB*, *L* : ea causa ut P^1b^1 eacus aut $P^2?b^2$ || diceret : -rent *L*.

> Qu'ils me haïssent, pourvu qu'ils me craignent, [1]

ou bien :

> Leur père lui-même est un sépulcre à ses enfants [2],

cela paraîtrait disconvenant, étant donné que ces hommes furent justes, d'après la tradition ; par contre, sur les lèvres d'Atrée [3], ces paroles provoquent des applaudissements, car c'est un langage digne du personnage. Mais les poètes jugeront, d'après le personnage, ce qui est convenable pour chacun, tandis qu'à nous la nature elle-même a imposé un personnage avec une grande dignité et supériorité sur le reste des êtres vivants. **98** En conséquence les poètes, dans la grande diversité des personnages, verront ce qui est approprié et ce qui est convenable, même pour des êtres pervertis, tandis que pour nous — parce que la nature nous a confié un rôle de constance, de mesure, de tempérance, de respect, et parce que la même nature nous enseigne à ne pas être insouciants de la façon dont nous nous comportons à l'égard des hommes — il en résulte qu'apparaît à quel point s'étendent largement, et le convenable qui intéresse toute beauté morale, et celui qui concerne chaque genre de vertu en particulier. De même en effet que la beauté du corps, à cause d'une disposition appropriée des membres, attire les yeux et charme par cela même que toutes les parties s'accordent entre elles avec une certaine grâce, de même ce convenable qui brille dans la vie, attire l'approbation de ceux avec qui l'on vit, en vertu de l'ordonnance, de la constance et de la mesure de tous les propos et de tous les actes [4]. **99** Il faut

3. Atrée et son frère Thyeste connurent de tragiques destinées. Atrée, devenu roi de Mycènes, bannit son frère qui avait séduit sa femme. Thyeste ayant médité le meurtre d'Atrée, celui-ci feignit la réconciliation, reçut son frère et lui fit servir dans un repas la chair de ses enfants.

oderint

Dum metuant,

aut :

Natis sepulcro ipse est parens,

indecorum uideretur, quod eos fuisse iustos accepimus ; at Atreo dicente plausus excitantur ; est enim digna persona oratio. Sed poetae, quid quemque deceat, ex persona iudicabunt ; nobis autem personam imposuit ipsa natura magna cum excellentia praestantiaque animantium reliquarum. **98** Quocirca poetae in magna uarietate personarum, etiam uitiosis quid conueniat et quid deceat, uidebunt, nobis autem cum a natura constantiae, moderationis, temperantiae, uerecundiae partes datae sint cumque eadem natura doceat non neglegere quemadmodum nos aduersus homines geramus, efficitur ut et illud quod ad omnem honestatem pertinet, decorum quam late fusum sit, appareat et hoc quod spectatur in uno quoque genere uirtutis. Vt enim pulchritudo corporis apta compositione membrorum mouet oculos et delectat hoc ipso quod inter se omnes partes cum quodam lepore consentiunt, sic hoc decorum quod elucet in uita, mouet approbationem eorum quibuscum uiuitur, ordine et constantia et moderatione dictorum omnium atque factorum. **99** Ad-

Test. : **98** NONIVS, 234, 18 : Vt enim... delectat || AMBR., *De off.*, I, 225.

97 natis sepulchro : satis pulchro (-chri *L*²) *L*¹ || parens : -res *L* || reliquarum : -quorum *B*².

98 illud quod : i. quem *VH* || sic : si *L*¹ || quibuscum *VHBP*², *L* : quibus cum ui *P*¹?*b*.

donc montrer un certain respect à l'égard des hommes, de tous les meilleurs et des autres. Ne pas se soucier en effet de ce que chaque homme pense de soi, ce n'est pas seulement de l'arrogance, c'est même une totale dépravation. Or il y a une différence, pour la conduite à tenir envers les hommes, entre la justice et le respect : le rôle de la justice, c'est de ne pas faire violence aux hommes, et celui du respect, de ne point les heurter, et c'est là qu'on perçoit le mieux la signification du convenable. Ainsi donc, avec cet exposé, je pense avoir fait comprendre les caractéristiques de ce que nous appelons *decere*, être convenable.

Les devoirs qui découlent du convenable.

100 Quant au devoir qui en découle, il suit d'abord le chemin qui conduit à s'accorder avec la nature et à la respecter ; et si nous la prenons comme guide, jamais nous ne nous égarerons et nous suivrons à la fois le parti qui est par nature celui de l'intelligence et de la finesse, celui qui est approprié à la communauté humaine et celui qui est énergique et courageux [1]. Mais c'est dans cette division de la beauté morale, dont nous traitons, que le convenable prend la plus grande importance : ce ne sont pas seulement en effet les mouvements du corps appropriés à la nature qu'il faut approuver, mais bien davantage encore les mouvements de l'âme qui sont également accommodés à la nature. **101** Double est en effet la force des âmes et de la nature : une part, qui est l'ὁρμή grecque, réside dans les désirs qui entraînent l'homme ici et là ; l'autre réside dans la raison qui

1. Cicéron vient d'énumérer les trois premières divisions de la beauté morale : la connaissance de la vérité, la communauté humaine, la grandeur d'âme.

hibenda est igitur quaedam reuerentia aduersus homines et optimi cuiusque et reliquorum. Nam neglegere quid de se quisque sentiat, non solum arrogantis est, sed etiam omnino dissoluti. Est autem quod differat in hominum ratione habenda inter iustitiam et uerecundiam. Iustitiae partes sunt non uiolare homines, uerecundiae non offendere ; in quo maxime uis perspicitur decori. His igitur expositis, quale sit id quod decere dicimus, intellectum puto.

100 Officium autem quod ab eo ducitur, hanc primum habet uiam quae deducit ad conuenientiam conseruationemque naturae : quam si sequemur ducem, numquam aberrabimus sequemurque et id quod acutum et perspicax natura est, et id quod ad hominum consociationem accommodatum, et id quod uehemens atque forte. Sed maxima uis decori in hac inest parte de qua disputamus ; neque enim solum corporis, qui ad naturam apti sunt, sed multo etiam magis animi motus probandi, qui item ad naturam accommodati sunt. **101** Duplex est enim uis animorum atque naturae : una pars in appetitu posita est quae est ὁρμή graece, quae hominem huc et illuc rapit ; altera in ratione

Test. : **99** AMBR., *De off.*, I, 227.
100-101 AMBR., *De off.*, I, 228.

99 et *post* homines *om.* *L* || hominum : -nem *VH* || dicimus : diximus *L*.
100 ducitur : dic- P^2b^1 || primum : -mam *L* || numquam... sequemurque *om.* *VH* || sequemurque et id *BPb* : et id *VH* consequemurque id *L* || et perspicax... hominum *om.* B^1 || consociationem : consolationem P^{rec} || accommodatum : a. est *L* || sed : sub b^1 || decori : -ris *L* || disputamus : -tauimus B^1, *L* || magis *om.* *L*.
101 est enim uis VHB^2Pb : enim uis B^1 enim uis est *L* || animorum : amorum V^1 || naturae : -ra P^{rec}.

enseigne et explique ce qu'il faut faire et éviter. C'est ainsi pour que la raison commande et que les désirs obéissent. XXIX Or toute action doit être dépourvue de présomption et d'insouciance, et en vérité ne rien entreprendre dont on ne puisse fournir une raison « probable »[1] ; telle est en effet généralement la définition du devoir. **102** Il faut faire en sorte que les désirs obéissent à la raison, qu'ils ne la devancent pas ni ne l'abandonnent par paresse ou apathie, qu'ils soient calmes et exempts de tout trouble de l'âme ; il en résultera que brilleront toutes les formes de la constance et de la pondération. Car les désirs qui se donnent trop libre cours et qui, exubérants pour ainsi dire, soit dans leurs convoitises soit dans leurs dérobades, ne sont pas suffisamment contenus par la raison, ces désirs, sans doute possible, dépassent la limite et la mesure. Ils délaissent en effet et rejettent l'obéissance et n'obtempèrent pas à la raison à laquelle ils sont soumis par la loi de la nature. Or non seulement ils troublent les âmes, mais aussi les corps. On peut discerner les visages eux-mêmes des gens en colère ou de ceux qui sont ébranlés par quelque passion ou crainte ou qui sont transportés par un plaisir extrême ; chez tous, les figures, les voix, les mouvements et les attitudes sont changés. **103** D'où l'on comprend, pour en revenir à l'idée du devoir, qu'il faille restreindre et apaiser les désirs, stimuler l'attention et le zèle pour ne

1. Cf. *De off.*, I, 8 et plus explicitement *De fin.*, III, 58.

quae docet et explanat quid faciendum fugiendumque sit. Ita fit ut ratio praesit, appetitus obtemperet. XXIX Omnis autem actio uacare debet temeritate et neglegentia nec uero agere quidquam cuius non possit causam probabilem reddere ; haec est enim fere descriptio officii. **102** Efficiendum autem est ut appetitus rationi oboediant eamque neque praecurrant nec propter pigritiam aut ignauiam deserant sintque tranquilli atque omni animi perturbatione careant ; ex quo elucebit omnis constantia omnisque moderatio. Nam qui appetitus longius euagantur et tamquam exsultantes siue cupiendo siue fugiendo non satis a ratione retinentur, ii sine dubio finem et modum transeunt ; relinquunt enim et abiciunt oboedientiam nec rationi parent, cui sunt subiecti lege naturae ; a quibus non modo animi perturbantur, sed etiam corpora. Licet ora ipsa cernere iratorum aut eorum qui aut libidine aliqua aut metu commoti sunt aut uoluptate nimia gestiunt ; quorum omnium uultus, uoces, motus statusque mutantur. **103** Ex quibus illud intellegitur, ut ad officii formam reuertamur, appetitus omnes contrahendos sedandosque esse excitandamque animaduersionem et diligentiam,

Test. : **101-102** AMBR., *De off.*, I, 229 : quidquam... reddere.

101 et *post* docet *om.* $VHBP^1b$ ‖ fugiendumque : -dumue *L* ‖ praesit : p. et *L* ‖ appetitus : appetis B^1 ‖ possit $VHBPb^2$: possis *L* sit b^1 ‖ descriptio *Pb*, *L* : dis- *VHB* ‖ officii VB^2Pb, *L* : -cio *H* officio officii B^1.

102 neque VHB^2Pb : ne *L om.* B^1 ‖ ii BP^1b : hi VHP^2, *L* ‖ abiciunt *BPb* : abiciunt abiciunt *VH* omnino abiciunt *L* ‖ qui : quae *VH* ‖ gestiunt : -ant *L*.

103 appetitus : appetus B^1.

rien faire légèrement et au hasard, sans réflexion et avec insouciance.

La plaisanterie et l'amusement.

De fait, nous n'avons pas été engendrés par la nature de telle sorte que nous paraissions faits pour l'amusement et la plaisanterie, mais bien plutôt pour la vie sérieuse et des tâches plus importantes et plus grandes. Or cet amusement et cette plaisanterie sont assurément permis, mais comme le sommeil et les autres délassements, lorsque nous avons satisfait aux obligations importantes et sérieuses. Le genre lui-même de la plaisanterie ne doit pas dépasser les bornes, sans retenue, mais doit être de bon ton et élégant. Car comme nous ne donnons pas aux enfants toute permission de jouer, mais la permission de jeux qui ne s'écartent pas des actions morales, ainsi dans la plaisanterie elle-même doit briller quelque éclat d'un caractère vertueux. **104** Au total il existe deux genres de plaisanterie [1], l'un vulgaire, impudent, scandaleux, grossier, l'autre distingué, poli, spirituel, élégant, genre dont non seulement Plaute [2] chez nous et la comédie ancienne [3] des Grecs, mais encore les livres des philosophes socratiques sont remplis, ainsi que tant de mots d'esprit de beaucoup de gens, tels ceux que Caton dans sa vieillesse a rassemblés et qu'on appelle ἀποφθέγματα [4]. Le départ est donc facile entre la plaisanterie de bon ton et la plaisanterie vulgaire. L'une, si elle vient en son temps — de même si c'est par délassement de l'esprit — est digne de l'homme, mais l'autre

1. Sur *iocus*, voir A. Haury, *L'ironie et l'humour chez Cicéron*, Leiden, 1955, p. 60 s.

2. T. Maccius Plautus naît vers 254. Après une jeunesse besogneuse, il entreprit d'écrire des comédies qui connurent un grand succès. Il mourut en 184.

3. Aristophane (né vers 445, mort après 388) en fut le plus illustre représentant.

ut ne quid temere ac fortuito, inconsiderate neglegenterque agamus.

Neque enim ita generati a natura sumus ut ad ludum et iocum facti esse uideamur, ad seueritatem potius et ad quaedam studia grauiora atque maiora. Ludo autem et ioco uti illo quidem licet, sed sicut somno et quietibus ceteris tum cum grauibus seriisque rebus satis fecerimus. Ipsumque genus iocandi non profusum nec immodestum, sed ingenuum et facetum esse debet. Vt enim pueris non omnem ludendi licentiam damus, sed eam quae ab honestatis actionibus non sit aliena, sic in ipso ioco aliquod probi ingenii lumen eluceat.
104 Duplex omnino est iocandi genus : unum illiberale, petulans, flagitiosum, obscenum ; alterum elegans, urbanum, ingeniosum, facetum. Quo genere non modo Plautus noster et atticorum antiqua comoedia, sed etiam philosophorum socraticorum libri referti sunt, multaque multorum facete dicta, ut ea quae a sene Catone collecta sunt, quae uocant ἀποφθέγματα. Facilis igitur est distinctio ingenui et illiberalis ioci. Alter est, si tempore fit, ut si remisso animo, homine dignus,

103 fortuito : -tu *B*[2] || generati : genera*** *V* || illo *om.* *B* || cum *om.* *B*[1] || nec : neque *L* || ingenuum : -nium *VH* || ab : ad *b*[1] || honestatis : honestis *B*, *L* || ioco : loco *L*[1].

104 obscenum : et o. *L* || non modo *om.* *L* || dicta : -tam *V*[1] || uocant : uocamus *B* || ut si *VHBPb et Aa* : et si *L et c etiam* et sit *p* ut sit *Bruxellensis 10034-37* aut si *Madvig* || remisso animo *codd. et Aac Bruxellensis 10034-37 corr.* : -ssi -mi *p* -ssio -mo *Bruxellensis 10034-37 et Unger, Heine, Scheibe* || *lacunam ante* homine *indicauit Heine* magno h. *Madvig* liberali h. *Scheibe* maximo h. *Seyffert* grauissimo h. *Müller* uel seuerissimo h. *Atzert.*

n'est pas digne, même de l'homme émancipé, si pour des sujets honteux elle emploie des termes grossiers. Dans l'amusement aussi il est une mesure à garder [1], pour ne pas tout livrer à profusion et ne pas tomber, emportés par le plaisir, dans quelque ignominie. Notre Champ de Mars et la pratique de la chasse suffisent comme exemples moraux d'amusements.

Les exigences de la dignité de l'homme.

XXX **105** Mais il importe, pour toute recherche sur le devoir, de garder toujours présent à l'esprit combien la nature de l'homme l'emporte sur les animaux domestiques et sur le reste des bêtes. Les animaux n'ont d'autre sentiment que celui du plaisir et ils sont portés vers lui de tout leur élan, tandis que l'esprit de l'homme se nourrit par l'étude et la réflexion : il recherche toujours ou fait toujours quelque chose, et l'attrait de voir et d'entendre le conduit. Bien plus, si l'on a un peu trop d'inclination pour les plaisirs, à condition qu'on ne soit pas de l'espèce des bêtes — car il y a des gens qui sont hommes, non pas en réalité, mais seulement de nom — si l'on est un peu plus grand [2], quelle que soit l'emprise du plaisir, on cache et on dissimule cet appétit par pudeur. **106** Ce qui fait comprendre que le plaisir du corps n'est pas assez élevé pour la dignité de l'homme et qu'il faut le mépriser et le rejeter, mais que s'il se trouve

1. Cf. Quintilien, *Inst. orat.*, I, 3, 11.
2. Allusion au thème traditionnel qui oppose aux animaux courbés vers la terre, la station droite de l'homme. Voir mon *Saint Augustin et Cicéron*, I, p. 76.

alter ne libero quidem, si rerum turpitudini adhibetur uerborum obscenitas. Ludendi etiam est quidam modus retinendus, ut ne nimis omnia profundamus elatique uoluptate in aliquam turpitudinem delabamur. Suppeditant autem et campus noster et studia uenandi honesta exempla ludendi.

XXX **105** Sed pertinet ad omnem officii quaestionem semper in promptu habere, quantum natura hominis pecudibus reliquisque beluis antecedat ; illae nihil sentiunt nisi uoluptatem ad eamque feruntur omni impetu, hominis autem mens discendo alitur et cogitando, semper aliquid aut anquirit aut agit uidendique et audiendi delectatione ducitur. Quin etiam, si quis est paulo ad uoluptates propensior, modo ne sit ex pecudum genere — sunt enim quidam homines non re, sed nomine — sed si quis est paulo erectior, quamuis uoluptate capiatur, occultat et dissimulat appetitum uoluptatis propter uerecundiam. **106** Ex quo intellegitur corporis uoluptatem non satis esse dignam hominis praestantia eamque contemni et reici oportere ; sin sit

Test. : **104** NONIVS, 356, 30 : alter ne... obscenitas.

105 DIOMEDES ?, dans *Gram. lat.*, I, 313, 11 || MVSONIVS, XII, p. 64, 14 s. : ἐπικρυπτόμενοι δὲ καὶ λάθρᾳ.

104 turpitudini adhibetur *$VHBP^1b$ et Aa* : -dini -beatur *P^{rec}* -tudo -betur et *L et c etiam* -tudo -beatur et *p* -tudo -betur aut *Nonius* || etiam est : est etiam *B^1* || ne nimis *VHB^2b^2, L* : nemis *B^1* ne mimis *Pb^1?* || elatique *BP^2b^2, L* : elatioque *$VHP^1?b^1$* || suppeditant : -tanus *B^1* -tat *L* || studia : -dium *L*.

105 semper *om. L* || beluis : bestiis *P^{rec}* || illae : ille *B* || feruntur : furuntur *P^1b* || ducitur : dic- *H^1* || quidam : -dem *B^1* || occultat : -tet *H^1*.

106 sin sit *B^2Pb, L* : sensit *VH* si sit *B^1*.

quelqu'un pour accorder quelque chose au plaisir, il doit attentivement garder la mesure en cette jouissance. Que la nourriture et l'entretien du corps aient donc pour but la santé et la vigueur, mais non pas le plaisir ! Et en outre, si nous voulons considérer quelle est, en la nature humaine, sa supériorité et sa dignité, nous comprendrons combien il est laid de se dissoudre dans le luxe, de vivre douillettement et mollement, et combien il est beau de vivre avec économie, retenue, austérité, frugalité.

Le respect de la personnalité.

107 Il faut encore comprendre que la nature nous a fait endosser en quelque sorte deux personnages ; l'un nous est commun, du fait que nous participons tous à la raison et à cette dignité qui nous élève au-dessus des bêtes, d'où découlent toute la beauté morale et tout le convenable, et à quoi l'on demande la connaissance du devoir ; quant à l'autre, il nous a été attribué à chacun personnellement. De même en effet que les corps présentent de grandes différences — nous voyons les uns bons pour la course à cause de leur rapidité, d'autres bons pour la lutte à cause de leur force, nous voyons aussi en certaines conformations résider la dignité, en d'autres la beauté — de même les âmes offrent-elles de plus grandes diversités encore. **108** Il y avait chez L. Crassus [1] et L. Philippus[2] beaucoup d'agrément, mais plus encore et avec plus d'application chez César [3], fils de Lucius.

1. L. Licinius Crassus, né en 140, questeur en 109, édile en 103, consul en 95, censeur en 92, mourut en 91. Il fut le meilleur orateur de son temps. Dans le *De Oratore*, Cicéron en fait son porte-parole. Voir aussi *Brutus*, 143.

2. L. Marcius Philippus fut consul en 91 et combattit les projets du tribun Drusus cité dans ce même passage. La famille des Marcii prétendait descendre d'Ancus Martius. Cicéron vante souvent ses qualités oratoires, notamment dans *Brutus*, 173.

quispiam qui aliquid tribuat uoluptati, diligenter ei tenendum esse eius fruendae modum. Itaque uictus cultusque corporis ad ualetudinem referatur et ad uires, non ad uoluptatem. Atque etiam si considerare uolemus quae sit in natura excellentia et dignitas, intellegemus quam sit turpe diffluere luxuria et delicate ac molliter uiuere quamque honestum parce, continenter, seuere, sobrie.

107 Intellegendum etiam est duabus quasi nos a natura indutos esse personis ; quarum una communis est ex eo quod omnes participes sumus rationis praestantiaeque eius qua antecellimus bestiis, a qua omne honestum decorumque trahitur et ex qua ratio inueniendi officii exquiritur ; altera autem quae proprie singulis est tributa. Vt enim in corporibus magnae dissimilitudines sunt — alios uidemus uelocitate ad cursum, alios uiribus ad luctandum ualere, itemque in formis aliis dignitatem inesse, aliis uenustatem — sic in animis exsistunt maiores etiam uarietates. **108** Erat in L. Crasso, in L. Philippo multus lepos, maior etiam magisque de industria in C. Caesare L. filio ; at iisdem

Test. : **106** Mvsonivs, XVIII B, p. 105, 4 s. : ὑγίειάν τε καὶ ἰσχύν || Nonivs, 339, 29 : intellegimus (*sic*) quam... uiuere.
107 Diomedes, dans *Gram. lat.*, I, 374, 20 : antecellimus.

106 uolemus $VH^2B^2P^{rec}$: uolumus $H^1B^1P^1b$ uelimus *L* || excellentia... nos a natura *om.* P^1 || diffluere : defluere *L* || sobrie : -riae B^1.
107 etiam est : est etiam *VH* || inueniendi : -da B^1 || proprie : -riae *B* || uidemus : enim u. P^{rec} || in formis aliis : aliis i. f. aliis *L* || sic : et P^{rec}.
108 in *post* crasso *om.* *L* || multus : -tos P^1 || lepos B^2Pb, *L* : lepus VHB^1*?* || C. caesare... seueritas in *om.* P^1.

Or à la même époque on trouvait chez M. Scaurus [1] et M. Drusus [2], tout jeune homme, une austérité exceptionnelle, chez C. Laelius [3] une grande gaieté, mais chez son ami Scipion [4] plus d'ambition et une vie plus sévère. Parmi les Grecs, d'après la tradition, Socrate [5] était agréable et spirituel, d'une conversation charmante, et dans tous ses propos il simulait l'ignorant — aussi les Grecs l'ont-ils appelé εἴρων, l'interrogateur — mais en revanche Pythagore [6] et Périclès [7] ont acquis la plus haute autorité sans un sourire. Hannibal [8] chez les Carthaginois, Q. Maximus [9] parmi nos généraux, furent rusés, suivant la tradition : ils savaient cacher, se taire, feindre, tendre des pièges, devancer les projets de l'ennemi. En ce genre de conduite, les Grecs mettent au-dessus de tous les autres Thémistocle [10] et Jason de Phères [11] et placent en tout premier lieu l'exploit astucieux et rusé de Solon qui, pour mieux protéger sa vie et être plus utile à l'État, feignit la folie [12]. **109** Il est d'autres gens, très différents de ceux-ci, simples et ouverts, qui pensent ne devoir rien faire en se cachant, rien par ruse, gens qui ont le culte de la vérité, ennemis de la tromperie ; et de même, il en est d'autres qui admettent n'importe quoi, servent n'importe qui, pourvu qu'ils obtiennent ce qu'ils veulent, comme nous vîmes Sylla [13] et M. Crassus [14]. En ce genre, le Lacédémonien Lysandre [15] était, d'après la tradition, très astucieux et très accommodant, à l'opposé

1. Voir *supra*, note de I, 76.
2. M. Liuius Drusus (fils de son homonyme, consul en 111) fut tribun du peuple en 91. Bien qu'appartenant à l'aristocratie, il formait des projets très novateurs. Le consul Philippe, cité plus haut, s'opposa à lui. Il fut assassiné.
3. Voir *supra*, note de I, 90.
4. Voir *supra*, note de I, 76.
5. Voir *supra*, note de I, 90.
6. Voir *supra*, note de I, 56.
8. Voir *supra*, note de I, 38.
9. Voir *supra*, note de I, 84.

temporibus in M. Scauro et in M. Druso adulescente singularis seueritas, in C. Laelio multa hilaritas, in eius familiari Scipione ambitio maior, uita tristior. De Graecis autem dulcem et facetum festiuique sermonis atque in omni oratione simulatorem, quem εἴρωνα Graeci nominarunt, Socratem accepimus, contra Pythagoram et Periclem summam auctoritatem consecutos sine ulla hilaritate. Callidum Hannibalem ex Poenorum, ex nostris ducibus Q. Maximum accepimus, facile celare, tacere, dissimulare, insidiari, praeripere hostium consilia. In quo genere Graeci Themistoclem et Pheraeum Iasonem ceteris anteponunt ; in primisque uersutum et callidum factum Solonis qui, quo et tutior eius uita esset et plus aliquanto rei publicae prodesset, furere se simulauit. **109** Sunt his alii multum dispares, simplices et aperti, qui nihil ex occulto, nihil de insidiis agendum putant, ueritatis cultores, fraudis inimici, itemque alii qui quiduis perpetiantur, cuiuis deseruiant, dum, quod uelint, consequantur, ut Sullam et M. Crassum uidebamus. Quo in genere uersutissimum et patientissimum Lacedaemonium Lysandrum accepimus con-

Test. : **108** Nonivs, 409, 22 : in eius... ambitio.
109 Lact., *Diu. inst.*, VI, 12, 11 : simplicis et aperti (*sic*).

108 M. *ante* druso *om. L* || C. laelio : G. caecilio *L* || nominarunt *VHBP*^{1}*b* : uocant *P*^{rec} *om. L* || summam : -mum *V* || callidum : calidum *P*^{1} || poenorum *VHB*^{2}*P*^{1}*b, L* : poenarum *B*^{1} gente poenorum *P*^{rec} || ducibus Q. *B*^{2}*H*^{1}*Pb, L* : ducibusque *VB*^{1}*?* ducibus *H*^{2} || facile : f. facere *L* || tacere *om. L* || hostium : -tilium *VH* || esset : esse *b* || se *om. H.*

109 dispares : dissimiles *P*^{rec} || simplices : -cet *H*^{1} || fraudis : -des *b* || qui *L et Apc* : si *VHBPb* || sullam : -lae *L* || et *ante* M. *om.* L.

de Callicratidas [1] qui fut préfet de la flotte aussitôt après Lysandre ; et de même, dit-on, dans les conversations, tous les hommes habiles, si puissants qu'il soient, font en sorte qu'ils paraissent appartenir à la foule, ce qu'on a vu avec les Catulus [2], père et fils, et aussi avec Q. Mucius Mancia [3]. J'ai entendu dire à mes aînés que ce même trait de caractère se retrouvait chez P. Scipion Nasica [4] — mais qu'à l'opposé son père, celui qui punit les entreprises désastreuses de Ti. Gracchus n'avait aucun agrément de conversation, ni non plus Xénocrate [5], le plus sérieux des philosophes — et qu'à cause de cela justement il fut grand et illustre. Innombrables sont les autres dissemblances de nature et de caractère, qui cependant ne sont point du tout à blâmer.

XXXI 110 Or il faut absolument que chacun garde son caractère, non pas ses défauts, mais tout de même son originalité, afin de maintenir plus aisément ce convenable que nous recherchons. Il faut agir en effet de telle sorte que nous ne prétendions à rien à l'encontre de la nature commune à tous, mais que, celle-ci sauve, nous suivions cependant la nôtre, propre, et qu'ainsi, y eût-il même d'autres entreprises plus considérables et meilleures, nous mesurions cependant nos entreprises d'après la règle de notre nature [6]. Il n'avance à rien en effet de s'opposer à la nature, ni de poursuivre quelque chose qu'on ne

2. Q. Lutatius Catulus, consul en 102 avec Marius, bat avec lui les Cimbres à Verceil, en 101. S'étant rallié à Sylla, il fut proscrit par Marius, en 87, et se tua. Cicéron cite un exemple de ses traits d'esprit dans *De orat.*, II, 278. Voir surtout *Brutus*, 132-134 ; 259 ; et aussi Quintilien, *Inst. orat.*, XI, 3, 35. Sur son fils, Q. Lutatius Catulus Capitolinus, voir *supra*, la note de I, 76.

3. Cicéron nomme peut-être le même personnage dans *De orat.*, II, 266 ; 274.

4. P. Cornelius Scipio Nasica Serapio, mourut l'année de son consulat, en 111. Il était peu loquace mais parlait bien, avait de l'esprit et savait plaisanter d'après Cicéron, *Brutus*, 128. Sur son père et Ti. Gracchus, voir *supra*, notes de I, 76.

traque Callicratidam qui praefectus classis proximus post Lysandrum fuit ; itemque in sermonibus *callid*um quemque, quamuis praepotens sit, efficere ut unus de multis esse uideatur ; quod in Catulo, et in patre et in filio, idemque in Q. Mucio Mancia uidimus. Audiui ex maioribus natu hoc idem fuisse in P. Scipione Nasica — contraque patrem eius, illum qui Ti. Gracchi conatus perditos uindicauit, nullam comitatem habuisse sermonis, ne Xenocratem quidem, seuerissimum philosophorum — ob eamque rem ipsam magnum et clarum fuisse. Innumerabiles aliae dissimilitudines sunt naturae morumque, minime tamen uituperandorum.

XXXI **110** Admodum autem tenenda sunt sua cuique non uitiosa, sed tamen propria, quo facilius decorum illud quod quaerimus, retineatur. Sic enim est faciendum ut contra uniuersam naturam nihil contendamus, ea tamen conseruata propriam nostram sequamur ut, etiamsi sint alia grauiora atque meliora, tamen nos studia nostrae regula metiamur ; neque enim attinet naturae repugnare nec quidquam sequi quod assequi

Test. : **110** Nonivs, 315, 17 : ut iam (*sic*) sint... metimur (*sic*).

109 callidum quemque *nos* : alium quemque *codd. et Aac etiam* quemque alium *p* aliquem *Pearce* alium *Facciolati*, *Heine* alium quem *Orelli* ‖ in *ante* patre *om. L* ‖ in *ante* filio *om. VHP, L* ‖ idemque : itemque H^2 ‖ in Q. : inque *b* ‖ qui Ti. : quinti L^2 ‖ seuerissimum : sapientissimum *L.*

110 quo : quod P^1?*b* ‖ uniuersam : -sa *H* ‖ nostram : naturam L^2 ‖ ut : ut eam *Pb* ‖ meliora : m. initia P^{rec} ‖ studia nostrae regula V^2 : s. n. -lam H^1 s. n. -lae V^1H^2B s. -tri -la Pb^1 -dii -tri -la b^2 -dia -tra naturae regula [-lam *c Nonius*] *L* -dia nostra nostrae naturae regula *Ernesti* ‖ metiamur : ment- P^1 ‖ nec quidquam : nequidquam *L.*

peut atteindre. De là ressort mieux ce qu'est ce convenable, puisque rien n'est convenable, dit-on, *inuita Minerua*, contre le gré de Minerve [1], c'est-à-dire en contradiction et opposition avec la nature. **111** Pour tout dire, si quelque chose est convenable, rien ne l'est assurément davantage que l'égalité avec soi-même dans la vie tout entière et dans chacune de nos actions, ce qu'on ne peut observer si, en imitant la nature des autres, on renonce à la sienne. De même en effet que nous devons utiliser le langage qui nous est connu pour ne pas faire rire de nous à très juste titre — comme font certains qui truffent leurs discours de mots grecs [2] — de même dans nos actions et toute notre vie nous ne devons apporter aucune discordance. **112** Et cette diversité des natures a une si grande importance que parfois l'un doit décider de sa propre mort, tandis qu'un autre dans le même cas ne le doit pas. M. Caton [3] était-il en effet dans une autre situation que tous les autres qui en Afrique se livrèrent à César ? Et pourtant on l'eût sans doute reproché à tous les autres, s'ils s'étaient suicidés, pour cette raison que leur vie avait été plus douce et leur caractère plus conciliant. Mais pour Caton qui avait reçu de la nature une fermeté inouïe, qu'il avait lui-même renforcée par une constance sans relâche et qui toujours s'en était tenu au parti qu'il s'était proposé et fixé, il lui fallait mourir plutôt que de voir le visage du tyran. **113** Que d'épreuves endura Ulysse [4] au cours de ce long voyage alors qu'il servait des femmes — s'il faut appeler femmes Circé et Calypso — et que dans toutes ses paroles il

2. Cf. Juvénal, VI, 187.
3. Sur Caton et César, voir notes de III, 88 et I, 26. Le suicide de Caton a été étudié dans sa logique interne par H. Fugier, *Recherches sur l'expression du sacré dans la langue latine*, dans *Publications de la Faculté des Lettres de l'Université de Strasbourg*, Paris, Les Belles Lettres, 1963, p. 259-270.

non queas. Ex quo magis emergit quale sit decorum illud, ideo quia nihil decet inuita Minerva, ut aiunt, id est aduersante et repugnante natura. **111** Omnino si quidquam est decorum, nihil est profecto magis quam aequabilitas uniuersae uitae, tum singularum actionum, quam conseruare non possis, si aliorum naturam imitans omittas tuam. Vt enim sermone eo debemus uti qui notus est nobis, ne, ut quidam, graeca uerba inculcantes iure optimo rideamur, sic in actiones omnemque uitam nullam discrepantiam conferre debemus. **112** Atque haec differentia naturarum tantam habet uim ut non numquam mortem sibi ipse consciscere alius debeat, alius in eadem causa non debeat. Num enim alia in causa M. Cato fuit, alia ceteri qui se in Africa Caesari tradiderunt ? Atqui ceteris forsitan uitio datum esset si se interemissent, propterea quod lenior eorum uita et mores fuerant faciliores ; Catoni cum incredibilem tribuisset natura grauitatem eamque ipse perpetua constantia roborauisset semperque in proposito susceptoque consilio permansisset, moriendum potius quam tyranni uultus aspiciendus fuit. **113** Quam multa passus est Vlixes in illo errore diuturno, cum et mulieribus — si Circe et Calypso mulieres appellandae sunt — inseruiret

111 aliorum : aliarum *B*[1] || quidam : -dem *B*.

112 non *om. L* || alius in... debeat *L et pc* : *om. VHBPb* || num : non *L* || atqui : atque *b*[1] || interemissent : -sset *b*[1] || catoni : c. autem *P*[rec] || incredibilem : incredulam *Pb* || ipse : ipsa *V* || aspiciendus : persp- *B*[1] || fuit : erat *P*[rec].

113 si *del. L*[2] || mulieres... sunt *om.* L.

voulait se montrer à l'égard de tous courtois et agréable. Chez lui, en vérité, il supporta même les outrages des serviteurs et des servantes afin d'arriver un jour à ce qu'il voulait. Mais Ajax [1], avec l'âme qu'on lui prête, eût préféré mille fois s'offrir à la mort plutôt que de souffrir ces maux. En considération de quoi, il faudra apprécier ce qui appartient à chacun en propre et le mettre en œuvre, mais non pas vouloir expérimenter à quel point conviennent à soi les talents des autres : ceci en effet convient le plus à chacun, qui appartient le plus à la nature de chacun. **114** Que chacun donc connaisse son propre talent et se montre juge perspicace de ses qualités et de ses défauts, pour éviter que les gens de théâtre ne paraissent avoir plus de sagesse que nous. Ceux-ci en effet ne choisissent pas les pièces les meilleures, mais celles qui leur sont le plus appropriées. Ceux qui sont sûrs de leur voix choisissent Les Epigones [2] et Medus [3], ceux qui sont sûrs de leur geste Mélanippe [4], Clytemnestre [5] ; Rupilius, je m'en souviens, jouait toujours Antiope [6], mais Ésope [7] rarement Ajax. Ainsi donc, un acteur se rendra compte de cela au théâtre [8], et le sage ne s'en rendra pas compte dans la vie ? C'est donc aux tâches auxquelles nous serons le plus propres que nous nous appliquerons de préférence. Mais si quelque jour la nécessité nous relègue en des tâches qui ne seront point celles de notre talent, il faudra user de tout notre zèle, de toute notre réflexion, de toute notre attention, pour être en mesure de les accomplir, sinon avec une

6. Antiope, comme Mélanippe, eut deux jumeaux qu'on la força d'abandonner, mais qui furent recueillis par des bergers et qui plus tard, reconnaissant leur mère, la délivrèrent de la captivité qu'elle subissait à Thèbes.

7. A la différence de Rupilius, Ésope nous est bien connu comme un tragédien de talent. Voir Cicéron, *Ad fam.*, VII, 1, 2 ; VII, 1, 2 ; *Tusc.*, II, 39 ; IV, 55 ; *De diu.*, I, 80 ; Horace, *Ep.*, II, 1, 82 ; Quintilien, *Inst. orat.*, XI, 3, 111.

et in omni sermone omnibus affabilem esse et iucundum se uellet ; domi uero etiam contumelias seruorum ancillarumque pertulit, ut ad id aliquando quod cupiebat, ueniret. At Aiax, quo animo traditur, milies oppetere mortem quam illa perpeti maluisset. Quae contemplantes expendere oportebit quid quisque habeat sui eaque moderari nec uelle experiri quam se aliena deceant ; id enim maxime quemque decet quod est cuiusque maxime. **114** Suum quisque igitur noscat ingenium acremque se et bonorum et uitiorum suorum iudicem praebeat, ne scaenici plus quam nos uideantur habere prudentiae. Illi enim non optimas, sed sibi accommodatissimas fabulas eligunt ; qui uoce freti sunt, Epigonos Medumque, qui gestu, Melanippam, Clytemnestram ; semper Rupilius quem ego memini, Antiopam, non saepe Aesopus Aiacem. Ergo histrio hoc uidebit in scaena, non uidebit sapiens uir in uita ? Ad quas igitur res aptissimi erimus, in iis potissimum elaborabimus ; sin aliquando necessitas nos ad ea detruserit quae nostri ingenii non erunt, omnis adhibenda erit cura, meditatio, diligentia, ut ea si non decore, at

Test. : **113-114** Ambr., *De off.*, I, 215 ; Nonivs, 241, 3 : Suum... praebeat.

113 omni : -ne P^1 || esse et iucundum se *nos* : et iucundum se esse *L* esse se $VHBP^1b$ iucundum *in marg.* P^{rec} || ueniret : perue- P^{rec}, *L* || at : ut b^1 || milies : miles b^1 || quid : quod b^1 || experiri B^1Pb, *L* : expediri VHB^2 || deceant : deceat P^{rec} || cuiusque $VHBP^1b^2$, *L* : c. suum P^{rec} cuius b^1 || maxime. suum : maxime suum. suum *Orelli*.

114 ingenium : i. suum *p* || uoce : enim ? u. P^{rec} || medumque : medeamque *L* || gestu b^2, *L* : -tum $VHBPb^1$ || rupilius : utilius P^{rec} || memini : ne- P^1b || scaena : s. quod P^{rec} || iis *Pb* : his *VHB*, *L* || decore at [aut B^1] quam minime VHB^2Pb : optime at non *L*.

belle convenance, tout de même avec le moins possible de disconvenance ; et il ne faut point tant s'efforcer de poursuivre les qualités qui ne nous ont pas été données, que de fuir les défauts.

Les circonstances et la volonté personnelle.

XXXII 115 A ces deux personnages dont j'ai parlé précédemment, se joint un troisième que certains hasards ou les circonstances nous imposent ; il s'y joint même un quatrième que nous nous donnons à nous-mêmes d'après notre choix. Le pouvoir en effet, les commandements, la notoriété, les charges, les richesses, la puissance et leurs contraires, qui relèvent du hasard, sont régis par les circonstances ; quant au personnage que nous voulons jouer, cela dépend de notre volonté. Aussi les uns s'adonnent-ils à la philosophie, d'autres au droit civil et d'autres à l'éloquence, et parmi les vertus elles-mêmes, l'un préfère exceller dans l'une et un autre dans une autre. 116 Ceux à vrai dire dont les pères ou les aïeux se sont distingués par quelque titre de gloire, s'efforcent en général de s'illustrer dans le même genre de mérite, tels Q. Mucius [1], fils de Publius en droit civil, le fils de Paul-Émile [2], l'Africain, dans l'art militaire. Certains toutefois ajoutent à ceux qu'ils ont reçus de leurs pères, quelque mérite propre : ce même Africain cumula l'éloquence et la gloire militaire, ce que fit aussi Timothée, fils de Conon [3], qui ne s'était pas montré inférieur à son père par le mérite militaire et qui y joignit la gloire du savoir et du talent. Mais il arrive parfois que quel-

3. Conon, général athénien, réussit à s'échapper lors de la défaite des Athéniens par Lysandre à Aegos-Potamos, en 405. Mais en 394, il bat la flotte de Sparte devant Cnide et relève les murs d'Athènes. Son fils Timothée, général athénien lui aussi, participa aux guerres d'hégémonie, en 378, et valut à Athènes l'Eubée et Corcyre, puis plus tard Samos et Sestos. En 364, il entra en Macédoine. Il mourut à Chalcis, en 354.

quam minime indecore facere possimus ; nec tam est enitendum ut bona quae nobis data non sint, sequamur, quam ut uitia fugiamus.

XXXII **115** Ac duabus iis personis quas supra dixi, tertia adiungitur quam casus aliqui aut tempus imponit ; quarta etiam quam nobismet ipsi iudicio nostro accommodamus. Nam regna, imperia, nobilitatem, honores, diuitias, opes eaque quae sunt his contraria, in casu sita temporibus gubernantur ; ipsi autem gerere quam personam uelimus, a nostra uoluntate proficiscitur. Itaque se alii ad philosophiam, alii ad ius ciuile, alii ad eloquentiam applicant, ipsarumque uirtutum in alia alius mauult excellere. **116** Quorum uero patres aut maiores aliqua gloria praestiterunt, ii student plerumque eodem in genere laudis excellere, ut Q. Mucius P. f. in iure ciuili, Pauli filius Africanus in re militari. Quidam autem ad eas laudes quas a patribus acceperunt, addunt aliquam suam, ut hic idem Africanus eloquentia cumulauit bellicam gloriam ; quod idem fecit Timotheus Cononis filius, qui cum belli laude non inferior fuisset quam pater, ad eam laudem doctrinae et ingenii gloriam adiecit. Fit autem interdum ut nonnulli omissa

114 tam P^2, *L* : tamen *VHB*P^1*b* || enitendum : euit- *?* P^{rec} || bona : magis b. B^2 || sequamur : adseq- *L.*

115 iis *B*P^1*b* : his *VH*P^2, *L* || dixi : diximus *L* || aliqui : -quis *L* || ipsi : ipsis *L* || in casu sita *VHBPb* : ut causis ita *L etiam* ut sunt casuita *p* ut casibus ita *c* || gerere quam : q. g. *L* || uoluntate : potestate B^1 || applicant *VHB, L* : amplicant *P* amplificant *b* || alia alius : alio alia alius *Pb.*

116 aliqua : in a. P^{rec} || ii P^1*b* : hi *VHB*P^2, *L* || eodem : eorum *Pb* || ut Q. : utque *b* || pauli : et p. *L* || in re... africanus *om.* P^1 || hic idem : itidem B^1 || eloquentia : cum e. P^2.

ques-uns, renonçant à imiter leurs aïeux, poursuivent certain dessein personnel, et ceux-là surtout s'y appliquent en général qui, nés d'aïeux obscurs, se proposent de grandes choses.

L'orientation des jeunes gens.

117 C'est donc tout cela, quand nous recherchons ce qui est convenable, que notre âme et notre pensée doivent embrasser ; mais il faut avant tout définir qui nous voulons et quels nous voulons être et en quel genre de vie ; or ce choix est de tous le plus difficile. C'est en effet au seuil de la jeunesse, au moment où le jugement est le plus faible, c'est alors que chacun se fixe à lui-même ce genre d'emploi de sa vie, dont il s'est le plus épris. Aussi se trouve-t-il engagé dans quelque genre déterminé de carrière et de vie, avant d'avoir pu juger lequel est le meilleur. **118** Prodicus dit bien, comme on le lit dans Xénophon [1], qu'Hercule arrivant à l'âge de la puberté — un temps donné par la nature pour choisir le chemin de la vie que chacun prendra — se retira dans la solitude et qu'assis là, il délibéra beaucoup et longtemps avec lui-même pour savoir, alors qu'il distinguait deux chemins, celui du Plaisir et celui de la Vertu, lequel des deux il valait mieux prendre ; mais ceci, qui put arriver peut-être à Hercule, sorti de la race de Jupiter [2], n'arrive point de même à nous qui imitons chacun ceux

1. Xénophon, né vers 427, fut un élève de Socrate. Historien, philosophe et homme de guerre, il prit part à la guerre du Péloponèse et commanda la retraite des Dix-Mille en 401. Il mourut après 355. Il rapporte dans ses *Mémorables*, II, 1, 21, l'épisode raconté par Prodicus, sophiste célèbre, né dans l'île de Céos qui fut son contemporain. Le mythe a été repris dans la littérature latine et appliqué à Scipion, le vainqueur de Zama, par Silius Italicus, *Punica*, XV, 10.

2. Hercule était en effet fils de Jupiter et d'Alcmène, femme d'Amphitryon, officier thébain. Plaute, imité par Molière, a tiré parti de cette légende dans son *Amphitryon*.

imitatione maiorum suum quoddam institutum consequantur maximeque in eo plerumque elaborant *ii* qui magna sibi proponunt obscuris orti maioribus.

117 Haec igitur omnia, cum quaerimus quid deceat, complecti animo et cogitatione debemus ; in primis autem constituendum est, quos nos et quales esse uelimus et in quo genere uitae, quae deliberatio est omnium difficillima. Ineunte enim adulescentia, cum est maxima imbecillitas consilii, tum id sibi quisque genus aetatis degendae constituit, quod maxime adamauit ; itaque ante implicatur aliquo certo genere cursuque uiuendi, quam potuit, quod optimum esset, iudicare. **118** Nam quod Herculem Prodi*c*us dicit, ut est apud Xenophontem, cum primum pubesceret — quod tempus a natura ad deligendum quam quisque uiam uiuendi sit ingressurus, datum est — exisse in solitudinem atque ibi sedentem diu secum multumque dubitasse, cum duas cerneret uias, unam Voluptatis, alteram Virtutis, utram ingredi melius esset, hoc Herculi, Iouis satu edito, potuit fortasse contingere, nobis non i*t*em qui imitamur quos cuique uisum est, atque

Test. : 116 NONIVS, 359, 24 : qui magna... maioribus.

116 consequantur : seq- *L* ‖ maximeque : maxime *b* ‖ elaborant : lab- b^1 ‖ ii *edd.* : hi *codd.*
117 debemus : debeamus *L* ‖ primis : -mus B^1 ‖ cum est : inest *P*rec ‖ imbecillitas : imbecillas L^1 ‖ id sibi : s. id b^1 ‖ degendae : -de *V* ‖ aliquo *om.* b^1 ‖ potuit : potuerit *L* ‖ iudicare : -caret B^1.
118 nam quod *L* : namque *VHBPb* ‖ prodicus *Manutius* : -digum *VHBPb* -digus *L* ‖ deligendum $VHBP^1?b$, *L* : elig- P^2 ‖ ingressurus : ingressus *H* ‖ diu secum VH^2B, *L* : s. d. H^1 secum *Pb* ‖ item *edd.* : idem *codd.* ‖ quos cuique VHB^1Pb : quod c. B^2 quoscumque *L*.

qu'il nous semble bon et qui sommes entraînés vers leurs goûts et leurs desseins. La plupart du temps, imbus des préceptes de nos parents, nous sommes amenés à suivre leurs usages et leur façon de vivre. D'autres sont conduits par le jugement de la foule, et ce qui paraît le plus beau au plus grand nombre, c'est cela par-dessus tout qu'ils souhaitent. Quelques-uns cependant, soit en vertu d'un certain bonheur, soit en vertu d'une heureuse nature, indépendamment de l'éducation familiale, ont suivi le droit chemin de la vie. XXXIII **119** Tout à fait rare est l'espèce de ceux qui, doués d'une élévation supérieure de caractère ou d'un savoir et d'une formation exceptionnels, ou doués de l'un et de l'autre, ont eu le loisir aussi de réfléchir sur la carrière qu'ils voulaient suivre de préférence [1] ; or en cette réflexion, tout projet doit être apprécié d'après la nature de chacun. Alors en effet qu'en toutes les actions, nous recherchons ce qui est convenable d'après le genre de nature avec lequel chacun est né — nous l'avons dit plus haut [2] — quand il s'agit de l'établissement de toute une vie, c'est un soin beaucoup plus grand qu'il faut y apporter, en sorte que tout au long de la vie nous puissions rester constants avec nous-mêmes, sans boiter [3] en aucun devoir. **120** Pour cet examen, parce que la nature est de première importance, mais que la fortune vient en second lieu, c'est de l'une et de l'autre en somme qu'il faut tenir compte pour le choix d'un genre de vie, mais davantage encore de la nature. Celle-ci est en effet beaucoup plus assurée et plus constante, en sorte que la fortune parfois semble

1. Cicéron raconte dans le *Brutus*, 304 s., avec quel soin et quelle application il prépara sa carrière d'orateur.
2. Voir *supra*, I, 107-114.
3. La langue française a conservé le même sens avec la même image, au dérivé phonétique de *claudicare*, le verbe *clocher*, dont l'emploi a paru difficile dans la traduction de ce passage.

ad eorum studia institutaque impellimur. Plerumque autem parentium praeceptis imbuti ad eorum consuetudinem moremque deducimur ; alii multitudinis iudicio feruntur quaeque maiori parti pulcherrima uidentur, ea maxime exoptant ; nonnulli tamen siue felicitate quadam siue bonitate naturae sine parentium disciplina rectam uitae secuti sunt uiam. XXXIII **119** Illud autem maxime rarum genus est eorum qui aut excellenti ingenii magnitudine aut praeclara eruditione atque doctrina aut utraque re ornati, spatium etiam deliberandi habuerunt, quem potissimum uitae cursum sequi uellent ; in qua deliberatione ad suam cuiusque naturam consilium est omne reuocandum. Nam cum in omnibus quae aguntur, ex eo quo modo quisque natus est, ut supra dictum est, quid deceat, exquirimus, tum in tota uita constituenda multo est eius rei cura maior adhibenda ut constare in perpetuitate uitae possimus nobismet ipsis nec in ullo officio claudicare. **120** Ad hanc autem rationem quoniam maximam uim natura habet, fortuna proximam, utriusque omnino habenda ratio est in deligendo genere uitae, sed naturae magis ; multo enim et firmior est et constantior,

Test. : **118** NONIVS, 324, 23 : Plerumque... deducimur || NONIVS, 358, 20 : quaeque... optant (*sic*).

118 institutaque : instituta quae L^1 || maiori parti $VHBP^1b^2$, L : -re -te P^2 -re -ti b^1 || ea $VHBP^{rec}$, L : *om.* P^1b || sine T : siue *codd.* || uitae BP^2, L : uiae VHP^1b.

119 rarum : rerum P^1b || excellenti L : -te $VHBPb$ || re V^2Pb, L : rei V^1HB || ornati P^2, L : -ta $\overline{VHB^2}P^1b$ -to $\overline{B^1}$ || uita : uicta $\overline{P^1}$?b || eius P^{rec}, L : *om.* $VHBP^1b$ || ullo : nullo Pb.

120 quoniam : quo Pb || deligendo : dilig- P^1b || genere uitae : u. g. L || naturae : -ra L.

combattre comme une mortelle avec l'immortelle nature. Celui donc qui aura conformé à son genre de nature, abstraction faite de ses défauts [1], tout projet de sa vie, qu'il observe la constance — c'est en effet le plus convenable — à moins que par hasard il ne s'aperçoive qu'il s'est trompé dans le choix d'un genre de vie. Si cela arrive — or cela peut arriver — il faut changer de manières de vivre et de desseins. Ce changement, si les circonstances le favorisent, on le fera avec plus de facilité et d'aisance, sinon il faudra le faire peu à peu et avec précaution ; c'est la même chose que pour des amitiés qui en viennent à moins plaire et à être moins appréciées : les sages pensent qu'il est plus convenable de les relâcher peu à peu que de les rompre tout d'un coup [2]. **121** Quand on a changé de genre de vie, il faut veiller de toutes façons à ce que ce changement apparaisse l'effet d'un bon jugement. Mais puisque l'on a dit un peu plus haut qu'il fallait imiter ses aïeux, que d'abord soit exclu qu'il faille imiter leurs défauts, et exclu ensuite le cas où la nature ne permettra pas que l'on puisse imiter certains exemples : ainsi le fils du premier Africain [3], qui adopta le fils de Paul-Émile, ne put, en raison de sa faible santé, ressembler à son père autant que celui-ci avait ressemblé au sien. Au cas donc où quelqu'un ne pourra pas, soit défendre beaucoup de causes, soit retenir l'attention du peuple par ses discours, soit entreprendre des guerres, il devra cependant présenter ces qualités qui seront en

3. P. Cornelius Scipio Africanus Maior, fils du consul de 218 et neveu du consul de 222, Cn. Cornelius Scipio Caluus, qui furent battus en Espagne en 211, naît en 234. Il sauve son père dès 218 à la bataille du Tessin, combat à Cannes en 216, devient édile en 212. Général en chef en 210, il conquiert l'Espagne et est élu consul en 206. Il débarque en Afrique en 204 et y vainc Hannibal en 202, à Zama. Il reçoit alors le surnom d'Africanus. Censeur en 199, puis de nouveau consul en 194, il fut mis en accusation en 185 et mourut vers 183. Sur son fils, sur Paul-Émile et son fils, voir *supra*, notes de I, 76 et 116.

ut fortuna non numquam tamquam ipsa mortalis cum immortali natura pugnare uideatur. Qui igitur ad naturae suae non uitiosae genus consilium uiuendi omne contulerit, is constantiam teneat — id enim maxime decet — nisi forte se intellexerit errasse in deligendo genere uitae. Quod si acciderit — potest autem accidere — facienda morum institutorumque mutatio est. Eam mutationem si tempora adiuuabunt, facilius commodiusque faciemus ; sin minus, sensim erit pedetemptimque facienda, ut amicitias quae minus delectent et minus probentur, magis decere censent sapientes sensim diluere quam repente praecidere.
121 Commutato autem genere uitae omni ratione curandum est ut id bono consilio fecisse uideamur.

Sed quoniam paulo ante dictum est imitandos esse maiores, primum illud exceptum sit ne uitia sint imitanda, deinde si natura non feret ut quaedam imitari possint, ut superioris filius Africani, qui hunc Paulo natum adoptauit, propter infirmitatem ualetudinis non tam potuit patris similis esse, quam ille fuerat sui ; si igitur non poterit siue causas defensitare siue populum contionibus tenere siue bella gerere, illa tamen praestare debebit quae erunt in ipsius potestate, iusti-

Test. : **120** Nonivs, 29, 3 : sin... faciendum (*sic*).

120 ut fortuna : infortuna b^1 || non uitiosae *om.* b^1 || deligendo $H^2P^1?b$, *L* : dilig- VH^1B elig- P^2 || erit *om.* *L* || facienda B^2Pb, *L* : -dam VHB^1 || delectent : -tant B^1 || censent $VHBP^1$, *L* : censeant P^2b^2 censant b^1 || diluere $VHBP^1b$: deluere P^2 dissuere L^2 *om.* L^1 || praecidere : praedicere P^1.

121 commutato P^2, *L* : -tatio $VHBP^1b$ || feret $B^2P^2?$, *L* : ferret VHB^1P^1b || patris : -tri *B* || sui : suis *L*.

son pouvoir, la justice, la bonne foi, la générosité, la mesure, la tempérance, afin que l'on sente moins l'absence, chez lui, de ce qui peut lui faire défaut. Mais le meilleur héritage que transmettent les parents à leurs enfants et qui l'emporte sur tout patrimoine, c'est la gloire de leur vertu et de leurs entreprises : la déshonorer doit être jugé comme un sacrilège et une tare.

Devoirs des jeunes et des vieux.

XXXIV **122** Parce que ce ne sont pas les mêmes devoirs qui sont assignés aux différents âges, qu'autres sont ceux des jeunes gens et autres ceux des vieillards, il faut dire quelque chose aussi de cette distinction. Il appartient ainsi au tout jeune homme de respecter ses aînés et de choisir parmi eux les meilleurs et les plus estimés, afin de prendre appui sur leur sagesse et leur autorité : l'ignorance en effet du début de la vie doit se fonder et se régler sur l'expérience des vieillards. Or il faut avant tout détourner cet âge des passions et l'entraîner au travail et à l'endurance de l'âme et du corps, afin que dans les devoirs militaires et civils l'activité des jeunes soit vigoureuse. Et même lorsqu'ils voudront détendre leurs âmes et se donner de l'agrément, qu'ils se gardent de l'intempérance, qu'ils n'oublient pas la retenue, ce qui sera plus aisé si du moins, dans les occupations de cette sorte, ils acceptent la présence de leurs aînés. **123** En ce qui concerne les vieillards [1], il semble qu'il faille réduire les travaux du corps, et augmenter encore l'activité de l'esprit ; mais ils doivent consacrer leur soin à aider le plus possible de leur jugement et de leur prudence leurs amis, la jeunesse et surtout l'État.

1. Cicéron avait développé la plupart de ces idées dans son *Cato Maior*, quelques mois auparavant.

tiam, fidem, liberalitatem, modestiam, temperantiam, quo minus ab eo id quod desit, requiratur. Optima autem hereditas a patribus traditur liberis omnique patrimonio praestantior, gloria uirtutis rerumque gestarum, cui dedecori esse nefas et uitium iudicandum est.

XXXIV **122** Et quoniam officia non eadem disparibus aetatibus tribuuntur aliaque sunt iuuenum, alia seniorum, aliquid etiam de hac distinctione dicendum est. Est igitur adulescentis maiores natu uereri exque iis deligere optimos et probatissimos quorum consilio atque auctoritate nitatur ; ineuntis enim aetatis inscitia senum constituenda et regenda prudentia est. Maxime autem haec aetas a libidinibus arcenda est exercendaque in labore patientiaque et animi et corporis, ut eorum et in bellicis et in ciuilibus officiis uigeat industria. Atque etiam cum relaxare animos et dare se iucunditati uolent, caueant intemperantiam, meminerint uerecundiae, quod erit facilius si in eiusmodi quidem rebus maiores natu ⟨non⟩ nolint interesse. **123** Senibus autem labores corporis minuendi, exercitationes animi etiam augendae uidentur ; danda uero opera ut et amicos et iuuentutem et maxime rem publicam consilio et pru-

Test. : **122** Nonivs, 273, 13 : ineuntis... est prudentia (*sic*).

121 et : sed *b* || uitium : impium *L*.

122 quoniam : quo *b* || exque : et ex P^3L || iis BP^1b : his VHP^2, *L* || deligere V^2HBP^1 : dilig- V^1P^2b, *L* elig- P^3 || atque : et *L* || in bellicis H^2Pb, *L* : inbecillis VH^1 in bellis *B* || cum relaxare : curae laxare *H* || si *codd.* : si ne *Stuerenburg* || non nolint *Lambin* : nolint *VHBPb* uolent *L*.

123 minuendi : m. sunt P^{rec} || uero : uere *b* || et maxime VHB^2Pb^2 : ex m. B^1 et -mac b^1 maxime *L*.

Il n'est rien dont la vieillesse doive plus se garder que de s'abandonner à la lassitude et à la paresse ; quant au luxe, honteux à tout âge, il est pour la vieillesse tout à fait ignominieux ; mais s'il s'y ajoute aussi l'intempérance des passions, le mal est double : la vieillesse elle-même fait son déshonneur et elle rend plus effrontée l'intempérance des jeunes.

Devoirs des magistrats, des particuliers, des étrangers.

124 Et ceci non plus n'est pas hors de propos, de parler des devoirs des magistrats, des particuliers, des citoyens, des étrangers. Ainsi, c'est le devoir propre du magistrat de comprendre qu'il représente la cité, qu'il doit soutenir son prestige et son honneur, sauvegarder les lois, définir les droits et se souvenir que tout cela a été confié à sa bonne foi. Quant au simple particulier, il faut qu'il vive à égalité et parité de droit avec ses concitoyens, ni abaissé et ravalé, ni non plus en se donnant de l'importance ; dans l'État, il faut que ses volontés favorisent la paix et la beauté morale ; tel est en effet celui que d'ordinaire nous jugeons et appelons un bon citoyen. **125** Le devoir de l'étranger de passage et de l'étranger résidant est de ne rien faire en dehors de son occupation, de ne se mêler en rien d'autrui et de n'être dans l'État étranger, absolument pas curieux. C'est ainsi que généralement l'on découvrira les devoirs quand on cherchera ce qui est convenable et ce qui est approprié aux per-

dentia quam plurimum adiuuent. Nihil autem magis cauendum est senectuti, quam ne languori se desidiaeque dedat ; luxuria uero cum omni aetati turpis, tum senectuti foedissima est ; sin autem etiam libidinum intemperantia accessit, duplex malum est, quod et ipsa senectus dedecus concipit et facit adulescentium impudentiorem intemperantiam.

124 Ac ne illud quidem alienum est, de magistratuum, de priuatorum, de ciuium, de peregrinorum officiis dicere. Est igitur proprium munus magistratus intellegere se gerere personam ciuitatis debereque eius dignitatem et decus sustinere, seruare leges, iura describere, ea fidei suae commissa meminisse. Priuatum autem oportet aequo et pari cum ciuibus iure uiuere neque summissum et abiectum neque se efferentem, tum in re publica ea uelle quae tranquilla et honesta sint ; talem enim solemus et sentire bonum ciuem et dicere. **125** Peregrini autem atque incolae officium est nihil praeter suum negotium agere, nihil de alio anquirere minimeque esse in aliena re publica curiosum. Ita fere officia reperientur, cum quaeretur quid deceat et quid

Test. : **123** NONIVS, 338, 24 : Nihil... dedat || NONIVS, 435, 15 : luxuria... foedissima est.
124 NONIVS, 389, 39 : neque... efferentem.
125 AMBR., *De off.*, I, 213.

123 dedat : dabat P^1 || aetati : -te *L* || tum VHB^2Pb : tunc B^1 tum etiam *L* || est *post* malum *om.* *L* || adulescentium : -scentulorum *L*.
124 se : sese b^1 || ea : et ea *Prec* || suae : sua *VH* || efferentem : eo ferentem B^1 || bonum ciuem : et b. c. *Prec* c. b. *L*.
125 atque : et *L* || agere : -ret *b* || alio : aliquo (*quod sequitur uocabulum legi non potest*) *Prec* || anquirere : inq- H^2 *et pc* || quaeretur : quaeritur H^2 || quid deceat : quod d. B^1 || et quid... deceat *om.* L^1.

sonnes, aux circonstances, aux âges. Mais il n'est rien qui soit aussi convenable que d'observer, en toute entreprise et en toute décision, la constance avec soi-même.

Le comportement du corps et de l'âme.

XXXV **126** Or ce convenable se remarque dans toutes les actions et les paroles, et enfin dans le mouvement et l'attitude du corps ; il consiste en trois choses : la beauté, l'ordre, la disposition appropriée à l'action, choses difficiles à exprimer, mais il suffira que l'on comprenne. De ces trois choses, fait également partie notre souci d'être appréciés par ceux avec qui et près de qui nous vivons. Disons donc de cela encore quelques mots. Tout d'abord, la nature elle-même peut paraître avoir tenu grand compte de notre corps : elle a mis en évidence notre forme humaine et tout ce qui, dans notre constitution, pouvait avoir belle apparence ; quant aux parties de notre corps destinées aux besoins de la nature, qui devaient avoir un aspect et une forme hideuses, elle les a couvertes et cachées [1]. **127** La pudeur des hommes a imité cet art si attentif de la nature. Ce que la nature en effet a dissimulé, c'est cela même que tous ceux qui sont sains d'esprit, éloignent des regards, et ils s'efforcent, aux besoins mêmes de la nature, d'obéir le plus secrètement possible. Quant à ces parties du corps dont

1. Cf. Cicéron, *De nat. deor.*, II, 141. Le *De officiis* ne fait que reprendre très brièvement le thème stoïcien longuement développé par Balbus dans le *De natura deorum*, II, 134-146, de la description finaliste des organes du corps humain. Ces développements ont été très appréciés des auteurs chrétiens comme je l'ai montré pour saint Ambroise, saint Augustin et Julien d'Eclane. Voir ma *Note sur « De ciuitate Dei »*, XXII, 24, dans *Augustinus Magister*, tome I, Paris, Études augustiniennes, 1954, p. 193-200 ; *Saint Augustin et Cicéron*, I, p. 77, 121-122, 197, 212 ; II, p. 75 s.

aptum sit personis, temporibus, aetatibus. Nihil est autem quod tam deceat, quam in omni re gerenda consilioque capiendo seruare constantiam.

XXXV **126** Sed quoniam decorum illud in omnibus factis, dictis, in corporis denique motu et statu cernitur idque positum est in tribus rebus, formositate, ordine, ornatu ad actionem apto — difficilibus ad eloquendum, sed satis erit intellegi. In his autem tribus continetur cura etiam illa, ut probemur iis quibuscum apud quosque uiuamus ; his quoque de rebus pauca dicantur. Principio corporis nostri magnam natura ipsa uideatur habuisse rationem, quae formam nostram reliquamque figuram in qua esset species honesta, eam posuit in promptu ; quae partes autem corporis ad naturae necessitatem datae, aspectum essent deformem habiturae atque formam, eas contexit atque abdidit. **127** Hanc naturae tam diligentem fabricam imitata est hominum uerecundia. Quae enim natura occultauit, eadem omnes qui sana mente sunt, remouent ab oculis ipsique necessitati dant operam ut quam occultissime

Test. : **126** Nonivs, 226, 27 : in corporis... cernitur ; Mvsonivs, VIII, p. 35, 4 : ἐν κινήσει καὶ σχέσει || Ambr., I, 82 : idque... apto || Nonivs, 435, 20 : Principio... promptu.
126-127 Ambr., *De off.*, I, 77.

125 re gerenda *VHBP²* : regeneranda *P¹?b* re agenda *L*.
126 decorum illud : i. d. *L* || dictis : et d. *Prec* || idque : id *L* || difficilibus : -cilius *B²P²* || eloquendum : e. rebus *L* || satis : sat *L* || etiam : et *L* || iis *B¹P¹b* : his *VHB²P²*, *L* ab his *Prec* || apud : et a. *Prec* || magnam : -namque *B¹* || uideatur : uidetur *B²P²?*, *L* || reliquamque : relinq- *H¹* || formam : turpem *Prec*, *L*.
127 necessitati : -tate *P¹b*.

l'usage est indispensable, ils n'appellent par leurs noms, ni ces parties ni leur usage, et il est indécent de dire ce qu'il n'est point honteux de faire, du moins en secret. C'est pourquoi l'acte de ces fonctions, en public, ne manque pas d'impudence, et l'indécence ne manque pas non plus à en parler. **128** Il ne faut pas vraiment écouter les cyniques ou quelques stoïciens qui furent presque des cyniques ; ils critiquent et se moquent, sous prétexte que nous disons infamantes dans les mots des choses qui ne sont pas honteuses, et que, celles qui le sont, nous les appelons par leurs noms : voler à main armée, tromper, commettre l'adultère sont choses honteuses en réalité, mais se disent sans indécence ; en revanche, faire œuvre de génération est chose moralement belle en réalité, mais chose indécente dans son appellation. Il y a bien des questions qu'ils discutent en ce sens à l'encontre de la pudeur. Pour nous, suivons la nature et fuyons tout ce qui répugne à l'acquiescement des yeux et des oreilles [1]. Que l'attitude, la démarche, la façon de s'asseoir, de se coucher à table, le visage, les yeux, le mouvement des mains observent cette convenance. **129** En tout cela, il faut surtout éviter deux choses : qu'il n'y ait rien d'effé-

1. Tout ce paragraphe était cité par Julien d'Eclane polémiquant contre saint Augustin. Il l'accusait précisément de cynisme, à cause de sa doctrine sur la concupiscence et sur la légitimité du mariage. Voir mon *Saint Augustin et Cicéron*, II, p. 85-86. Bien que le texte augustinien reçu se rapproche notablement de la tradition représentée par le manuscrit L et les manuscrits dits de la famille X, on ne saurait cependant alléguer le témoignage de cette longue citation en faveur de l'établissement du texte. D'abord parce que l'on ne dispose pas à l'heure actuelle d'une édition critique de ce texte. D'autre part, saint Augustin et Cicéron furent des auteurs tellement pratiqués au moyen âge, que tout semble se passer comme si le texte des citations cicéroniennes d'Augustin avait été corrigé d'après le texte cicéronien, et parfois réciproquement. Voir mon étude sur ce point dans *Saint Augustin et Cicéron*, I, p. 317 s. et plus brièvement dans *Revue des études latines*, XXXVI, 1958, p. 48-49.

pareant ; quarumque partium corporis usus sunt necessarii, eas neque partes neque earum usus suis nominibus appellant ; quodque facere non turpe est, modo occulte, id dicere obscenum est. Itaque nec actio rerum illarum aperta petulantia uacat nec orationis obscenitas. **128** Nec uero audiendi sunt cynici, aut si qui fuerunt stoici paene cynici, qui reprehendunt et irrident, quod ea quae turpia non sint, uerbis flagitiosa dicamus, illa autem quae turpia sunt, nominibus appellemus suis. Latrocinari, fraudare, adulterare re turpe est, sed dicitur non obscene ; liberis dare operam re honestum est, nomine obscenum ; pluraque in eam sententiam ab eisdem contra uerecundiam disputantur. Nos autem naturam sequamur et ab omni quod abhorret ab oculorum auriumque approbatione, fugiamus ; status, incessus, sessio, accubitio, uultus, oculi, manuum motus teneat illud decorum. **129** Quibus in rebus duo maxime sunt fugienda : ne quid effeminatum aut molle et ne quid durum aut rusticum sit. Nec uero histrionibus

Test. : **128** AVGVSTINVS, *Cont. sec. Iul. resp. imp. opus*, IV, 43 : quod ea quae... fugiamus.

127 usus : usu $P^{1}b$ || eas neque *VHB* : easque $P^{1}b$ (neque *add. in marg.* P^{rec}) neque eas *L* || earum : eorum P^{1} || non turpe $B^{2}P^{2}$, *L* : turpe non turpe $VHB^{1}P^{1}b$ || modo occulte $VHBP^{1}b^{1}$: m. occultare uerum b^{2} m. uerum occulte *L* tamen occulte sunt P^{2} || rerum illarum : i. r. *H*.

128 si qui : si quis H^{1} || turpia... quae *om. H* || turpia non $VBP^{2}b^{2}$: turpi an non P^{1} turpia re non P^{rec} turpi amnon b^{1} re turpia non *L* || uerbis $VB^{2}Pb$: -bi B^{1} nominibus ac uerbis *L* || dicamus : duc- *L* || turpia sunt $VHBP^{2}$: turpia $P^{1}b$ re turpia sint *L* || re *post* adulterare *om. Pb, L* || ab eisdem *transl. post* pluraque *L* || ab omni : omne *L* || ab *post* abhorret *om. L* || approbatione : comprob- P^{rec} || accubitio : -batio $P^{2}b$ || teneat : teneant P^{rec}.

miné ou de mou, ni rien de rude ou de grossier. Il ne faut pas en vérité accorder aux acteurs et aux orateurs que ces bonnes manières leur soient appropriées, et à nous les manières relâchées. L'usage des gens de théâtre en réalité comporte tant de pudeur, d'après l'ancienne tradition, que personne ne se produit sur la scène sans dessous ; ils craignent en effet, s'il arrivait en quelque occasion que certaines parties du corps soient découvertes, qu'on ne les regarde au mépris de la convenance. Suivant notre usage, assurément, les fils adultes ne se baignent pas avec leurs pères ni les gendres avec leurs beaux-pères. Il faut donc maintenir ce genre de pudeur, surtout lorsque la nature elle-même l'enseigne et y conduit.

XXXVI **130** Il existe deux genres de beauté : dans l'un réside la grâce, dans l'autre la dignité, et nous devons considérer la grâce comme propre à la femme, la dignité comme propre à l'homme. Par conséquent l'on bannira de son aspect physique tout apprêt qui n'est point digne d'un homme, et l'on se gardera de semblable défaut dans le geste et le mouvement. Les mouvements de la palestre en effet sont souvent fort déplaisants et certains gestes des acteurs ne sont pas exempts de maladresse ; dans l'un et l'autre cas on apprécie ce qui est direct et simple. D'autre part la dignité de l'aspect physique doit être sauvegardée par la qualité du teint et ce teint par les

oratoribusque concedendum est, ut his haec apta sint, nobis dissoluta. Scaenicorum quidem mos tantam habet uetere disciplina uerecundiam, ut in scaenam sine subligaculo prodeat nemo ; uerentur enim ne, si quo casu euenerit ut corporis partes quaedam aperiantur, aspiciantur non decore. Nostro quidem more cum parentibus puberes filii, cum soceris generi non lauantur. Retinenda igitur est huius generis uerecundia, praesertim natura ipsa magistra et duce.

XXXVI **130** Cum autem pulchritudinis duo genera sint, quorum in altero uenustas sit, in altero dignitas, uenustatem muliebrem ducere debemus, dignitatem uirilem. Ergo et a forma remoueatur omnis uiro non dignus ornatus, et huic simile uitium in gestu motuque caueatur. Nam et palaestrici motus sunt saepe odiosiores, et histrionum nonnulli gestus ineptiis non uacant, et in utroque genere quae sunt recta et simplicia, laudantur. Formae autem dignitas coloris bonitate tuenda est, color exercitationibus corporis. Adhibenda

Test. : **129** NONIVS, 29, 19 : Scaenicorum... nemo || NONIVS, 236, 21 : uerentur... decore || VAL. MAX., II, 1, 7 ; AMBR., *De off.*, I, 79.

130 NONIVS, 435, 25 : uenustatem... uirilem ; cf. AGROECIVS, dans *Gram. lat.*, VII, 118, 28.

129 oratoribusque : -busue *L* || his *codd.* : iis *edd.* || sint : sunt *L* || tantam *L* : -tum *VHBP*[2] tatum *P*[1] statum *b* || uetere *VHB* : -ri *L* ut *Pb* || uerecundiam *VHB*, *L* : -dia *P*[1]*b* - da *P*[2] || subligaculo : subligata lo *B*[1] || euenerit : uenerit *L* || decore nostro : n. d. *L* || praesertim : praesenti *P*[1]*b*[1].

130 uenustas... altero *om.* *P*[1] || ducere : dic- *B*[2] || debemus : demus *P*[1] || dignus : indignus *B*[1] || sunt saepe : saepe sunt *L* || nonnulli gestus : g. n. *L* || ineptiis : -ti *L* || uacant : u. offensione *L* || in *om.* *b*[1] || recta *om.* *P*[1] || adhibenda : -dus *L*.

exercices du corps. Il faut en outre pratiquer une propreté qui ne soit pas importune ni trop recherchée, mais qui seulement évite un laisser-aller grossier et de mauvaise éducation. La même règle doit s'appliquer à l'habillement : en cela, comme dans la plupart des choses, le juste milieu est le mieux. **131** Il faut se garder d'autre part, ou bien d'user dans notre démarche de lenteurs par trop molles, au point d'avoir l'air semblables à des porteurs de procession, ou bien d'adopter dans nos hâtes d'excessives rapidités, car, ce faisant, la respiration s'accélère, le visage change, les traits se crispent et il en résulte l'indication nette que l'on manque de constance [1]. Bien davantage encore faut-il s'efforcer que les mouvements de l'âme ne s'éloignent pas de la nature ; on l'obtiendra si l'on se garde de tomber dans des troubles et des épouvantes, et si l'on tient son âme attentive à l'observation de la convenance. **132** Or les mouvements de l'âme sont de deux sortes : les uns sont ceux de la pensée, les autres ceux des désirs. La pensée s'applique surtout à la recherche du vrai, tandis que les désirs poussent à l'action. Il faut donc veiller à employer notre pensée aux meilleures choses possibles et rendre nos désirs dociles à la raison.

Le convenable et la parole.

XXXVII Grande est assurément l'importance de la parole, qui est de deux sortes : la parole de l'éloquence et la

1. Remarques analogues dans Quintilien, *Inst. orat.*, I, 11.

praeterea munditia est, non odiosa neque exquisita nimis, tantum qu*ae* fugiat agrestem et inhumanam neglegentiam. Eadem ratio est habenda uestitus in quo, sicut in plerisque rebus, mediocritas optima est. **131** Cauendum autem est ne aut tarditatibus utamur ⟨in⟩ ingressu mollioribus, ut pomparum ferculis similes esse uideamur, aut in festinationibus suscipiamus nimias celeritates quae, cum fiunt, anhelitus mouentur, uultus mutantur, ora torquentur; ex quibus magna significatio fit non adesse constantiam. Sed multo etiam magis elaborandum est ne animi motus a natura recedant; quod assequemur si cauebimus ne in perturbationes atque exanimationes incidamus, et si attentos animos ad decoris conseruationem tenebimus. **132** Motus autem animorum duplices sunt : alteri cogitationis, alteri appetitus; cogitatio in uero exquirendo maxime uersatur, appetitus impellit ad agendum. Curandum est igitur ut cogitatione ad res quam optimas utamur, appetitum rationi oboedientem praebeamus.

XXXVII Et quoniam magna uis orationis est eaque

Test. : **130** Nonivs, 29, 23 : Eadem... optima est.
131 Ambr., *De off.*, I, 73 : fercula pomparum; Hieron., *Ep.*, CXXV, 16 : pomparum... similes; *Adu. Iou.*, I, 34 : p. ... -lis.
132 Ambr., *De off.*, I, 98.

130 est *om. L* || neque : nec *L* || tantum quae *edd.* : tantumque *codd.*
131 utamur : utemur H^1 || in ingressu *edd.* : ingressu *codd.* *an* in gressu *?* || in festinationibus : infestationibus B^1 || mouentur : mouetur *L* || etiam magis : m. e. *L* || recedant : -dunt P^1 || assequemur : -quimur *L* || atque exanimationes VB^2P : a. examinationes *Hb*, *L om.* B^1.
132 in *om.* B^1 || orationis : rationis *H* || eaque : eaquae b^1, L^1.

parole de la conversation. L'éloquence sera de mise dans les débats des tribunaux, des assemblées, du sénat ; la conversation se tiendra dans les réunions, les discussions, les rencontres amicales ; elle suivra aussi les repas. Les préceptes de l'éloquence sont du domaine des rhéteurs, tandis qu'il n'est point de règles de la conversation ; peut-être cependant celles-ci aussi pourraient-elles exister ! Mais on trouve des maîtres pour les études qui ont des élèves, or pour la conversation il n'est personne qui l'étudie, tout est occupé par la foule des rhéteurs ; et pourtant puisqu'il existe des préceptes concernant les idées et les mots, ce sont bien les mêmes qui vaudront pour la conversation. **133** D'autre part, nous possédons la voix pour exprimer la parole et dans l'usage de la voix, nous suivons deux principes : qu'elle soit distincte et qu'elle soit agréable ; or l'une et l'autre qualité doivent être demandées, à vrai dire, à la nature, mais l'exercice améliorera la première, tandis que pour la seconde, ce sera l'imitation de ceux qui parlent avec exactitude et douceur. Il n'y avait rien chez les Catulus [1] pour donner à penser qu'ils jouissaient d'un goût littéraire raffiné, bien qu'ils fussent lettrés, mais d'autres l'étaient aussi ; ceux-ci cependant avaient la réputation de parler excellemment la langue latine : leur timbre était doux, les lettres n'étaient ni détachées ni confondues, pour éviter ou le bredouillement ou l'affectation ; la voix, sans effort, n'était ni traînante ni chantante. La parole de L. Crassus [2] était plus riche et non moins spirituelle, mais la réputation de bien parler des Catulus n'en fut pas moindre. Par le piquant et l'esprit, César [3], le frère de Catulus le père, surpassait tout le monde, à ce point que, dans l'art oratoire judiciaire même, il triomphait de l'éloquence des autres, sur le ton de la conversation.

1. Voir *supra*, notes de I, 109 pour le père, et 76 pour le fils.

duplex, altera contentionis, altera sermonis, contentio disceptationibus tribuatur iudiciorum, contionum, senatus ; sermo in circulis, disputationibus, congressionibus familiarium uersetur, sequatur etiam conuiuia. Contentionis praecepta rhetorum sunt, nulla sermonis, quamquam haud scio an possint haec quoque esse. Sed discentium studiis inueniuntur magistri, huic autem qui studeant, sunt nulli, rhetorum turba referta omnia ; quamquam, quoniam uerborum sententiarumque praecepta sunt, eadem ad sermonem pertinebunt. **133** Sed cum orationis indicem uocem habeamus, in uoce autem duo sequamur, ut clara sit, ut suauis, utrumque omnino a natura petundum est, uerum alterum exercitatio augebit, alterum imitatio presse loquentium et leniter. Nihil fuit in Catulis ut eos exquisito iudicio putares uti litterarum, quamquam erant litterati ; sed et alii ; hi autem optime uti lingua latina putabantur ; sonus erat dulcis, litterae neque expressae neque oppressae ne aut obscurum esset aut putidum, sine contentione uox nec languens nec canora. Vberior oratio L. Crassi nec minus faceta, sed bene loquendi de Catulis opinio non minor. Sale uero et facetiis Caesar, Catuli patris frater, uicit omnes ut in illo ipso forensi genere dicendi contentiones aliorum sermone uinceret. In omnibus

Test. : **133** AMBR., *De off.*, I, 104.

132 sequatur : perseq- *L* || haud : ut *B*[1] || sunt *om. L* || turba : turpa *b*[1] || referta : r. sunt *L*.

133 sed : et *uel* at *? P*[2] || duo : d. genera *L* || alterum... alterum : -ram... -ram *L* || nihil : n. aliud *L* || catulis : c. quam *L* || expressae : expraesse *b* || neque oppressae : n. -sse *L*[2] *om. L*[1] || opinio non : opinionum *B*[1] || facetiis : -tus *B*[1] || uicit : uincit *H*[1] || illo *om. L* || ipso : ipse *Pb* || forensi : fronesi *L*.

Ainsi, pour tout cela, il faut se donner du mal, si vraiment nous recherchons en toute chose ce qui est convenable.

L'art de la conversation.

134 Que notre conversation par conséquent — les socratiques y excellent au plus haut point — soit paisible et non pas du tout opiniâtre, mais qu'elle présente de l'agrément. En vérité, qu'elle n'exclue pas les autres, comme si elle arrivait dans sa propriété, mais qu'elle estime tout à fait juste que chacun ait son tour dans la conversation commune, comme dans tous les autres domaines. En outre, qu'on se rende compte d'abord de quoi l'on parle : s'il s'agit de choses sérieuses, qu'on y apporte du sérieux, et s'il s'agit de choses plaisantes, de l'agrément. Veillons avant tout à ne pas révéler la présence de quelque défaut de caractère [1], ce qui arrive le plus souvent quand on s'acharne à parler des absents, pour les dénigrer, en les tournant en ridicule ou en tenant des propos sévères, médisants et injurieux. 135 Or on tient conversation la plupart du temps, soit sur des affaires privées, soit sur la chose publique, soit sur l'étude et l'enseignement des arts libéraux. Il faut donc faire attention, même si elle a commencé à s'égarer vers d'autres sujets, à ramener la conversation sur ceux-là, mais suivant la manière dont ils se présenteront : nous ne nous plaisons pas en effet aux mêmes sujets, en tout temps et de la même façon. Il faut aussi surveiller jusqu'à quel moment la conversation offre de l'agrément, et comme il y eut un motif de l'entamer, qu'il y ait aussi une mesure pour l'arrêter.

XXXVIII 136 Mais de même que l'on recommande à très juste titre, dans toute la vie, de fuir les passions, c'est-à-dire les mouvements excessifs de l'âme, qui ne sont pas conformes à la raison, de même la conversation

igitur his elaborandum est, si in omni re quid deceat exquirimus.

134 Sit ergo hic sermo in quo socratici maxime excellunt, lenis minimeque pertinax, insit in eo lepos ; nec uero, tamquam in possessionem suam uenerit, excludat alios, sed cum reliquis in rebus, tum in sermone communi uicissitudinem non iniquam putet ; ac uideat in primis quibus de rebus loquatur ; si seriis, seueritatem adhibeat, si iocosis, leporem ; in primisque prouideat ne sermo uitium aliquod indicet inesse in moribus ; quod maxime tum solet euenire, cum studiose de absentibus detrahendi causa aut per ridiculum aut seuere maledice contumelioseque dicitur. **135** Habentur autem plerumque sermones aut de domesticis negotiis aut de re publica aut de artium studiis atque doctrina. Danda igitur opera est ut, etiamsi aberrare ad alia coeperit, ad haec reuocetur oratio, sed utcumque aderunt ; neque enim iisdem de rebus nec omni tempore nec similiter delectamur. Animaduertendum est etiam quatenus sermo delectationem habeat et, ut incipiendi ratio fuerit, ita sit desinendi modus.

XXXVIII **136** Sed quo modo in omni uita rectissime praecipitur ut perturbationes fugiamus, id est motus

Test. : **134** AMBR., *De off.*, I, 99.

134 reliquis : -quas B^1 || tum : t. etiam *L* || in *ante* moribus *om.* *B* || detrahendi : -ti P^1b^1 || causa : -sam *V* || per ridiculum : periculum *H* || aut seuere : a. s. aut *L*.
135 igitur : uero B^1 || etiamsi : si etiam *L* || neque : nec *L* || enim : e. omnes *L* || omni : in o. *B* || est *om.* b^1 || ita : i. ut B^1 || desinendi : destinandi *Pb*.
136 quo modo : quemadmodum *L* || rectissime : -mae b^1 || motus : modus b^1.

doit être exempte de mouvements de ce genre : que n'y apparaisse point de colère ou de convoitise quelconque ou de paresse ou d'indolence ou que rien de tel ne s'y fasse jour ; il faut avoir soin surtout de montrer à ceux que nous entretiendrons, un respect et une affection manifestes. Les reproches aussi parfois se trouvent être nécessaires, et il se peut qu'il faille y employer un plus grand effort de voix et, dans les mots, une vigueur plus incisive ; et il faut encore que nous paraissions le faire en colère [1] ! Mais il en sera comme des traitements par le feu et par le fer, nous n'en viendrons à ce genre de réprimande que rarement et à regret, jamais à moins de nécessité, lorsqu'on ne trouvera aucun autre remède ; toutefois cependant, que la colère en soit tout à fait absente : avec elle on ne peut rien faire de juste, rien de réfléchi. **137** Dans la majorité des cas, il est possible d'user d'une réprimande modérée, en y joignant néanmoins de la fermeté, afin de pratiquer la sévérité et d'éviter l'outrage ; il faut encore faire comprendre que la dureté même que comporte le reproche, a été voulue, dans l'intérêt de celui précisément qu'on vient à réprimander. Mais en outre il est bien, même dans ces conflits qui se produisent avec les pires ennemis, et même si nous entendons des paroles indignes de nous, de conserver pourtant notre dignité et de repousser la colère, car

1. Cf. Cicéron, *Tusc.*, IV, 55 ; Sénèque, *De ira*, II, 14, 1. Sur l'éloquence et la colère, voir A. Michel, *Rhétorique et philosophie chez Cicéron. Essai sur les fondements philosophiques de l'art de persuader*, Paris, Presses universitaires, 1960, p. 245-249.

animi nimios rationi non obtemperantes, sic eiusmodi motibus sermo debet uacare, ne aut ira exsistat aut cupiditas aliqua aut pigritia aut ignauia aut tale aliquid appareat, maximeque curandum est ut eos quibuscum sermonem conferemus, et uereri et diligere uideamur. Obiurgationes etiam non numquam incidunt necessariae in quibus utendum est fortasse et uocis contentione maiore et uerborum grauitate acriore, id agendum etiam ut ea facere uideamur irati. Sed, ut ad urendum et secandum, sic ad hoc genus castigandi raro inuitique ueniemus nec umquam nisi necessario, si nulla reperietur alia medicina ; sed tamen ira procul absit, cum qua nihil recte fieri, nihil considerate potest. **137** Magna autem ⟨ex⟩ parte clementi castigatione licet uti, grauitate tamen adiuncta, ut seueritas adhibeatur et contumelia repellatur, atque etiam illud ipsum quod acerbitatis habet obiurgatio, significandum est, ipsius id causa qui obiurgetur, esse susceptum. Rectum est autem etiam in illis contentionibus quae cum inimicissimis fiunt, etiamsi nobis indigna audiamus, tamen grauitatem retinere, iracundiam pellere. Quae enim cum

Test. : **136** AMBR., *De off.*, I, 99 : ne aut ira || NONIVS, 241, 5 : utendum... acriore || NONIVS, 379, 27 : sic... ueniamus (*sic*).
137 AMBR., *De off.*, III, 133.

136 aut cupiditas : ut c. *L* || quibuscum : cum quibus P^2 || sermonem : -ne *b* || conferemus : -rimus P^2 || uereri : uerere B^1 || ea : ne ea *L* || sic : sic et *L* || alia *om.* *H* || recte : -ti B^1.

137 magna autem ex parte *nos* : m. autem parte *codd.* -nam a. -tem *Lambin* || ut : ut et *L* || acerbitatis : -bitas B^1 || significandum : -da B^1 || susceptum : subiectum *L* || illis : his *L* || etiamsi... fiunt *om.* *L* || indigna B^2 : i. esse VHB^1Pb.

ce qu'on fait avec quelque passion, on ne peut le faire avec constance, et ceux qui sont présents ne peuvent l'approuver. Il est déplaisant aussi de se vanter soi-même — surtout de choses fausses — et, sous les moqueries des auditeurs, d'imiter le « *Miles gloriosus*, le soldat fanfaron [1] ».

Le convenable et l'habitation.

XXXIX 138 Puisque nous parcourons tous les domaines — du moins le voulons-nous — il faut encore dire quelle doit être la maison d'un homme estimé et haut placé : la destination de cette maison est son utilité, à laquelle il faut approprier le plan de construction ; il faut aussi cependant y apporter le souci de la commodité et de la dignité. Cn. Octauius [2] qui, le premier, devint consul dans cette famille, retira du prestige, nous l'avons appris, du fait qu'il avait construit sur le Palatin une brillante demeure, pleine de dignité : contemplée par la foule, elle avait soutenu, pensait-on, la candidature de son maître, un homme nouveau, au consulat. Scaurus [3] la démolit et ajouta une construction à sa demeure. C'est ainsi que celui-là fit entrer, le premier, le consulat dans sa maison, tandis que celui-ci, fils d'un homme éminent et fort illustre, ne rapporta pas seulement l'échec dans sa maison agrandie, mais encore l'infamie et la ruine. **139** Il faut en effet que la dignité d'un personnage soit rehaussée par sa maison, mais ce n'est pas de sa maison qu'il doit attendre toute sa dignité ; ce n'est pas non plus la maison qui doit honorer le maître, mais le maître la maison. De même que dans les autres domaines il ne faut pas tenir compte de soi seulement, mais aussi

2. Cn. Octauius commanda la flotte romaine dans la guerre de Macédoine contre Persée qu'il bloqua à Samothrace en 168. Il eut droit aux honneurs du triomphe et fut consul en 165. Il fut assassiné en 163 à Laodicée.

aliqua perturbatione fiunt, ea nec constanter fieri possunt neque *i*is qui adsunt, probari. Deforme etiam est de se ipsum praedicare, falsa praesertim, et cum irrisione audientium imitari « Militem gloriosum. »

XXXIX **138** Et quoniam omnia persequimur — uolumus quidem certe — dicendum est etiam qualem hominis honorati et principis domum placeat esse, cuius finis est usus ad quem accommodanda est aedificandi descriptio et tamen adhibenda commoditatis dignitatisque diligentia. Cn. Octavio qui primus ex illa familia consul factus est, honori fuisse accepimus quod praeclaram aedificasset in Palatio et plenam dignitatis domum ; quae cum uulgo uiseretur, suffragata domino, nouo homini, ad consulatum putabatur ; hanc Scaurus demolitus accessionem adiunxit aedibus. Itaque ille in suam domum consulatum primus attulit, hic, summi et clarissimi uiri filius, in domum multiplicatam non repulsam solum rettulit, sed ignominiam etiam et calamitatem. **139** Ornanda enim est dignitas domo, non ex domo tota quaerenda, nec domo dominus, sed domino domus honestanda est ; et, ut in ceteris habenda ratio non sūa solum, sed etiam aliorum, sic in domo clari hominis

Test. : **138** NONIVS, 346, 23 : hanc... aedibus.

137 neque : nec *L* || iis *edd.* : his *codd.* || etiam est : est etiam *L* || ipsum *VHBP*[1]*b*[1]*?*, *L* : ipso *P*[2]*b*[2].

138 est usus *L* : et u. *VHBPb* || commoditatis dignitatisque : commoditatisque *B*[1] || praeclaram : -re *? B*[1] || aedificasset : -sse *b* || in *om. L* || consulatum *B*[2], *L* : -landum *VH*[2]*B*[1]*Pb* -lendum *H*[1] || putabatur : -bantur *P*[1]*b* || accessionem *H*[2], *L* : accensionem *VH*[1]*BPb* || uiri *om. Pb* || et *L* : *om. VHBPb*.

139 enim est : est enim *L* || domo tota : t. d. *L*.

des autres, de même en va-t-il dans la maison d'un homme en vue : il y faut recevoir des hôtes nombreux et y admettre une foule de gens et de concitoyens ; on doit donc y apporter le souci de l'espace. D'autre part, une vaste demeure devient souvent le déshonneur de son maître, s'il y règne la solitude et surtout si dans le passé un autre maître, d'ordinaire, y attirait la foule. C'est chose fâcheuse en effet quand les passants disent :

> O maison du passé, comme il est inférieur
> Le maître qui te possède [1].

Ce qu'à notre époque, certes, l'on peut dire dans bien des cas. **140** Il faut se garder, surtout si l'on bâtit soi-même, de s'engager sans mesure dans la dépense et le faste ; or en ce domaine un grand mal s'étale aussi sous les yeux. C'est avec application en effet que la plupart des gens, surtout sur ce point, imitent les actes des grands comme L. Lucullus [2], cet homme éminent, ... mais qui imite sa valeur morale ? Or combien ont imité le faste de ses villas ! Du moins faut-il y apporter de la mesure et la ramener à un juste milieu. Ce même juste milieu doit être appliqué à tout le côté pratique et à tous les agréments de la vie. Mais voilà qui suffit.

Trois principes d'action.

141 Dans toute action à entreprendre, il faut observer trois principes : en premier lieu, que les désirs obéissent

1. Cf. Cicéron, *Phil.*, II, 104 ; voir Ribbeck, I, p. 303, 184.
2. L. Licinius Lucullus, né vers 106, prit le parti de Marius. Préteur en 77, puis consul en 74, il reçut le commandement de la guerre contre Mithridate, où il fut remplacé par Pompée en 66. Il mourut en 56. Protecteur des lettres, il composa même une histoire de la guerre marsique. Sur ses goûts de luxe, voir Cicéron, *De leg.*, III, 30.

in quam et hospites multi recipiendi et admittenda hominum *ciuium*que multitudo, adhibenda cura est laxitatis : aliter ampla domus dedecori saepe domino *f*it si est in ea solitudo, et maxime si aliquando alio domino solita est frequentari. Odiosum est enim cum a praetereuntibus dicitur

> O domus antiqua, et quam dispari
> Dominare domino

quod quidem his temporibus in multis licet dicere. **140** Cauendum autem est, praesertim si ipse aedifices, ne extra modum sumptu et magnificentia prodeas ; quo in genere multum mali etiam in exemplo est. Studiose enim plerique praesertim in hanc partem facta principum imitantur, ut L. Luculli, summi uiri ; uirtutem quis ? At quam multi uillarum magnificentiam imitati ! quarum quidem certe est adhibendus modus ad mediocritatemque reuocandus. Eademque mediocritas ad omnem usum cultumque uitae transferenda est. Sed haec hactenus.

141 In omni autem actione suscipienda tria sunt

Test. : **139** NONIVS, 132, 24 *et* 340, 15 : et admittenda... laxitatis.

139 quam : qua *L* || ciuiumque *nos* : cuiusque *VHBPb* cuiusque modi *L et pc Nonius etiam* cuiusque generis *aT* || fit *Baiter* : sit *VHBPb* est *L* || si est : si sit b^1 || dominare : donare *H* || temporibus : -poris B^1.
140 prodeas : -ducas B^1 || mali etiam : e. m. *L* || studiose : -sae *VH* || facta principum : p. f. *L* || imitantur : -tatur B^1 || L. *om. L* || at HB^1B^2Pb, *L* : ad VB^2 || imitati : sunt i. *L* || transferenda : refer- *L*.
141 in : in re P^2 || actione : -num P^1b^1.

à la raison, et rien n'est plus propice au respect de nos devoirs ; ensuite, examiner quelle est l'importance de l'affaire que nous voulons mener à bien, afin de ne s'imposer ni plus ni moins de soin et de travail que n'en réclame la chose ; en troisième lieu, pour tout ce qui concerne les apparences extérieures et la dignité de la vie libérale, veiller à la mesure. Or la mesure la meilleure est de s'en tenir précisément au convenable dont nous avons parlé antérieurement et de ne pas aller au-delà. De ces trois principes toutefois le plus important est la soumission des désirs à la raison.

Le tact et son éducation.

XL **142** Ensuite, il faut parler de l'ordre des choses et de l'opportunité des moments. Ceci ressortit à la science que les Grecs appellent εὐταξία, non pas celle que nous traduisons *modestia*, terme qui comporte *modus*, l'idée de mesure, mais il s'agit de l'εὐταξία qui signifie préservation de l'ordre. C'est pourquoi — pour nommer l'εὐταξία en ce second sens aussi *modestia*, le tact — elle est définie par les stoïciens de telle sorte que *modestia*, le tact, est la science de placer en leur lieu les choses que l'on fait ou que l'on dit. Ainsi l'on voit que seront identiques les sens des mots *ordo*, ordre et *collocatio*, place ; en effet, ils définissent encore l'ordre ainsi : disposition des choses aux lieux convenables et appro-

tenenda ; primum ut appetitus rationi pareat, quo nihil est ad officia conseruanda accommodatius ; deinde ut animaduertatur quanta illa res sit quam efficere uelimus, ut neue maior neue minor cura et opera suscipiatur, quam causa postulet ; tertium est ut caueamus, ut ea quae pertinent ad liberalem speciem et dignitatem, moderanda sint. Modus autem est optimus decus ipsum tenere de quo ante diximus, nec progredi longius. Horum tamen trium praestantissimum est appetitum obtemperare rationi.

XL **142** Deinceps de ordine rerum et de opportunitate temporum dicendum est. Haec autem scientia continentur ea quam Graeci εὐταξίαν nominant, non hanc quam interpretamur modestiam, quo in uerbo modus inest, sed illa est εὐταξία in qua intellegitur ordinis conseruatio. Itaque — ut eamdem nos modestiam appellemus — sic definitur a stoicis ut modestia sit scientia rerum earum quae agentur aut dicentur, loco suo collocandarum. Ita uidetur eadem uis ordinis et collocationis fore ; nam et ordinem sic definiunt : compositionem rerum aptis et accommodatis locis ;

Test. : **141** Ambr., *De off.*, I, 105-106 : ut appetitus... pareat. **142** Nonivs, 30, 1 : non... inest.

141 tenenda : et t. *L* || pareat : -reant *L* || conseruanda : conuersanda Pb^1 || ut neue : sit n. b^1 || liberalem speciem et dignitatem : liberalitatem -cie et -te *L* || moderanda : -rata *L* || sint : sit B^1 || tenere : obtinere *L*.

142 haec : hac L^2 || continentur : -netur L^2 || εὐταξίαν (eutaxian) : -tarcian H^1 || hanc : hac L^1 || in *ante* qua *om.* P^1 || appellemus : -llamus L^2 intellegamus L^1 || earum quae : earumque B^1 || accommodatis P^2, *L* : -moditatis $VHB^2P^1?b$ commoditatis B^1.

priés. Or, le lieu de l'action, c'est, disent-ils, l'opportunité du moment : et le moment opportun de l'action s'appelle en grec, εὐκαιρία, en latin *occasio*, l'occasion. Il en résulte que la *modestia* que nous entendons dans le second sens que j'ai dit, le tact, est la science de l'opportunité des moments convenables pour l'action. **143** On peut du reste donner la même définition de la prudence dont nous avons parlé en commençant, mais ici nous enquêtons sur la modération, la tempérance et les vertus analogues. Ainsi ce qui concernait en propre la prudence a été traité en son lieu [1] ; pour ce qui concerne ces vertus — dont nous parlons déjà depuis longtemps — et qui a trait au respect et à l'approbation de ceux avec qui nous vivons, c'est maintenant qu'il faut en parler.

144 Tel est donc l'ordre à apporter dans nos actions, que, dans notre vie comme dans un discours qui se tient, toutes choses soient appropriées entre elles et accordées ; il est déplaisant en effet et fort déplacé, au cours d'une affaire sérieuse, de lancer des propos de table ou quelque parole légère. Périclès [2] fit une réplique parfaite au poète Sophocle [3] qu'il avait alors comme collègue à la préture [4] ; ils s'étaient réunis au titre de leur commune fonction et, par hasard, un bel enfant passait : « Oh ! Périclès, le bel enfant ! » avait dit Sophocle — « Oui, mais il convient au préteur, Sophocle, de contenir non seulement ses mains mais aussi ses yeux ! » Et pourtant, si Sophocle avait dit la même chose dans une épreuve d'athlètes,

1. Cf. *De off.*, I, 15.
2. Voir *supra*, note de I, 108.
4. Il arrive à Cicéron de parler de réalités grecques en utilisant une équivalence romaine. Cette « préture » de Sophocle rappelle qu'il fit partie des dix stratèges aux ordres de Périclès, dans la guerre contre Samos, en 440. De la même manière, Cicéron parle du « sénat » institué par Solon, aussi bien que de l'Aréopage, dans *De off.*, I, 75.

locum autem actionis opportunitatem temporis esse dicunt; tempus autem actionis opportunum graece εὐκαιρία, latine appellatur occasio. Sic fit ut modestia haec, quam ita interpretamur ut dixi, scientia sit opportunitatis idoneorum ad agendum temporum. **143** Sed potest eadem esse prudentiae definitio, de qua principio diximus; hoc autem loco de moderatione et temperantia et harum similibus uirtutibus quaerimus. Itaque, quae erant prudentiae propria, suo loco dicta sunt; quae autem harum uirtutum, de quibus iam diu loquimur, quae pertinent ad uerecundiam et ad eorum approbationem, quibuscum uiuimus, nunc dicenda sunt.

144 Talis est igitur ordo actionum adhibendus ut, quemadmodum in oratione constanti, sic in uita omnia sint apta inter se et conuenientia; turpe enim ualdeque uitiosum in re seuera conuiuio digna aut delicatum aliquem inferre sermonem. Bene Pericles, cum haberet collegam in praetura Sophoclem poetam iique de communi officio conuenissent et casu formosus puer praeteriret dixissetque Sophocles : « O puerum pulchrum, Pericle ! » — « At enim praetorem, Sophocle, decet non solum manus, sed etiam oculos abstinentes habere. » Atque hoc idem Sophocles si in athletarum

Test. : **144** VAL. MAX., IV, 3, *ext.*, 1 : non solum manus *et* sed etiam oculos.

142 interpretamur : -tate B^1.
143 definitio VHB^2Pb, L : *non legitur* B^1 || approbationem : opp- *b*.
144 actionum VHB^2Pb : -nem B^1 -nis L || ualdeque : et ualde L || conuiuio : -uiuii L || digna $VHBP^1b$: dignum P^2 dicta L || iique VH^1B^1b : hique H^2B^2P, L || praeteriret : -rirent B^1 || abstinentes : -tis L || atque *codd.* : atqui *Heine*.

il eût été exempt d'un juste reproche. Si grande est l'importance du lieu et du moment que si quelqu'un, sur le point de plaider une cause, réfléchit à part soi en chemin ou en se promenant, ou s'il se concentre très attentivement sur quelque autre chose, on ne l'en blâme pas, mais s'il fait la même chose au cours d'un repas, on le trouve incivil du fait de sa méconnaissance du moment. **145** Pour ce qui est des comportements qui sont en désaccord grave avec la civilité [1], par exemple si quelqu'un vient à chanter sur la place publique ou s'il s'agit de quelque autre grave extravagance, la chose apparaît aisément et ne réclame guère d'avertissement ni de préceptes ; en revanche, tout ce qui semble légère infraction, que beaucoup de gens ne peuvent remarquer, c'est cela qu'il faut très attentivement éviter. De même que dans le jeu de la lyre ou de la flûte, pour peu qu'il y ait dissonance, le connaisseur néanmoins, d'ordinaire s'en aperçoit, de même dans la vie il faut veiller à ce que rien, d'aventure, ne soit en dissonance ; ou plutôt il faut y veiller bien davantage encore, d'autant plus que l'harmonie des actions est plus importante et plus haute que celle des sons. XLI **146** Et ainsi, de même que dans le jeu de la lyre les oreilles des musiciens perçoivent jusqu'aux moindres fautes [2], de même nous, si nous voulons être perspicaces et attentifs, et observateurs des défauts, ce sont souvent de grandes défaillances que nous saisirons à partir de petites constatations. A partir de la façon de regarder, de la détente ou du froncement des sourcils, de l'abattement, de la gaieté, du rire, de la parole, du silence, de l'élévation de la voix,

2. Même image dans Cicéron, *De rep.*, II, 69, reprise par saint Augustin, *De ciu. Dei*, II, 21.

probatione dixisset, iusta reprehensione caruisset. Tanta uis est et loci et temporis ut, si qui, cum causam sit acturus, in itinere aut in ambulatione secum ipse meditetur, aut si quid aliud attentius cogitet, non reprehendatur, at hoc idem si in conuiuio faciat, inhumanus uideatur inscitia temporis. **145** Sed ea quae multum ab humanitate discrepant, ut si qui in foro cantet, aut si qua est alia magna peruersitas, facile apparet nec magnopere admonitionem et praecepta desiderat; quae autem parua uidentur esse delicta neque a multis intellegi possunt, ab his est diligentius declinandum. Vt in fidibus aut tibiis, quamuis paulum discrepent, tamen id a sciente animaduerti solet, sic uidendum est in uita ne forte quid discrepet, uel multo etiam magis, quo maior et melior actionum quam sonorum concentus est. XLI **146** Itaque, ut in fidibus musicorum aures uel minima sentiunt, sic nos, si acres ac diligentes esse uolumus animaduersoresque uitiorum, magna saepe intellegemus ex paruis. Ex oculorum obtutu, superciliorum aut remissione aut contractione, ex maestitia, ex hilaritate, ex risu, ex locutione, ex reticentia, ex contentione uocis, ex summissione,

Test. : **146** NONIVS, 258, 31 : ex contentione... iudicabimus.

144 qui : quis P^2 || at : ad B^1 || inhumanus : -nis B^1.
145 discrepant : -pat L^2 || qui : quis P^2 || admonitionem : admotionem P^1b || parua : praua P^1b || his *codd.* : iis *edd.* || discrepent : -pet L || uidendum V^1, L : uiuendum V^2HBPb || uel : aut L.
146 ac : et L || diligentes : d. iudices p || intellegemus : -gimus L || ex *ante* oculorum *om.* L || ex locutione : et l. L || reticentia : recentia B^1.

de son abaissement, de tous autres semblables comportements, nous jugerons facilement ce qui, de tout cela, est fait à propos et ce qui ne s'accorde pas avec le devoir et la nature. En cette affaire, il y a avantage à juger chez les autres la valeur de chacun de ces comportements, en sorte que, si l'un quelconque ne leur convient pas, nous l'évitions nous-mêmes. Il se trouve en effet, je ne sais comment, que nous discernons mieux chez les autres qu'en nous-mêmes, ce qui peut être défectueux [1]. C'est ainsi que se corrigent très facilement, durant leurs études, ceux dont les maîtres, pour les réformer, imitent les défauts.

147 Il n'est pas non plus hors de propos, pour faire un choix en ce qui suscite un doute, de recourir à des hommes savants ou encore formés par l'expérience et de s'enquérir de leur avis au sujet de chaque genre de devoir. Le plus grand nombre d'entre eux, en effet, a l'habitude de se porter généralement dans le sens où la nature elle-même les conduit. En ces questions, il faut voir non seulement ce que chacun dit, mais encore ce que chacun pense et aussi pour quelle raison chacun le pense. De même en effet que les peintres et ceux qui façonnent des statues et aussi, en vérité, les poètes veulent, chacun, que le public examine leur œuvre, afin d'y corriger ce que la majorité des gens a pu y critiquer, et de même que ces auteurs, à part soi et avec d'autres, recherchent la faute que comporte leur œuvre, de même est-ce d'après le jugement des autres que nous devons faire, ne pas faire, changer et réformer bien des choses.

1. Cf. *supra*, I, 30. Même observation dans Horace, *Sermones*, I, 3, 25 ; Sénèque, *De ira*, II, 28, 8.

ex ceteris similibus facile iudicabimus quid eorum apte fiat, quid ab officio naturaque discrepet. Quo in genere non est incommodum, quale quidque eorum sit, ex aliis iudicare, ut, si quid non deceat illos, uitemus ipsi; fit enim nescio quo modo ut magis in aliis cernamus quam in nobismet ipsis, si quid delinquitur. Itaque facillime corriguntur in discendo quorum uitia imitantur emendandi causa magistri.

147 Nec uero alienum est ad ea eligenda quae dubitationem afferunt, adhibere doctos homines uel etiam usu peritos et, quid iis de quoque officii genere placeat, exquirere. Maior enim pars eo fere deferri solet quo a natura ipsa deducitur. In quibus uidendum est, non modo quid quisque loquatur, sed etiam quid quisque sentiat atque etiam de qua causa quisque sentiat. Vt enim pictores et ii qui signa fabricantur, et uero etiam poetae suum quisque opus a uulgo considerari uult ut, si quid reprehensum sit a pluribus, id corrigatur, iique et secum et aliis, quid in eo peccatum sit, exquirunt, sic aliorum iudicio permulta nobis et facienda et non facienda et mutanda et corrigenda sunt. **148** Quae

Test. : **146** NONIVS, 234, 19 : sed facile (*sic*)... discrepet. **147** NONIVS, 471, 30 : Vt... fabricantur.

146 ex ceteris : et c. *L* || officio : -cioque H^1 || quidque : -quam *L* || non *B* : *om.* *VHPb*, *L* || deceat illos *L* : deceat [dedeceat P^2] in illos $VHBP^1b$ || ipsi : ipse B^1 || imitantur : -tentur B^1.

147 eligenda : dirig- *L* || iis VH^1BP^1b : his H^2P^2, *L* || fere : ferre H^1 || quisque loquatur... quid *om.* B^1 || atque... sentiat *om.* B^1 || de qua : qua de *L* || ii B^1P^1b : hi VHB^2P^2, *L* || considerari uult : u. c. H^1c. uolunt || iique $VH^1B^1P^1b$: hique $H^2B^2P^2$, *L* || et secum : ut s. B^1 || aliis : cum aliis aliquibus *L* || exquirunt : -rant *L* || et *post* nobis *om.* *L*.

148 Pour tout ce qu'on fera d'après la coutume et les institutions de la cité, il n'y a rien à prescrire : ces usages en effet sont eux-mêmes des préceptes, et il faut que personne ne soit entraîné par cette erreur de penser que ce que Socrate [1] ou Aristippe [2] ont pu faire ou dire à l'encontre de la coutume et de l'habitude de la cité, lui soit également permis ; c'est en vertu de leurs grandes et divines qualités que ces hommes parvenaient à cette parfaite liberté. Quant à la conception des cyniques [3], elle est tout entière à rejeter : elle est en effet contraire à la pudeur morale sans laquelle il ne peut rien y avoir de droit, rien de beau. **149** Pour ceux dont on a examiné la vie dans de belles et grandes occasions, qui sont dans de bons sentiments au sujet de l'État, qu'ils ont bien servi ou qu'ils servent, et qui sont chargés de quelque fonction ou d'un commandement, nous devons les respecter et les honorer ; accorder aussi beaucoup d'égards à la vieillesse, nous effacer devant ceux qui, éventuellement, occupent une magistrature, faire le discernement entre le citoyen et l'étranger, et pour l'étranger lui-même nous demander s'il est venu à titre privé ou à titre officiel. En somme, pour ne pas traiter un par un tous les cas, c'est l'union et la société communes de toute la race des hommes que nous devons honorer, protéger, sauvegarder.

Le convenable dans les gains et les métiers.

XLII **150** Au sujet, maintenant, des métiers et des gains, sur la question de savoir ceux qu'il faut tenir pour dignes d'un homme libre et ceux qu'il faut tenir pour vils [4], voici l'opinion généralement reçue. Tout d'abord on réprouve les gains qui font encourir la haine des hommes, comme ceux des percepteurs et des usuriers. Indignes d'un homme libre et vils sont en

1. Voir *supra*, note de I, 90.

uero more agentur institutisque ciuilibus, de his nihil est praecipiendum ; illa enim ipsa praecepta sunt nec quemquam hoc errore duci oportet, ut, si quid Socrates aut Aristippus contra morem consuetudinemque ciuilem fecerint locutiue sint, idem sibi arbitretur licere ; magnis illi et diuinis bonis hanc licentiam assequebantur. Cynicorum uero ratio tota est eicienda ; est enim inimica uerecundiae sine qua nihil rectum esse potest, nihil honestum. **149** Eos autem quorum uita perspecta in rebus honestis atque magnis est, bene de re publica sentientes ac bene meritos aut merentes, aliquo honore aut imperio affectos, obseruare et colere debemus, tribuere etiam multum senectuti, cedere iis qui magistratum habebunt, habere delectum ciuis et peregrini in ipsoque peregrino, priuatimne an publice uenerit. Ad summam, ne agam de singulis, communem totius generis hominum conciliationem et consociationem colere, tueri, seruare debemus.

XLII **150** Iam de artificiis et quaestibus, qui liberales habendi, qui sordidi sint, haec fere accepimus. Primum improbantur ii quaestus qui in odia hominum incurrunt, ut portitorum, ut feneratorum. Illiberales autem et

Test. : **149** Nonivs, 359, 28 *et* 519, 33 : sicuti aliquo (*sic*)... debemus.
150 Nonivs, 24, 21 : Primum... feneratorum.

148 more : ritu L^2 || his *codd.* : iis *edd.* || fecerint : -runt P^1 || arbitretur licere : l. -trentur *L* || bonis *om.* B^1.
149 aliquo : sicut a. *L Nonius* || iis BP^1b : his VHP^2, *L* || delectum : delictum P^1 || ciuis : cuius B^1 || peregrini : -nis L^1 || ipsoque : ipso quoque *B* || ad summam *VHB* : adsumam *Pb*, *L* || et consociationem *om.* B^1 || tueri : et tueri ac *L*.
150 quaestibus : -tionibus *L* || liberales : libera res B^1 || ii $VH^1B^1P^1b$: hi $H^2B^2P^2$, *L* || ut feneratorum : et *L* *L*.

outre les gains de tous les salariés dont c'est la peine et non pas l'habileté que l'on paie : dans ces gains en effet le salaire est lui-même le gage de la servitude. Vils sont encore à considérer ceux qui achètent aux marchands pour vendre aussitôt : ils ne gagneraient rien, en effet, s'ils ne trompaient beaucoup, et en vérité rien n'est plus honteux que la fraude. Tous les artisans s'adonnent à un vil métier, l'atelier ne peut rien comporter de bien né et les moins acceptables sont les métiers qui sont au service des plaisirs :

> Mareyeurs, bouchers, cuisiniers, charcutiers, pêcheurs [1],

comme dit Térence ; ajoutes-y, si tu veux, les parfumeurs, les danseurs et tous les jeux de hasard [2]. **151** En revanche, pour les métiers qui supposent plus de prudence ou dont on attend un service important, comme la médecine, l'architecture, l'enseignement de nobles connaissances, ces métiers — pour ceux au rang de qui ils conviennent — sont de beaux métiers. Le commerce, s'il est réduit, est à considérer comme vil, mais s'il est étendu et abondant, important de partout beaucoup de choses, approvisionnant sans fraude beaucoup de gens, il n'est pas à blâmer absolument, et même si ce commerce, rassasié de gain ou plutôt satisfait, s'est transféré, comme souvent, de la haute mer au port, du port lui-même en des possessions en terres, il semble que

1. Térence, *Eunuchus*, 257. Sur Térence, voir *supra*, note de I, 30.

2. *Talarius* est interprété diversement. Il évoque pour les uns les osselets qui servent aux jeux, mais pour d'autres les longues tuniques qui étaient très mal portées à l'époque classique. Voir en ce sens *talaris* dans Cicéron, *In Verrem*, II, 5, 31 ; 86 ; *In Cat.*, II, 22 ; Saint Augustin, *De doct. christ.*, III, 12. En outre, *talaris* et *talarius* semblent employés indifféremment avec *ludus* dans Cicéron, *Ad Att.*, I, 16, 3 et Quintilien, *Inst. orat.*, XI, 58, passages où la signification de l'adjectif n'est pas parfaitement claire.

sordidi quaestus mercennariorum omnium quorum operae, non quorum artes emuntur : est enim in illis ipsa merces auctoramentum seruitutis. Sordidi etiam putandi qui mercantur a mercatoribus quod statim uendant : nihil enim proficiant, nisi admodum mentiantur ; nec uero est quidquam turpius uanitate. Opificesque omnes in sordida arte uersantur nec enim quidquam ingenuum habere potest officina minimeque artes eae probandae quae ministrae sunt uoluptatum :

Cetarii, lanii, coqui, fartores, piscatores,

ut ait Terentius ; adde huc, si placet, unguentarios, saltatores totumque ludum talarium. **151** Quibus autem artibus aut prudentia maior inest aut non mediocris utilitas quaeritur, ut medicina, ut architectura, ut doctrina rerum honestarum, eae sunt iis quorum ordini conueniunt, honestae. Mercatura autem, si tenuis est, sordida putanda est ; sin magna et copiosa, multa undique apportans multisque sine uanitate impertiens, non est admodum uituperanda, atque etiam, si satiata quaestu uel contenta potius, ut saepe ex alto in portum, ex ipso portu se in agros possessionesque contulit,

Test. : **150** NONIVS, 416, 31 : nihil... uanitate

150 sordidi : sordi *B*[1] || operae *VH, L* : -re *B* -ra *Pb* || in *om. b*[1] || auctoramentum : -mentorum *B*[1] || opificesque : opificum qui *L* || officina *VHB*[2]*Pb* : officia *B*[1] opificina *L* || minimeque : -mique *B*[1] || artes eae : a. hae *P*[2]*?* hae a. *L* || ministrae : -strare *H*[1] || cetarii : caeteri *L* || piscatores *om. L* || talarium : taliarum *b*.

151 eae : hae *L* || iis *VH*[1]*B*[1]*Pb*: his *H*[2]*B*[2]*,L* || honestae *Pb, L* : -ste *VHB* || tenuis est : tenuissem *B*[1] || uituperanda : -dum *B*[1] || si *om. B*[1] || in portum ex ipso portu se *VHB*[2]*Pb* : importunem ipso portu se *B*[1] in portum sic ex ipso se portu *L* || possessionesque : possessiones *B*[1].

l'on peut à très juste titre le louer. Mais de toutes les entreprises dont on retire quelque bénéfice, rien n'est meilleur que l'agriculture, rien n'est plus productif, rien n'est plus agréable, rien n'est plus digne d'un homme et d'un homme libre [1]. De cela, j'ai suffisamment parlé dans le *Caton l'Ancien* [2], tu y prendras donc ce qui concerne cette question.

Les conflits de devoirs.

XLIII 152 Mais nous avons suffisamment expliqué, semble-t-il, comment se déduisaient les devoirs à partir de ces divisions qui sont celles de la beauté morale. Or, entre des comportements qui sont eux-mêmes beaux moralement, il peut survenir souvent rivalité et confrontation pour savoir de deux belles actions laquelle est la plus belle, et ce point a été laissé de côté par Panétius [3]. En effet, alors que toute la beauté morale est incluse dans quatre divisions dont l'une est celle de la connaissance, une autre celle de la communauté sociale, la troisième celle de la grandeur d'âme, la quatrième celle de la mesure, il est inévitable que dans la détermination du devoir on les compare souvent entre elles.

Communauté humaine et connaissance de la vérité.

153 Il me semble donc que les devoirs que l'on déduit de la communauté sociale sont plus appropriés à la nature que ceux que l'on déduit de la connaissance [4], et voici un argument qui peut le confirmer : s'il était échu au sage une vie telle qu'au milieu de l'abondance en toutes choses, dans un loisir souverain, il examinerait et contemplerait seul à seul tout ce qu'on peut imaginer qui soit digne de connaissance, cependant, si sa solitude était

2. Voir Cicéron, *Cato Maior*, 51-60.
3. Voir *supra*, note de I, 7. Cf. aussi I, 10.

uidetur iure optimo posse laudari. Omnium autem rerum ex quibus aliquid acquiritur, nihil est agri cultura melius, nihil uberius, nihil dulcius, nihil homine, nihil libero dignius ; de qua quoniam in Catone Maiore satis multa diximus, illim assumes quae ad hunc locum pertinebunt.

XLIII **152** Sed ab his partibus quae sunt honestatis, quemadmodum officia ducerentur, satis expositum uidetur. Eorum autem ipsorum quae honesta sunt, potest incidere saepe contentio et comparatio, de duobus honestis utrum honestius, qui locus a Panaetio est praetermissus. Nam cum omnis honestas manet a partibus quattuor quarum una sit cognitionis, altera communitatis, tertia magnanimitatis, quarta moderationis, haec in deligendo officio saepe inter se comparentur necesse est.

153 Placet igitur aptiora esse naturae ea officia quae ex communitate, quam ea quae ex cognitione ducantur, idque hoc argumento confirmari potest quod, si contigerit ea uita sapienti ut omnium rerum affluentibus copiis quamuis omnia quae cognitione digna sint, summo otio secum ipse consideret et contempletur,

Test. : **151** Nonivs, 498, 33 : Omnium... melius ; Mvsonivs, XI, p. 57, 6 : οὐδὲν τούτου κακίων, τάχα δὲ καὶ ἀμείνων.

151 optimo : -me B^1 || maiore : -ra *b* || satis multa : m. s. *L* || illim B^1 : -lum *VH* -la B^2 -linc *Pb* -lic *L* || ad hunc : adhuc b^1.
152 his *codd.* : iis *edd.* || honestis : -statis L^1 || manet : manat H^2 || magnanimitatis VH^2B^2Pb, *L* : -mitas H^1 magnitudinis B^1 || in deligendo VHB^2Pb : inde dilig- B^1 in dilig- *L* || comparentur : -rantur B^1.
153 contigerit : congerit H^1 || ut : ut in *L* || otio secum : otiose cum B^1.

telle qu'il ne puisse voir un homme, il quitterait la vie. La première de toutes les vertus [1] est cette sagesse que les Grecs appellent σοφία — sous le nom en effet de prudence que les Grecs appellent φρόνησις, nous entendons une autre vertu qui est la science des choses à rechercher et des choses à éviter. Or cette sagesse, que j'ai dite la première des vertus, est la science des choses divines et humaines [2], où réside la communauté et la société des dieux et des hommes entre eux ; s'il est vrai que cette vertu est la plus grande — comme elle l'est en fait — il s'ensuit évidemment que le devoir que l'on déduit de la communauté sociale, est le plus grand. Et en effet, la connaissance et la contemplation de la nature seraient en quelque sorte mutilées et inachevées s'il n'en résultait aucune action réelle ; or cette action se voit surtout dans la sauvegarde des intérêts humains ; elle concerne donc la société du genre humain [3] ; elle est par conséquent à placer au-dessus de la connaissance. **154** C'est ce que tous les meilleurs, en fait, montrent et pensent. Qui donc est en effet avide de pénétrer et de connaître la nature des choses à ce point que, tandis qu'il examine et contemple les objets les plus dignes de connaissance, si on lui annonce l'épreuve et le péril extrême de la patrie — et qu'il puisse la secourir et l'aider — il ne laisse et ne rejette tout cela, même s'il pense qu'il peut dénombrer les étoiles ou mesurer la grandeur de l'univers ? Or c'est cela même qu'il aurait

1. Cette primauté est attribuée à la justice dans *De off.*, III, 28, et Cicéron le dit équivalemment ici même dans *De off.*, I, 155.
2. Cf. Cicéron, *Tusc.*, IV, 57 ; *De off.*, II, 5 ; Lactance, *Inst. diu.*, III, 13, 10 ; Saint Jérôme, *Com. in Is.*, II, vers. 21 ; *Com. in ep. ad Eph.*, I, vers. 9 ; Saint Augustin, *Cont. ac.*, I, 6, 16-8, 23.
3. Voir H. F. Reijnders, *Societas generis humani bij Cicero*, Diss. Utrecht, 1954.

tamen, si solitudo tanta sit ut hominem uidere non possit, excedat e uita. Princepsque omnium uirtutum illa sapientia quam σοφίαν Graeci uocant — prudentiam enim quam Graeci φρόνησιν dicunt, aliam quamdam intellegimus quae est rerum expetendarum fugiendarumque scientia. Illa autem sapientia quam principem dixi, rerum est diuinarum et humanarum scientia in qua continetur deorum et hominum communitas et societas inter ipsos ; ea si maxima est, ut est certe, necesse est, quod a communitate ducatur officium, id esse maximum. Etenim cognitio contemplatioque naturae manca quodam modo atque inchoata sit si nulla actio rerum consequatur. Ea autem actio in hominum commodis tuendis maxime cernitur ; pertinet igitur ad societatem generis humani ; ergo haec cognitioni anteponenda est. **154** Atque id optimus quisque re ipsa ostendit et iudicat. Quis enim est tam cupidus in perspicienda cognoscendaque rerum natura ut, si ei tractanti contemplantique res cognitione dignissimas, subito sit allatum periculum discrimenque patriae cui subuenire opitularique possit, non illa omnia relinquat atque abiciat, etiamsi dinumerare se stellas aut metiri mundi magnitudinem posse arbitretur ? Atque hoc idem

153 princepsque : princeps B^2 || σοφίαν *edd.* : sophiam *VHBPb* filosophian *L* || dicunt *om.* *L* || expetendarum : expend- B^1 || diuinarum : diuina H^1 || maxima : -me *H* || communitate : commutate B^1 || ducatur : dic- P^2 || quodam : quoddam B^1 || si nulla : sin P^2.

154 optimus : -mis B^1 || re ipsa : re ab se *L* || est *om.* B^1 || in perspicienda : inter spicienda P^1b || cognoscendaque : cognoscenda B^1 || tractanti : -andi P^1 || contemplantique VH^2P^2b, *L* : -platique H^1BP^1 || allatum : oblatum *L* || etiamsi : etiam B^1.

fait dans une affaire ou un danger intéressant son père, ou son ami. **155** D'où l'on comprend qu'aux études et aux devoirs de la science, il faille préférer les devoirs de la justice : ils concernent l'intérêt de l'homme et rien à l'homme ne doit être plus cher.

XLIV D'ailleurs ceux dont les études et toute la vie ont été consacrées à la connaissance des choses, ne renoncèrent pas pour autant à favoriser les intérêts et le bien-être humains. Ils formèrent en effet un grand nombre d'hommes pour qu'ils fussent de meilleurs citoyens, plus utiles à leurs États : le pythagoricien Lysis [1] forma le thébain Epaminondas, Platon le syracusain Dion [2], et bien des maîtres bien des disciples [3] ; nous-mêmes — quoi que nous ayons apporté à l'État, si du moins nous avons apporté quelque chose — nous avons accédé aux affaires, formé et préparé par des maîtres et par leur enseignement. **156** Et ce n'est pas seulement vivants et présents que les maîtres forment et enseignent les élèves appliqués à s'instruire, mais ils y parviennent encore même après leur mort, par le testament de leurs écrits. Pas une question en effet n'a été laissée de côté par eux, qu'elle concernât les lois, les coutumes, l'organisation de l'État, si bien qu'ils semblent avoir consacré leur vie de loisir à notre vie active. Ainsi ces mêmes hommes, en s'adonnant à l'étude de la science et à la sagesse, consacrent avant tout à l'intérêt de l'homme leur expérience et leur intelligence ; c'est encore pour cette raison qu'il vaut mieux parler avec abondance, pourvu que ce soit avec prudence, que

2. Dion, né en 409 à Syracuse, appartenait à la famille des Denys. Disciple de Platon, il tenta de détourner Denys le jeune de la débauche, mais fut banni. En 357, à la tête d'une armée, Dion mit en fuite Denys, mais, tyrannique lui-même, il fut assassiné en 353. Sur Platon, voir *supra*, note de I, 4.

3. Cf. pour tout ce passage, Cicéron, *De orat.*, III, 139.

in parentis, in amici re aut periculo fecerit. **155** Quibus rebus intellegitur studiis officiisque scientiae praeponenda esse officia iustitiae, quae pertinent ad hominum utilitatem qua nihil homini esse debet antiquius.

XLIV. Atque illi quorum studia uitaque omnis in rerum cognitione uersata est, tamen ab augendis hominum utilitatibus et commodis non recesserunt; nam et erudiuerunt multos, quo meliores ciues utilioresque rebus suis publicis essent, ut Thebanum Epaminondam Lysis pythagoreus, Syracosium Dionem Plato multique multos; nosque ipsi, quidquid ad rem publicam attulimus, si modo aliquid attulimus, a doctoribus atque doctrina instructi ad eam et ornati accessimus. **156** Neque solum uiui atque praesentes studiosos discendi erudiunt atque docent, sed hoc idem etiam post mortem monumentis litterarum assequuntur. Nec enim locus ullus est praetermissus ab iis qui ad leges, qui ad mores, qui ad disciplinam rei publicae pertineret, ut otium suum ad nostrum negotium contulisse uideantur. Ita illi ipsi doctrinae studiis et sapientiae dediti ad hominum utilitatem prudentiam suam intellegentiamque potissimum conferunt; ob eamque etiam causam eloqui copiose, modo prudenter,

154 in *ante* parentis *om. L.*

155 utilitatem : caritatem *L* || qua : quia *B*[1] || illi : i. ipsi *L* || erudiuerunt : -dierunt *B*, *L* || lysis *L* : lysias *VHBPb* || multos : multosque *B*[2] multesque *B*[1] || ipsi *Bb*, *L* : ipsi qui *VHP* || si... attulimus *om. b*[1] || ornati : ordinati *V*[1].

156 atque : ac *L* || nec : neque *L* || iis *VBP*[1]*b* : his *HP*[2], *L* || dediti ad : d. et *P*[1]*b* || prudentiam suam intellegentiamque *VH* : s. p. i. *Pb* s. intellegentiam prudentiamque *B*, *L* || potissimum conferunt : c. p. *L* || etiam *om. L.*

de penser avec la pénétration la plus fine sans éloquence [1], car la pensée fait réflexion sur elle-même, tandis que l'éloquence atteint ceux avec qui nous sommes unis par la communauté sociale. **157** Et de même que les essaims d'abeilles ne s'associent pas pour façonner des rayons de miel, mais étant sociaux par nature, façonnent des rayons, de la même façon les hommes — et bien plus encore — associés qu'ils sont par la nature, pratiquent-ils l'ingéniosité de l'action et de la pensée [2]. C'est pourquoi si la vertu qui résulte du soin que l'on prend des hommes, c'est-à-dire du soin que l'on prend de la société du genre humain, n'intéresse pas la connaissance des choses, cette connaissance apparaît isolée et pauvre [3]. (Et il en va de même de la grandeur d'âme : sans bienveillance ni solidarité humaines, elle serait une sorte de sauvagerie et de monstruosité.) [4] Il s'ensuit que l'association et la communauté des hommes l'emportent sur le goût de la connaissance. **158** Et la vérité n'est pas ce que disent certains [5] : à cause des nécessités de la vie, parce que nous ne pouvions obtenir sans les autres, ni accomplir, ce que souhaitait la nature, pour cette raison se seraient implantées [6] la communauté et la société entre les hommes ; si donc tout ce qui concerne notre subsistance et notre entretien, nous était largement assuré, comme par une baguette magique [7], dit-on, tous les mieux doués, abandonnant toutes les affaires, se cantonneraient dans la connaissance et la science. Or il n'en est pas ainsi. En réalité, ils fuiraient la solitude et chercheraient des compagnons d'étude, voudraient tantôt s'instruire et

1. Il vaut mieux moins d'intelligence et plus d'éloquence que beaucoup d'intelligence sans éloquence ; Cicéron disait aussi dans le *De inu.*, I, 1, que la sagesse sans éloquence profite peu, mais il ajoutait que l'éloquence sans la sagesse est ruineuse ; dans le *De oratore*, III, 141-143, à propos du conflit entre Aristote et Isocrate, Cicéron prône l'alliance de la sagesse et de l'éloquence.

7. Sur cette expression, voir A. Otto, *Die Sprichwörter*, p. 373.

melius est quam uel acutissime sine eloquentia cogitare, quod cogitatio in se ipsa uertitur, eloquentia complectitur eos quibuscum communitate iuncti sumus. **157** Atque ut apium examina non fingendorum fauorum causa congregantur, sed, cum congregabilia natura sint, fingunt fauos, sic homines, ac multo etiam magis, natura congregati adhibent agendi cogitandique sollertiam. Itaque, nisi ea uirtus quae constat ex hominibus tuendis, id est ex societate generis humani, attingat cognitionem rerum, soliuaga cognitio et ieiuna uideatur. (Itemque magnitudo animi remota comitate coniunctioneque humana feritas sit quaedam et immanitas.) Ita fit ut uincat cognitionis studium consociatio hominum atque communitas. **158** Nec uerum est quod dicitur a quibusdam, propter necessitatem uitae, quod ea quae natura desideraret, consequi sine aliis atque efficere non possemus, idcirco insitam esse cum hominibus communitatem et societatem ; quodsi omnia nobis quae ad victum cultumque pertinent, quasi uirgula diuina, ut aiunt, suppeditarentur, tum optimo quisque ingenio negotiis omnibus omissis totum se in cognitione et scientia collocaret. Non est ita ; nam et solitudinem fugeret et socium studii quaereret, tum docere, tum

156 quam *om.* B^1 || quibuscum : quibus V^1B^1 || iuncti sumus : iunctissimus *P*.

157 fingendorum : frang- P^1 || fingunt : frigunt P^1 || ac : hac P^1b || cogitandique *L et pc* : congregandique *VHBPb* || comitate *codd. et ac* : communitate *p*, *edd.* || coniunctioneque B^2Pb, *L* : -ctio neque *VH* coniunctio *add. in marg.* B^3 *non legitur* B^1 || sit : fit b^1.

158 quae *om.* *Pb* || efficere : effecere B^1 || insitam *nos* : istam *VHBPb* initam *L* instituiam *Halm* || tum docere : totum d. b^1.

tantôt enseigner, tantôt écouter et tantôt parler. Par conséquent, tout devoir qui tend à sauvegarder les liens entre les hommes, et la société, doit être mis au-dessus du devoir qui consiste dans la connaissance et la science.

La communauté humaine et le convenable.

XLV **159** Il faudrait peut-être rechercher si cette communauté sociale qui est tout à fait conforme à la nature, doit toujours être préférée même à la mesure et à la modération. Il ne semble pas. Certains actes en effet sont, les uns si vilains, les autres si infamants que pas même pour le salut de la patrie le sage ne les accomplira. Posidonius [1] en a rassemblé un grand nombre, mais certains sont si affreux, si ignobles qu'ils paraissent honteux, même à raconter [2]. Ces actes, par conséquent, le sage ne les entreprendra pas dans l'intérêt de l'État ; même l'État ne voudra pas qu'on les entreprenne en sa faveur. Mais il se trouve fort heureusement qu'il ne peut arriver de circonstance où ce soit l'intérêt de l'État que le sage accomplisse aucun d'eux [3]. **160** Aussi, qu'il soit bien établi que, dans la détermination du devoir, ce genre de devoirs l'emporte qui tient au lien social entre les hommes. Et en effet l'action réfléchie résultera de la connaissance et de la prudence ; il s'ensuit qu'agir avec réflexion a plus de prix que de penser avec prudence [4]. Mais en voilà assez. Ce point précis en effet a été éclairci en sorte qu'il n'est pas difficile de voir, dans la recherche du devoir, lequel doit être placé au-dessus de l'autre. Mais, dans le cadre

1. Posidonius, né à Apamée, vers 135, fut le disciple de Panétius à Athènes. Il professa à Rhodes où il enseigna Cicéron. Il fut ami de Pompée. Son œuvre a fait l'objet dans les dernières décennies de multiples travaux et controverses. Voir *supra*, Introduction, p. 37, n. 5.

2. Ce passage ne favorise pas l'hypothèse d'une source posidonienne. Voir *supra*, p. 38.

discere uellet, tum audire, tum dicere. Ergo omne officium quod ad coniunctionem hominum et ad societatem tuendam ualet, anteponendum est illi officio quod cognitione et scientia continetur.

XLV **159** Illud forsitan quaerendum sit, num haec communitas quae maxime est apta naturae, sit etiam moderationi modestiaeque semper anteponenda. Non placet ; sunt enim quaedam partim ita foeda, partim ita flagitiosa ut ea ne conseruandae quidem patriae causa sapiens facturus sit. Ea Posidonius collegit permulta, sed ita taetra quaedam, ita obscena ut dictu quoque uideantur turpia. Haec igitur non suscipiet rei publicae causa, ne res publica quidem pro se suscipi uolet. Sed haec commodius se res habet quod non potest accidere tempus, ut intersit rei publicae quidquam illorum facere sapientem. **160** Quare hoc quidem effectum sit, in officiis deligendis hoc genus officiorum excellere, quod teneatur hominum societate. Etenim cognitionem prudentiamque sequetur considerata actio ; ita fit ut agere considerate pluris sit quam cogitare prudenter. Atque haec quidem hactenus. Patefactus enim locus est ipse ut non difficile sit in exquirendo officio, quid cuique sit praeponendum, uidere. In ipsa

158 uellet tum : uellectum *b* || quod cognitione : quo c. b^1.

159 maxime... semper *om.* b^1 || sit : ea s. *L* || moderationi : -ne B^1 || partim *post* foeda *om.* *L* || permulta : multa *L* || quoque *om.* b^1 || suscipiet *VH*B^2, *L* : -piat *Pb* cipiet B^1 || causa... intersit rei p. (*sic*) *om.* B^1 || causa B^3, *L* : -sam *VH*B^2*Pb* || publica quidem : q. p. *L* || haec : hoc *L*.

160 deligendis V^2*HBP*^{1}*b* : dilig- V^1, *L* elig- P^2 || hoc : ut *Pb* || teneatur : tenuatur B^1 || sequetur : sequitur *L* || considerata actio B^2P^2, *L* : considerat actio *VH*P^1*b* consideratio B^1.

même de la communauté sociale, il y a une hiérarchie des devoirs qui permet de comprendre lequel l'emporte sur l'autre : les premiers devoirs sont dus aux dieux immortels, les seconds à la patrie, les troisièmes aux parents [1] et ensuite, suivant un ordre, à tous les autres.

Conclusion. **161** Le bref examen de ces questions permet de comprendre que les hommes ont l'habitude de se demander, non seulement si un acte est beau moralement ou honteux, mais encore, de deux projets moralement beaux, lequel est le plus beau. Ce point a été laissé de côté, je l'ai dit plus haut [2], par Panétius. Mais maintenant, passons à la suite.

1. Ce qui rejoint les obligations classiques de la *pietas.* Voir G. Émilie, *Cicero and the roman pietas*, dans *The classical Journal*, XXXIX, 1943-1944, p. 536-542 ; plus récemment H. Fugier, *Recherches sur l'expression du sacré*, p. 380-385. Mais en introduisant ici les devoirs envers les dieux au premier rang des *officia*, Cicéron ne rend-il pas à la vie contemplative une primauté que toute cette fin du livre I semblait lui refuser ?
2. Cf. *supra*, I, 10 ; 152 ; et sur Panétius, I, 7.

autem communitate sunt gradus officiorum ex quibus, quid cuique praestet, intellegi possit, ut prima diis immortalibus, secunda patriae, tertia parentibus, deinceps gradatim reliquis debeantur.

161 Quibus ex rebus breuiter disputatis intellegi potest non solum id homines solere dubitare, honestumne an turpe sit, sed etiam duobus propositis honestis utrum honestius sit. Hic locus a Panaetio est, ut supra dixi, praetermissus. Sed iam ad reliqua pergamus.

160 possit : -sset B^1.
161 an : aut B^1 || sit *post* honestius *om. Pb* || M. TVLLII CICERONIS DE OFFICIIS LIBER I [PRIMVS *P*] EXPLICIT *VHBP om. b, L.*

NOTES COMPLÉMENTAIRES

Page 104.

3. Cicéron écrivit même en grec un mémoire *De consulatu suo*, aujourd'hui perdu mais très bien attesté. Voir C. F. W. Müller, *Fragmenta*, Leipzig, Teubner, 1890, p. 396-398.

Page 105.

1. Démétrius naquit à Phalères, en 345 av. J.-C. D'où son nom. Le Macédonien Cassandre lui confia le gouvernement, à Athènes, en 317. A l'approche de Démétrius Poliorcète, en 307, il s'enfuit et s'établit à Alexandrie. Il mourut en 283, ayant composé une cinquantaine d'ouvrages, tous perdus. Homme d'État, orateur, philosophe et poète, Démétrius fut admiré par Cicéron qui se serait souvenu de lui pour tracer, dans son *De republica*, le portrait du *princeps*. Sur ses talents oratoires, voir *Brutus*, 37-38 ; *Orator*, 92.

2. Théophraste naquit dans l'île de Lesbos, vers 372. Disciple d'Aristote, il succéda à son maître à la tête du Lycée. Il mourut en 287. Il écrivit les *Caractères* tant admirés, traduits et imités par La Bruyère. Cicéron s'exprimait déjà de cette façon dans *Brutus*, 37 ; 121.

3. Platon, le plus illustre philosophe de la Grèce, naquit en 429. Disciple de Socrate, il fonda l'Académie et mourut en 348, laissant une œuvre considérable.

Page 106.

1. Démosthène, le plus grand orateur d'Athènes, naquit vers 385. Il employa notamment son talent à défendre sa patrie contre Philippe de Macédoine. Lors de la défaite définitive des Grecs en 322, il s'empoisonna.

2. Aristote naquit en 384. Disciple de Platon, puis précepteur d'Alexandre, il fonda ensuite le Lycée qu'il dirigea de 335 à 323. Obligé de quitter Athènes à la mort d'Alexandre, il mourut lui-même l'année suivante, en 322.

3. Isocrate, l'un des célèbres orateurs attiques, naquit en 436. Il eut Socrate pour maître. Il enseigna la rhétorique, mais ne parla jamais en public. Après la défaite de Chéronée, il se tua, en 338. La querelle de la philosophie et de la rhétorique a dominé toute l'histoire de la littérature antique.

Page 107.

2. Cf. *De off.*, III, 33. Les premiers sont les stoïciens et les seconds les péripatéticiens et académiciens.

3. Ariston de Chios, philosophe stoïcien du IIIe siècle — à ne pas confondre avec Ariston d'Iulis (île de Cheos), d'une génération antérieure, et qui était péripatéticien. Pyrrhon né à Elis (Peloponèse), fondateur d'une école sceptique à laquelle il a donné son nom, accompagna Alexandre lors de son expédition. Erillus ou Herillus de Carthage, stoïcien du IIIe siècle, disciple de Zénon de Cittium. Cicéron s'est expliqué sur leurs doctrines, en particulier dans *De fin.*, II, 43.

4. Sur le degré d'originalité de Cicéron, voir notamment P. Boyancé, *Les méthodes de l'histoire littéraire. Cicéron et son œuvre philosophique*, dans *Revue des études latines*, XIV, 1936, p. 288-309.

5. Panétius, né à Rhodes vers 180, vécut à Rome de 146 à 131 et y devint l'ami de Laelius et de Scipion Emilien. Philosophe stoïcien, il remplaça Antipater de Tarse à la tête de l'école, en 129, et mourut vers 105. Il servit de source à Cicéron pour une grande part du *De officiis*. Voir *Introduction*, p. 25 s.

Page 111.

1. J'ai cru pouvoir rapprocher tout ce texte et la démarche intellectuelle qu'il exprime, des passages où saint Augustin dans ses *Confessions*, IV, 13, 20 et 15, 24, explique la genèse de son premier ouvrage, le *De pulchro et apto*. Voir mon *Saint Augustin et Cicéron*, I *Cicéron dans la formation et dans l'œuvre de Saint Augustin*, Paris, Études augustiniennes, 1958, p. 64 et tableau III (ad calcem).

Page 113.

2. Cf. *De off.*, I, 94.

3. C. Sulpicius Galus servit sous Paul-Émile, son ami, et prédit une éclipse de lune pour la nuit qui précéda la bataille de Pydna en 168, devint consul en 168. Cicéron en parle souvent : *De orat.*, I, 228 ; *De rep.*, I, 21-23 ; 30 ; *Brutus*, 78 ; 90 ; *Laelius*, 9 ; 21 ; 101 ; *Cato Maior*, 49.

4. Oncle du rival de César, dont Cicéron vante les connaissances dans *Brutus*, 175.

5. Le terme de *mérite* pour traduire *laus*, risquerait d'être ici équivoque, car le mérite pour les stoïciens, réside dans l'intention.

6. Cette affirmation est capitale et domine toute la philosophie morale des romains. Cf., notamment, *De rep.*, I, 2, et tout le début du livre III du *De officiis*, à propos de Scipion et de la manière dont il pratiquait l'*otium*. Voir aussi A. Diercxsens, *Virtus ciceroniana, Recherches sur le sens du concept virtus dans les œuvres de Cicéron*, Thèse de l'Université Catholique de Louvain, 1944, exemplaire dactylographié.

Page 114.

1. Cf. *De off.*, III, 76.

Page 116.

2. Ennius, dans Ribbeck, *Scaenicae Romanorum fragmenta*, I, Leipzig, 1897, p. 80, 381 ; cf. Tite-Live, I, 14, 3 ; Lucain, I, 92-93.

Page 117.

1. C. Iulius Caesar naît en 100, lié déjà au parti populaire par sa parenté avec Marius. Questeur en 68, édile en 65, grand pontife en 63, préteur en 62, entre dans le premier triumvirat en 60, cinq fois consul en 59, 48, 46, 45, 44, dictateur en 49, 47, 45 et 44. Homme de guerre, il s'illustra notamment en Gaule, puis durant la guerre civile où il vainquit Pompée à Pharsale, en 48, ensuite en Égypte et en Afrique, enfin en Espagne. Homme de lettres, il composa des commentaires de certaines de ses campagnes. Il périt assassiné le 15 mars 44.

2. Bien avant l'avènement d'Auguste, « l'idée du Principat est déjà dans l'air », remarque L. Homo, *Histoire romaine*, III *Le Haut empire*, Paris, Presses Universitaires, 1941, p. 41. Voir surtout E. Lepore, *Il princeps ciceroniano, e gli ideali politici della tarda repubblica*, Naples, 1954, et les travaux de P. Grenade, en dernier lieu, *Essai sur les origines du Principat*, Paris, de Boccard, 1961, p. 107 s.

3. Cette *opinio*, qui n'est pas la science, réservée au sage, rendait César inapte au pouvoir personnel qu'exerce le *princeps*. Le meilleur commentaire de ce passage est sans doute cette lettre que me signale M. A. Michel, écrite par Cicéron à Atticus au lendemain du passage du Rubicon, *Ad Att.*, VII, 11, 1 : « O hominem amentem qui ne umbram quidem umquam τοῦ καλοῦ uiderit ! Atque haec ait omnia facere se dignitatis causa. Vbi est autem dignitas nisi ubi honestas ?... » D'une façon plus générale, le *De officiis* marque un certain recul par rapport au *De republica*, en ceci que l'idéal du *princeps* y apparaît diffici-

lement réalisable. Nul doute que cette évolution pessimiste de la pensée politique de Cicéron ne s'explique par l'expérience politique des années qui ont précédé le *De officiis*.

4. Platon, *Phédon*, 64 d s., ; *La république*, I, 347 a s. ; V, 475 b s. ; VII, 520 b s. ; *Le banquet*, 216 e. Sur l'*otium*, voir *infra*, note de *Dé off.*, I, 69.

Page 118.

1. Térence naquit en 195, à Carthage. Esclave de P. Terentius Lucanus, il fut affranchi par lui. Poète comique, sa première pièce, l'*Andria*, fit son succès, en 166. Il fut l'ami de Scipion et de Laelius. Il imita surtout Ménandre et mourut en Grèce, en 159.

2. Térence, *Heaut.*, 77.

Page 119.

1. La correction proposée se trouve confirmée par *De off.*, III, 95.

Page 120.

1. Cf. Térence, *Heaut.*, 796. Voir J. Stroux, *Römische Rechtswissenschaft und Rhetorik*, Potsdam, 1949, p. 7-66 ; H. Kornhardt, *Summum ius*, dans *Hermes*, LXXXI, 1953, p. 77-85 ; puis K. Büchner, *Summum ius, summa iniuria*, dans *Historisches Jahrbuch*, LXXIII, 1953, p. 11-35.

2. Il s'agirait de Cléomène d'après Plutarque, voir *Test.*, ci-contre.

Page 121.

1. Tout ce développement semble avoir inspiré Fénelon dans ses *Directions pour la conscience d'un roi*, chapitres XXV à XXXI.

2. Voir Platon, Gorgias, 525 b.

3. Voir l'article intéressant et suggestif de E. Rémy, *Sur une application de la morale stoïcienne au ius belli*, dans *Le Musée belge*, 1920, p. 24-38 ; 53-72 ; G. A. Harrer, *Cicero on peace and war*, dans *The classical Journal*, XIV, 1918, p. 26-38 ; P. M. Valente, *L'éthique stoïcienne chez Cicéron*, Paris, 1956, p. 391 s.

4. Cf. *De off.*, I, 80 ; déjà Thucydide, I, 124, 2 ; Cornelius Nepos, *Epaminondas*, 5, 3-4 ; Saint Augustin, *Ep.*, CLXXXIX, 6 ; *De ciu. Dei*, XV, 4 ; XIX, 12, 1.

5. Corinthe fut détruite en 146, par le consul L. Mummius. Un siècle après, en 46, César la reconstruisit. Cf. *De off.*, III, 46. Voir R. Feger, *Cicero und die Zerstörung Korinths*, dans *Hermes*, LXXX, 1952, p. 436-456.

Page 122.

3. C. Popilius Laenas fut consul en 172. Cf. Cicéron, *Phil.*, VIII, 23 ; Tite-Live, XLV, 12.

5. Cet épisode, comme on le constate, se présente dans ce texte sous deux formes. On peut penser que la seconde, qui apporte deux précisions (la mention de la lettre de Caton à son fils et l'indication de la campagne), a été ajoutée par l'auteur lui-même, se relisant, en marge de sa rédaction. L'addition aurait ensuite passé dans le texte. Tous les manuscrits connus comportent l'épisode sous ses deux formes.

6. Sur ces termes, voir Varron, *De lingua latina*, V, 3 ; VII, 49 ; A. Ernout, *Recueil de textes latins archaïques*, Paris, Klincksieck, 1947, p. 116 ; cf. *Test.* ci-contre.

Page 123.

1. Dix législateurs, *Decemuiri legibus faciundis*, en 452, reçurent mission de rédiger des lois écrites, pour remplacer le *mos maiorum* connu des seuls patriciens. En 450, un ensemble de lois gravées sur douze tables fut affiché au forum. D'où le nom de cette loi des XII Tables, qui représente le fondement du droit romain.

4. Peuple germain qui l'emporta plusieurs fois contre les Romains, mais fut battu finalement par Marius, à Verceil, en 101.

5. Hannibal, né en 247, fils d'Amilcar, fut le grand chef carthaginois de la seconde guerre punique. Il fut vaincu par Scipion, à Zama, en 202, et s'empoisonna en 183.

6. Pyrrhus, roi d'Épire, envahit le sud de l'Italie, appelé par Tarente, en 280. Cicéron cite Ennius, *Annales*, VI, 114-121 ; voir A. Ernout, *Recueil*, p. 156-157. Pyrrhus répond à une ambassade romaine conduite par C. Fabricius.

Page 124.

2. Cf. saint Augustin, *Ep.*, CLXXXIX, 6.

3. M. Atilius Regulus, consul en 267, fut fait prisonnier en 255. Son ambassade à Rome eut lieu en 250.

4. Regulus refuse d'agir comme sénateur, étant frappé de *deminutio capitis*. Cf. Cicéron, *De off.*, III, 100-101 : Horace, *Odes*, III, 5, 42 ; Saint Augustin, *De ciu. Dei*, V, 18, 2. Voir également Tite-Live, XXII, 60, 15 ; Festus, éd. Lindsay, p. 61.

5. En 216. L'épisode est repris dans *De off.*, III, 99 s.

6. Citoyen soumis à une capitation, sans droit de vote, n'étant pas inscrit dans une tribu. Les censeurs infligeaient ce classement à titre de sanction. Ainsi dans Aulu-Gelle, IV, 12.

Page 125.

2. C. Fabricius Luscinus, deux fois consul, en 282 et en 278, puis censeur en 275, est resté célèbre par l'intégrité de sa vie. Il fit partie de l'ambassade romaine auprès de Pyrrhus, pour la reddition des prisonniers. Il refusa de faire empoisonner ce roi. Sur le personnage et ces épisodes, voir Plutarque, *Pyrrhus*, 20-21.

3. Sur tout ce paragraphe inégalement représenté par la tradition manuscrite, voir *supra*, Introduction, p. 84, n. 1.

4. Voir *supra*, Introduction, p. 63, n. 3.

5. Cf. Platon, *La république*, II, 361 a.

6. Voir *De off.*, I, 20. Pour tout ce développement on trouvera d'intéressantes études du vocabulaire dans J. Hellegouarc'h, *Le vocabulaire latin des relations et des partis politiques sous la république*, Paris, Les Belles Lettres, 1963, p. 142-221.

Page 126.

2. Cicéron fait allusion aux événements qui suivirent la victoire de César sur Pompée. Ce rapprochement établi entre Sylla et César, pour les condamner et défendre une certaine doctrine de la propriété, est d'autant plus intéressant que les deux dictateurs appartenaient respectivement au parti aristocratique et au parti démocratique.

Page 130.

2. On trouvera de nombreuses références à ce proverbe dans P. Courcelle, *Les Confessions de saint Augustin dans la tradition littéraire. Antécédents et postérité*, Paris, Études Augustiniennes, 1963, p. 25, n. 1. A noter que la référence au *De legibus*, I, 33, s'appuie sur une conjecture possible, mais que rejette précisément l'éditeur invoqué, Plinval, p. 19 et 114. On peut ajouter Aristote, *Éthique à Nicomaque*, VIII, 9, 1.

3. Ennius, *Scenica*, 181-183, dans A. Ernout, *Recueil*, p. 192.

4. L'eau et le feu apparaissaient comme les besoins élémentaires de l'homme. D'où la condamnation *aqua et igni* ; d'où aussi le rite des fiançailles rapporté par Festus, éd. Lindsay, p. 3. Voir aussi en un sens différent, mais fort intéressant et lui aussi traditionnel, Varron, *De lingua latina*, V, 61.

Page 131.

1. Voir E. Rémy, *Du groupement des peuples en États d'après le De officiis de Cicéron*, I, 53, dans *Mélanges Paul Thomas, Recueil de mémoires concernant la philologie classique*, Bruges, 1930, p. 583-593.

2. Sentiment analogue, à propos de ce qui unit les membres d'une même famille dans *De off.*, I, 55.

Page 132.

1. Même sentiment exprimé par Cicéron pour sa propre famille, dans *De leg.*, II, 3.

2. Sur les *uiri boni*, voir J. Hellegouarc'h, *Le vocabulaire latin des relations et des partis politiques*, p. 484-493.

Page 135.

1. Ennius, dans Ribbeck, I, p. 73, 338. Sur les eaux de Salmacis, voir Ovide, *Métam.*, IV, 285 s.

2. Marathon, victoire grecque, en 490, dans la première guerre médique. Les Thermopyles et Salamine, en 480, Platée, en 479, victoires grecques dans la seconde guerre médique ; Leuctres, victoire des Thébains contre les Spartiates, en 371.

3. Horatius Cocles, célèbre par la défense du pont Sublicius, dans la guerre contre les Etrusques, en 508. P. Decius Mus, père et fils, l'un consul en 340, l'autre quatre fois consul, en 312, 308, 297, 295, se « dévouèrent » l'un et l'autre, le premier dans la guerre contre les Latins, l'année de son consulat, l'autre en 295, dans la troisième guerre contre les Samnites. Cn. Cornelius Scipio Caluus, consul en 222, et son frère P. Cornelius Scipio, consul en 218, tués au combat, à quelques jours d'intervalle, en Espagne, durant la seconde guerre punique, en 212. M. Claudius Marcellus, cinq fois consul, en 222, 215, 214, 210, 208, vainqueur de Syracuse lors de la seconde guerre punique, auquel Cicéron a décerné de grands éloges dans les *Verrines*, II, 2, 4.

4. Voir J. Laloup, *Populus romanus dans les œuvres et la vie de Cicéron. Étude de psychologie sociale*. Thèse de l'Université Catholique de Louvain, 1945, exemplaire dactylographié.

5. Cf. Platon, *Ménexène*, 247 a ; *Lachès*, 197 b.

Page 137.

2. On se souvient que Cicéron venait d'écrire un *De gloria* ; voir *supra*, Introduction, p. 8 s.

3. Cf. la définition de la sagesse dans *Laelius*, 7.

Page 139.

2. Cf. Cicéron, *De rep.*, I, 9. Sur l'évolution de la pensée cicéronienne à ce sujet, du *De republica* au *De officiis*, voir E. de Saint-Denis, *La théorie cicéronienne de la participation aux affaires publiques*, dans *Revue de philologie*, XII, 1938, p. 193-215. Sur la question de l'*otium*, voir M. Kretschmar, *Otium, studia*

litterarum, Philosophie und βίος θεωρητικός *im Leben und Denken Ciceros*, Diss. Leipzig, Würzburg, 1938 ; A. Grilli, *Il problema della vita contemplativa nel mundo greco-romano*, Milano-Roma, 1953. On attend sur ce sujet la thèse prometteuse de J. M. André, *L'otium dans la vie morale et intellectuelle romaine (des origines au principat d'Auguste)*.

Page 141.

1. Cicéron avait soutenu la thèse inverse, celle de la supériorité des entreprises militaires, dans le *Pro Murena*, 19-30.
2. Sur ce genre d'exposé avec exemples à l'appui, voir L. Ramaglia, *Le esemplificazioni nel De Officiis di Cicerone*, dans *Rivista di studi classici*, III, 1955, p. 193-202.
3. Thémistocle, né en 514, héros de la seconde guerre médique, vainqueur à Salamine, en 480. Banni en 471, il mourut en 449, alors qu'il trahissait sa patrie.
4. Solon, né en 638, est compté au nombre des sept sages. Poète, il fut surtout le grand législateur d'Athènes. Il mourut en 558.

Page 142.

1. L'Aréopage ou colline d'Arès a donné son nom au plus ancien conseil de la cité, à Athènes ; institution à la fois politique et judiciaire dont les attributions ont varié au cours des temps.
2. Pausanias, régent de Sparte, commanda en chef les Grecs à Platée, en 479 , lors de la seconde guerre médique. Condamné pour trahison, il mourut en 470.
3. Lysandre, général lacédémonien, vainquit les Athéniens en 405, lors de la guerre du Péloponèse. En 404, il entre à Athènes et établit le pouvoir des trente tyrans. Il mourut au combat, en 395, en Béotie.
4. Lycurgue fut, d'après la tradition, le grand législateur de Sparte et se montra d'un désintéressement exemplaire. Son histoire est partiellement légendaire. Il aurait vécu au IXe siècle. Il ne faut pas le confondre avec l'homme politique d'Athènes, son homonyme, qui vécut au IVe siècle.
5. M. Aemilius Scaurus, né en 163, édile en 123 ; consul en 115, il construisit la seconde voie Aemilia et restaura le pont Miluius ; censeur en 109, il fut réélu consul en 107. Il fut un ardent défenseur de l'aristocratie et mourut en 89. Cf. *De off.*, I, 108. A ne pas confondre avec son fils cité *ibid.*, I, 138 ; II, 57.
6. C. Marius, né en 156, tribun du peuple en 119, sept fois consul en 107, 104, 103, 102, 101, 100 et 86, commanda la guerre contre Jugurtha, vainquit les Teutons à Aix-en-Provence en 102, les Cimbres à Verceil en 101, Il lutta contre Sylla, de 88 à sa mort en 86, comme chef du parti populaire.

7. Q. Lutatius Catulus Capitolinus, appartenait au parti de l'aristocratie. Il lutta ainsi en même temps que Pompée, mais essaya de limiter les ambitions politiques de ce dernier et combattit la loi Manilia. Il fut juge au procès de Verrès. Il vota la condamnation des complices de Catilina et mourut en 61. Cf. *De off.*, I, 109 ; 133 où il est aussi question de son père. En 69, il avait consacré le temple du Capitole, reconstruit après un incendie ; d'où son surnom de *Capitolinus*.

10. P. Cornelius Scipio Nasica Serapio, cousin du précédent Scipio Aemilianus, grand pontife en 141, consul en 138, entraîna le sénat au meurtre de son cousin Ti. Gracchus. Sous l'effet de la haine populaire, il dut quitter Rome et mourut à Pergame.

11. Ti. Sempronius Gracchus, l'aîné des deux frères, fils de l'illustre Cornélie. Tribun du peuple en 133, il s'engagea dans une réforme agraire qui lui valut l'hostilité de l'aristocratie et la mort, de la main de son cousin Nasica.

Page 144.

2. Voir *supra*, note de I, 35.

Page 147.

2. Epaminondas, général thébain, s'illustra contre les Spartiates, à Leuctres, en 371, puis à Mantinée, en 366. Il mourut dans la bataille disant qu'il laissait deux filles : Leuctres et Mantinée.

3. Q. Fabius Maximus surnommé Cunctator, fut cinq fois consul, en 233, 228, 215, 214, 209, dictateur après Trasimène en 217. Il est resté célèbre par la tactique défensive dont il usa contre Hannibal durant la seconde guerre punique.

4. Ennius, *Annales*, XII, 200-202, dans A. Ernout, *Recueil*, p. 165.

5. Platon, *Alcibiade*, I, 126 c ; *La république*, I, 342 e ; IV, 420 b-c ; 421 b-c ; *Les lois*, IV, 715 b.

6. La distinction entre les *populares* et les *optimates* est longuement étudiée dans le *Pro Sestio*. Cicéron trace aux seconds la voie d'un idéal à la fois politique et philosophique, d'inspiration grecque, qu'il résume dans la formule fameuse du *Pro Sestio*, 98 : *cum dignitate otium*, formule qui a suscité de nombreuses études depuis l'article fondamental de P. Boyancé, *Cum dignitate otium*, dans la *Revue des études anciennes*, XLIII, 1941, p. 172-191.

Page 148.

2. Sur ces termes et plusieurs autres de ce développement, on se refèrera avec profit à J. Hellegouarc'h, *Le vocabulaire latin des relations et des partis politiques*.

3. Platon, *La république*, VI, 488 b ; *Les lois*, V, 731 a-b. Voir à ce sujet E. Lepore, *Il princeps ciceroniano, e gli ideali politici della tarda repubblica*, Naples, 1954, p. 242-248.

4. Il s'agit ici de Scipion Emilien, voir *supra*, note de I, 76, et de Q. Caecilius Metellus, préteur en 148, qui conquit la Macédoine et en fit une province romaine ; d'où son surnom de Macedonicus. Consul en 143, il se battit en Espagne. Il était politiquement opposé à Scipion. Cf. Cicéron, *Laelius*, 77.

Page 150.

2. C. Laelius, surnommé Sapiens, né en 186, combattit avec Scipion Emilien, notamment devant Numance. Comme ce dernier, il était fort cultivé, ami des lettres grecques et grand honnête homme. Cicéron le choisit comme interlocuteur dans le *De republica* et le *Laelius*.

4. Voir *supra*, note de I, 7.

Page 152.

3. Cf. *De off.*, I, 18.

Page 154.

1. Accius, *Atreus*, 39-40, dans A. Ernout, *Recueil*, p. 210. Cf. Senèque, *De ira*, I, 20, 4.

2. Accius, *Atreus*, dans Ribbeck, I, p. 190, 226.

4. Même observation pour ce passage que précédemment, à propos de *De off.*, I, 14. Voir *supra*, note de I, 14.

Page 157.

4. Cf. Cicéron, *De orat.*, II, 271 ; *Laelius*, 90. Sur Caton, voir *supra*, note de I, 79.

Page 159.

3. C. Iulius Caesar Strabo Vopiscus, né vers 120, édile en 90, candidat au consulat en 88, fut mis à mort par Marius en 87. Cicéron en fit l'un des interlocuteurs du *De oratore*.

Page 160.

7. Périclès, après avoir reçu une excellente éducation, entra dans la carrière publique, en 469, comme chef du parti démocratique. Il fut aussi un homme de guerre remarquable. A partir de 444, son pouvoir fut incontesté et il put orner Athènes de tous ses fameux monuments. Il mourut durant la peste d'Athènes, en 429.

10. Voir *supra*, note de I, 75.
11. Jason, tyran de Phères, devint commandant en chef en Thessalie, vers 374. Puissant, il souhaita la suprématie sur toute la Grèce. Il mourut assassiné, en 370.
12. Voir Plutarque, *Solon*, VIII, 1-3. Sur Solon, voir *supra*, note de I, 75.
13. Voir *supra*, note de I, 43.
14. Voir *supra*, note de I, 25.
15. Voir *supra*, note de I, 76.

Page 161.

1. Voir *supra*, note de I, 84.
5. Xénocrate, né en 336, fut disciple de Platon, puis d'Aristote. Il présida l'académie pendant ving-cinq ans. Il mourut en 314.
6. Voir M. van den Bruwaene, *La règle de nature dans Cicéron*, dans *Miscellanea J. Gessler*, Louvain, 1948, t. I, p. 234-240.

Page 162.

1. Sur cette expression passée en proverbe, voir A. Otto, *Die Sprichwörter und sprichwörtlichen Redensarten der Römer*, Leipzig, Teubner, 1890, p. 225.
4. Ulysse, héros de l'Odyssée d'Homère, fut retenu sept ans par la nymphe Calypso dans son île (chant V), après l'avoir été par la magicienne Circé dans l'île d'Aea (chant X). Revenu à Ithaque sous les apparences d'un mendiant, il fut à diverses reprises maltraité (chants XVII-XVIII-XIX).

Page 163.

1. Ajax le Grand, supplanté par Ulysse, le vit hériter des armes d'Achille. Il entra dans une grande fureur et se suicida. Voir notamment Sophocle, *Ajax* ; Ovide, *Metam.*, XIII, 1-398.
2. Les Épigones, fils des sept héros qui attaquèrent Thèbes, l'assaillirent eux-mêmes de nouveau et la vainquirent. Eschyle et Euripide, Accius chez les Latins, ont traité ce sujet.
3. Fils de Médée, à l'instigation de sa mère, tua son grand-oncle Persès, roi de Tauride et de Colchos, et régna à sa place.
4. Deux personnages sont connus dans la légende sous le nom de Mélanippe. L'une des traditions donne à cette femme deux jumeaux de Poséidon. Son père l'aveugle, l'emprisonne et abandonne les enfants dans la montagne. Plus tard, ces enfants devenus grands, délivrent leur mère. Euripide composa deux tragédies, aujourd'hui perdues, sur cette Mélanippe.
5. Clytemnestre, femme et meurtrière d'Agamemnon, mère et victime d'Oreste.

8. Sur cette question, voir B. A. Taladoire, *Commentaires sur la mimique et l'expression corporelle du comédien romain*, Montpellier, 1951.

Page 164.

1. Q. Mucius Scaeuola, à ne pas confondre avec l'augure, fut tribun du peuple en 106, édile en 104, consul en 95, puis proconsul d'Asie et enfin grand pontife. Il fut proscrit par Sylla et mourut en 82. Sa vertu est restée légendaire. Il composa un ouvrage en dix-huit livres sur le droit civil et fut l'un des maîtres de Cicéron. Son père, P. Mucius Scaeuola, tribun en 141, préteur en 136, consul en 133, devint grand pontife en 131. Il était lui-même un grand juriste.

2. L. Aemilius Paulus Macedonicus (à ne pas confondre avec son père, le consul de la bataille de Cannes en 216), deux fois consul en 181 et en 168, l'année où il vainquit Persée à Pydna et mérita son surnom de Macedonicus. Censeur en 164, il mourut en 160. Sur son fils, Scipion Emilien, voir *supra*, note de I, 76. Ce dernier était orateur d'après Cicéron, *Brutus*, 82.

Page 167.

1. Sur cette conception cicéronienne de la nature humaine, voir *supra*, Introduction, p. 62 s. et en particulier p. 63 n. 1.

2. Cf. Cicéron, *Laelius*, 76, repris par Saint Jérôme, *Ep.*, VIII.

Page 174.

2. Voir *supra*, note de I, 108.

3. Voir *supra*, note de I, 108.

Page 175.

1. Idée analogue dans Sénèque, *Ep. ad Luc.*, CXIV.

Page 177.

1. Allusion au personnage de la pièce de Plaute, *Miles gloriosus*.

3. M. Aemilius Scaurus, fils adoptif de Sylla, servit comme questeur, aux ordres de Pompée, contre Mithridate. Édile en 58, préteur en 56, puis gouverneur de Sardaigne en 55, il fut accusé de concussion, défendu par Cicéron et acquitté. De nouveau accusé en 52, il fut condamné. Sur le goût du faste de ce personnage, voir Pline l'Ancien, *Nat. hist.*, XXXVI, 2, 1; 24, 10-13. Sur son père, voir *supra*, note de I, 76.

Page 180.

3. Sophocle naît en 495. Son premier succès dramatique date de 468 où il l'emporta sur Eschyle, mais Euripide le vainquit en 441. Après Antigone, en 441, il fut nommé stratège. Il mourut en 406. On lui attribue cent-trente pièces. Il en reste sept.

Page 181.

1. La notion d'*humanitas* ici invoquée par Cicéron est intraduisible dans toute sa richesse. Elle représente et résume tout ce qu'il appartient d'être, à l'homme qui mérite ce nom : l'*humanitas* implique qu'on ait le sens de la justice et de l'équité, mais aussi que l'on pratique la philanthropie jusqu'à la bonté ou à la générosité, voire jusqu'à la clémence ; elle suppose le sens de la mesure et de l'équilibre, celui des convenances et par là inclut le respect des règles de la bonne éducation, toutes les formes de la courtoisie et de l'urbanité, comme c'est le cas dans ce texte. L'*humanitas* comporte encore cet affinement moral et culturel qui inspire le respect de la vérité et la loyauté, ou qui permet d'apprécier l'œuvre d'art. L'*humanitas* enfin s'honore de souffrir de peines qui ne peuvent atteindre que l'homme digne de ce nom.

Page 183.

2. Aristippe naquit à Cyrène qui valut son nom de Cyrénaïque à la secte qu'il fonda au début du IVe siècle. Disciple de Socrate, il demeura près de lui jusqu'au temps de sa condamnation, mais sa façon de vivre, luxueuse et intéressée, tranchait avec celle de son maître. Il vécut aussi à la cour de Denys de Syracuse.

3. École fondée à la fin du Ve siècle, par Antisthène, philosophe athénien qui enseignait dans le Cynosarge. Le principe du retour à la nature conduisait ces philosophes au mépris de toute loi, convention ou usage reçus. Diogène le Cynique a illustré cette secte.

4. Cf. Tite-Live, XXXIX, 6 ; Sénèque, *Ep.*, LXXXVIII, 18-21. Voir P. M. Schuhl, *Gains honorables et gains sordides selon Cicéron. De officiis*, I, 42. dans *Revue philosophique de la France et de l'étranger*, CXLVII, 1957, p. 355-357. On comparera avec intérêt tout ce texte avec un développement analogue de saint Augustin, dans son *De opere monachorum*, 13, 14.

Page 185.

1. Cicéron se fait ici l'écho de l'atavisme rural des Romains. P. M. Schuhl, dans l'article cité plus haut, a fait remarquer l'intérêt de tout ce passage des points de vue philosophique, social et économique. Il faut y ajouter son intérêt politique : Cicéron

y donne des gages, à la fois, aux financiers engagés dans les grosses affaires, qui étaient souvent des chevaliers, et à l'aristocratie terrienne constituée pour une grande part de sénateurs ; il avait besoin de leur appui contre Antoine.

4. Ce passage est à rapprocher de *De off.*, I, 159. Dans les deux cas, Cicéron ne dispose plus de sa source panétienne et l'emploi répété du verbe *placet* indique que Cicéron donne un avis personnel. On peut opposer à ces passages *De off.*, I, 18 (voir note 1).

Page 187.

1. Lysis, né à Tarente au ve siècle, philosophe pythagoricien, fut très écouté d'Epaminondas d'après Cornelius Nepos, *Epam.*, 2. Cf. Cicéron, *De orat.*, III, 139. Sur Epaminondas, voir *supra*, note de I, 84.

Page 188.

2. Même image de l'abeille dans Aristote, *La politique*, I, 1, 10 et dans Plutarque, *An seni res. ger.*, 1, 9.

3. On se souvient de la belle pensée de Bossuet, dans son *Traité de la connaissance de Dieu et de soi-même*, IV, 10 : « Malheur à la connaissance stérile qui ne se tourne point à aimer et se trahit elle-même. »

4. C'est à cette seule parenthèse que se réduit l'étude du conflit entre la grandeur d'âme et la communauté humaine.

5. A l'encontre de Platon, *La république*, II, 369 b s. et de Polybe VI, 5, 7 ; mais avec Aristote, *La politique*, I, 1253 a ; III, 1278 b. Cf. déja Cicéron, *De inu.*, I, 2 ; *De rep.*, I, 40, conservé par Lactance, *Diu. inst.*, VI, 10 ; *De off.*, II, 73.

6. La leçon *initam* de L a des chances de représenter une faute secondaire, et la leçon *istam* des manuscrits anciens, la faute primaire dont il convient de s'éloigner le moins possible. Je propose donc *insitam*.

Page 189.

3. Cicéron anticipe sur le livre III où il niera qu'il puisse y avoir de conflit véritable, au delà du conflit apparent, entre l'*honestum* et l'*utile*.

4. L'action réfléchie suppose la pensée prudente mais lui ajoute la valeur de l'action.

CORRIGENDA

Texte

P. 109, l. 7 (§ 10) : corriger « divisione » en « diuisione ».

P. 142, avant-dernière ligne : corriger « T*i*. » en « Ti. ».

P. 143, 3 lignes avant la fin (§ 78) : bien lire « fortitudines ».

Apparat

P. 132, § 56, l. 4 : bien lire « exceptisque P^1 : exceptis quae P^2 *b* ».

P. 140, § 71, début de la l. 2 : bien lire « L^1 ».

P. 152, § 94, l. 1 : rétablir l'ordre des unités critiques, en plaçant « decipi : decepi P^1 » avant « dedecet : decet V^1 ».

P. 157, § 104, l. 2 : ajouter après « uocamus *B* » l'unité critique « illiberalis : liberalis B^1 ».

P. 171, § 127, l. 3 : corriger « m.occultare » en « m. occultare ».

TABLE DES MATIÈRES

Ce volume,
le cent quatre vingt deuxième
de la série latine
de la Collection des Universités de France,
publié aux Éditions Les Belles Lettres,
a été achevé d'imprimer
en juillet 2009
sur presse rotative numérique
de Jouve
11, bd de Sébastopol, 75001 Paris

N° d'édition : 6925
Dépôt légal : juillet 2009

Imprimé en France